ÉDITION F. BRUNETIÈRE

CHEFS-D'OEUVRE

DE

CORNEILLE

HORACE
LE
CID
POLYEUC
CINNA

Préface et Notes par
F. BRUNETIÈRE
de l'Académie.

Illustrations par
J. DUBOUCHET

BIBLIOTHÈQUE D'ÉDUCATION ET DE RÉCRÉATION
J. HETZEL ET Cⁱᵉ, 18, RUE JACOB

Tous droits de traduction et de reproduction réservés.

CHEFS-D'OEUVRE

DE CORNEILLE

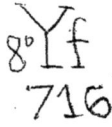

CHEFS-D'ŒUVRE
DE
CORNEILLE

LE CID
HORACE — CINNA
POLYEUCTE

PRÉFACE ET NOTES
PAR
F. BRUNETIÈRE
de l'Académie française

Illustrations par J. DUBOUCHET

BIBLIOTHÈQUE
D'ÉDUCATION ET DE RÉCRÉATION
J. Hetzel et Cie, 18, RUE JACOB
PARIS

Tous droits de reproduction et de traduction réservés

NOTICE

BIOGRAPHIQUE ET LITTÉRAIRE

I

Corneille (Pierre), fils aîné de Pierre Corneille et de Marthe le Pesant, naquit le 6 juin 1606, à Rouen, où son père exerçait les fonctions de « maître particulier des eaux et forêts ». Il fit ses études au collège des jésuites de sa ville natale ; son droit à Caen, ou peut-être à Rouen même ; prit sa licence ; prêta serment comme avocat au parlement le 18 juin 1624 ; ne plaida guère ou même pas du tout ; fréquenta la bonne société de Rouen ; et fut enfin pourvu, en 1628, grâce aux soins de son père, du titre de « premier avocat du roi au siège général de la Table de marbre du palais ». Sur la nature de ces fonctions, comme aussi sur la manière dont Corneille s'en acquitta, vingt et un ans durant, on trouvera d'utiles renseignements dans une brochure de M. E. Gosselin : *Particularités de la vie judiciaire de Pierre Corneille* (Rouen, 1865), complétée plus récemment par M. F. Bouquet, dans un ouvrage dont nous nous aiderons plus d'une fois au cours de cette notice : *Points obscurs et nouveaux de la vie de Pierre Corneille* (Paris, 1888). C'est aussi M. F. Bouquet qui semble avoir daté d'une manière certaine quelques-unes des premières pièces de vers de Corneille : l'*Ode sur un prompt amour*, les *Stances sur une absence en temps de pluie*, la *Mascarade des Enfants Gâtés*, etc. Pour insignifiantes qu'elles soient, et tout à fait dans le goût de leur temps, ces petites pièces n'ont pas moins déjà cette aisance et cette solidité de facture qui n'appartiennent qu'à Corneille, et qui resteront, jusque dans « l'occident de son génie », — c'est l'expression de Boileau, — la marque distinctive de son style.

Comment l'idée lui vint-elle d'écrire pour le théâtre ? « Une aventure galante, — nous dit son frère Thomas Corneille, — lui fit prendre le dessein de faire une comédie pour y employer un sonnet qu'il avait fait pour une demoiselle qu'il aimait »; et cette comédie fut *Mélite*. Fontenelle, neveu des Corneille, a conté la même histoire, que les biographes, à sa suite, n'ont pas manqué d'enjoliver de toutes sortes d'agréments. Il suffira de dire ici, — sans nous inquiéter autrement du vrai nom de la demoiselle, si ce fut Marie Millet, ou Marie Courant, ou plus probablement Catherine Hue, — que l'aventure paraît authentique en son fond. *Mélite*, confiée par son auteur au comédien Mondory, fut représentée en 1628 au plus tôt, en 1630 au plus tard. « Le succès en fut surprenant, — s'il faut en croire Corneille lui-même, dont il est vrai que la sincérité n'est pas toujours entière, ni la mémoire toujours fidèle; — il égala tout ce qui s'était fait de plus beau jusqu'alors; et il le fit connaître à la cour. » Cependant, au lieu de suivre une voie qui paraissait tracée désormais, et de redoubler par une comédie du genre dont *Mélite* était un agréable échantillon, sinon tout à fait un modèle, Corneille changea de route, et sa seconde pièce, *Clitandre*, — dont on peut mettre la représentation en 1631 ou 1632, — ne fut pas seulement une des mauvaises pièces qu'il ait faites, et il en a fait beaucoup, mais aussi l'une des tragi-comédies les plus extravagantes, pour ne pas dire les plus parfaitement ridicules, qui aient jamais paru sur le théâtre français. L'intrigue de *Pyrame et Tisbé*, du fameux Théophile, n'a rien de plus embrouillé; même, elle est beaucoup plus claire; et le style en sa prétention n'en a rien de plus bizarre, ou en quelque sorte de plus forcené. Ce ne sont qu'apostrophes, interjections, déclamations, imprécations! Le mauvais goût du temps s'y étale avec un contentement de soi-même plus amusant d'ailleurs et plus divertissant que choquant. Et c'est encore du Théophile, mais c'est déjà aussi, par moments, du Scarron. Faut-il croire après cela qu'en écrivant *Clitandre*, Corneille ait voulu se moquer des auteurs dramatiques ses rivaux, qui lui reprochaient que sa *Mélite* manquait d'assez de complication dans l'intrigue et de fantaisie dans la forme? On le peut, si l'on le veut. Mais on remarquera la souplesse de talent, la facilité extraordinaire de génie dont cette justification, sincère ou non, est en tout cas la preuve. Le fond de Corneille, c'est le don du style. Il a eu ce qu'on peut appeler l'outil universel; et les pires complications de la tragi-comédie ne lui ont pas coûté plus de peine que les savantes combinaisons de la tragédie pure, ou que les intrigues légères, courantes, si je puis ainsi dire, et aimables de la comédie de mœurs. C'est à celles-ci, d'ailleurs, qu'il revint après *Clitandre*, avec la *Veuve* (1633), la *Galerie du palais* (1633), la *Suivante* (1634), la *Place Royale* (1634), et l'*Illusion comique* (1636).

Il est regrettable que ces comédies de Corneille, qui remplissent, comme l'on voit, sept ou huit ans de sa carrière, n'aient pas été jusqu'à ce jour étudiées de plus près. Ni M. A. Hatzfeld, dans une intéressante brochure sur *les Commencements de Corneille* (Grenoble, 1857), ni depuis lui M .J. Levallois, dans son *Corneille inconnu* (Paris, 1876), ni même aucun Allemand, à notre connaissance, n'ont cru devoir y insister. Cependant, elles ont leur importance dans l'histoire générale du théâtre français, et elles ne sont pas inutiles à une exacte intelligence de la nature du génie de Corneille. Elles ont en outre, puisque le mot est à la mode aujourd'hui, un intérêt *documentaire* certain; et on ne trouverait pas aisément de plus parfaits modèles du style Louis XIII en littérature. Enfin, elles ne manquent ni d'agrément, ni de charme, si jamais peut-être on n'a mieux rendu dans notre langue ces détails de la vie commune, ou, pour ainsi parler, ces riens de la conversation journalière dont l'expression était alors déjà, comme elle l'est toujours, le grand écueil de la comédie en vers. La comédie, par sa définition même, comporte une part de réalisme qu'il semble qu'au contraire le vers exclue de son idée? Les vers de Molière même sont-ils toujours des vers? Ceux de Corneille le sont presque toujours, pour quelque chose d'aisé, d'agile, de vraiment ailé qui les sauve du prosaïsme; et les exemples en abonderaient dans *Mélite*, dans la *Veuve*, dans la *Galerie du Palais*, dans l'*Illusion comique* :

LA LINGÈRE, LE LIBRAIRE

LA LINGÈRE

Vous avez fort la presse à ce livre nouveau :
C'est pour vous faire riche.

LE LIBRAIRE

On le trouve si beau,
Que c'est pour mon profit le meilleur qui se voie;
Mais vous, que vous vendez de ces toiles de soie!...

LA LINGÈRE

De vrai, bien que d'abord on en vendît fort peu,
A présent, Dieu nous aime, on y court comme au feu.
Je n'en saurais fournir autant qu'on m'en demande :
Elle sied mieux aussi que celle de Hollande,
Découvre moins le fard dont un visage est peint,
Et donne, ce me semble, un plus grand lustre au teint.
Je perds bien à gagner, de ce que ma boutique
Pour être trop étroite empêche ma pratique;
A peine y puis-je avoir deux chalands à la fois.

On peut citer encore les vers, jadis justement célèbres en leur genre, de l'*Illusion comique* :

<blockquote>
MATAMORE

Les feux que mon fer jette en sortant de prison,
Auraient en un moment embrasé la maison,
Dévoré tout à l'heure ardoises et gouttières,
Faîtes, lattes, chevrons, montants, couches, litières,
Entretoises, sommiers, colonnes, soliveaux,
Pannes, soles, appuis, jambages, traveteaux,
Portes, grilles, verrous, serrures, tuiles, pierre,
Plomb, fer, plâtre, ciment, peinture, marbre, verre,
Caves, puits, cours, perrons, salles, chambres, greniers,
Offices, cabinets, terrasses, escaliers...
Juge un peu quel désordre aux yeux de ma charmeuse.
</blockquote>

Le seul tort de ces comédies, — à l'exception de la dernière, qui est surtout une comédie des comédiens, — c'est de se ressembler un peu toutes entre elles, de rouler sur le même intérêt de galanterie banale, d'être assez compliquées, et néanmoins assez faibles d'intrigue. Mais, que l'on n'eût jamais vu jusqu'alors sur la scène française « de comédie qui fît rire sans personnages ridicules, tels que les valets bouffons, les parasites, les capitans, les docteurs », Corneille s'est rendu justice en s'en louant lui-même, et il a bien marqué là le caractère original de sa *Mélite* ou de la *Place Royale*. Pour la qualité de la plaisanterie, comme aussi par la condition des personnages, les comédies de la jeunesse de Corneille font songer, d'un peu loin, à la comédie de Térence ; ou, si l'on préfère un autre terme de comparaison, c'est déjà la comédie moyenne de Colin d'Harleville, d'Andrieux... et d'Émile Augier : *Gabrielle* ou *Philiberte*. La remarque en offrira d'autant plus d'intérêt, que Corneille n'a pas persévéré pour sa part, et que notre comédie classique ne l'a pas suivi dans la voie qu'il avait indiquée. Il ne faut pas en tout cas lui faire tort d'une moitié de son génie, et, parce qu'il est l'auteur d'*Horace* et de *Polyeucte*, se le représenter comme une espèce de bonhomme sublime, héroïque et naïf, uniquement absorbé dans la contemplation des vérités morales. On serait loin de compte ! Mais, sans rien dire encore du reste, il a été jeune ; il a été « galant » ; il a fréquenté l'hôtel de Rambouillet ; et, quand ses premières comédies ne nous rappelleraient aujourd'hui que les goûts de sa jeunesse, elles mériteraient sans doute, à ce seul titre, plus d'attention qu'on ne leur en accorde.

Comment cependant, de cette comédie de genre, moyenne et tempérée, s'il y en eut jamais, comment Corneille a-t-il passé à la tragédie ?

Le succès éclatant de la *Sophonisbe* de Mairet y fut-il pour quelque chose, ainsi qu'on l'a si souvent répété? Mais on n'a pas pris garde que la *Sophonisbe*, étant de 1628, a peut-être précédé *Mélite* même, et qu'ainsi l'explication n'éclaircit pas les choses, mais en vérité les embrouille. Ne faut-il pas dire plutôt que depuis qu'il était devenu, en 1634, à la suite d'un séjour de la cour aux eaux de Forges, l'un des « cinq auteurs » que Richelieu employait à tourner les vers des pièces dont il leur donnait le plan, les entretiens du tout-puissant cardinal, qui touchait alors au comble de sa fortune et de sa gloire, avaient vaguement fait entrevoir au poète la grandeur de ces intérêts d'État dont il allait bientôt faire l'âme de sa tragédie? La conjecture n'en est pas improbable. On peut aussi supposer, si l'on le veut, et tout simplement, qu'à mesure qu'il avançait en âge, Corneille, prenant de lui-même et de ce qu'il pouvait une conscience plus claire, s'est senti destiné à quelque chose de mieux qu'à cette imitation légère des mœurs contemporaines où il s'était renfermé jusqu'alors. Toute fonction s'approprie son organe, quand elle ne le crée pas; et on ne saurait porter en soi *Polyeucte* ou *le Cid* sans éprouver comme inconsciemment l'impérieux besoin de leur faire voir le jour.

Que faut-il encore penser de la légende du *Cid*, et du conseil d'un M. de Châlon, ancien secrétaire des commandements de la reine mère, Marie de Médicis, qui aurait invité Corneille à quitter « le genre de comique qu'il avait embrassé » pour se tourner vers les Espagnols, et en particulier vers Guillen de Castro? S'il n'y a là rien d'impossible, nous ne saurions toutefois oublier quelle était alors, entre 1630 et 1640, en France, et ailleurs aussi, la popularité de la littérature espagnole. Cervantes et son *Don Quichotte* n'étaient ni plus admirés ni plus lus à Madrid qu'à Paris. Les auteurs dramatiques, Hardy, Mairet, Rotrou, avaient donné l'exemple de s'inspirer du roman ou du théâtre espagnols. Ajoutez qu'en les imitant, on courait la chance de plaire à une jeune reine, dont la faveur pouvait faire aisément la fortune d'un poète. Si M. de Châlon donna donc à Corneille le conseil d'étudier le théâtre espagnol, nous aimons mieux croire que Corneille y serait venu tôt ou tard de lui-même sans M. de Châlon. Il y avait effectivement dans la nature de son génie des affinités secrètes avec le génie espagnol, et, chose assez curieuse à noter, quand il imitera les Latins après les Espagnols, ce seront toujours des Espagnols que ces Latins-là, puisqu'ils s'appelleront Sénèque et Lucain!

L'apparition du *Cid*, — qui est des derniers jours de 1636 ou des premiers jours de 1637, — est une date capitale dans l'histoire du théâtre français, non seulement pour la beauté propre, intrinsèque, et foncière du sujet, pour la querelle qu'il souleva, pour les conséquences enfin qui s'ensuivirent ; mais c'est une époque aussi dans l'histoire générale de la littérature européenne ; et on nous permettra de nous y arrêter. On n'ignore pas qu'il en est de Rodrigue comme de notre Roland : il a vécu et il a eu son rôle dans l'histoire, mais — comme Roland, encore pour nous, ou même plus que Roland pour nous, — il est surtout pour les Espagnols un héros légendaire, en qui la poésie des anciens âges s'est complue de bonne heure à incarner son idéal d'héroïsme et de chevalerie. On s'en est étonné, et non pas sans raison. « Lui, l'exilé, qui passa les plus belles années de sa vie au service des rois arabes de Saragosse... ; lui, l'aventurier dont les soldats appartenaient en grande partie à la lie de la société musulmane, et qui combattait en vrai soudard, tantôt pour le Christ, tantôt pour Mahomet... ; lui, cet homme sans foi ni loi..., qui trompait Alphonse, les rois arabes, tout le monde, qui manquait aux capitulations et aux serments les plus solennels ; lui, qui brûlait ses prisonniers à petit feu, ou qui les faisait déchirer par ses dogues, comment est-il devenu ce héros ? et ce preux ? et ce modèle ou ce parangon de l'esprit chevaleresque ? » A cette question qu'il s'est posée lui-même, M. Reinhart Dozy, le savant auteur des *Recherches sur l'histoire et la littérature de l'Espagne au moyen âge* (Leyde et Paris, 1860), a répondu : premièrement, que l'idéal rude et barbare du moyen âge différait étrangement du nôtre ; et, en second lieu, qu'avant de devenir, on ne dit pas celui de Corneille, mais celui de Guillen de Castro, le Cid de la réalité, le vrai Cid, avait subi dans sa personne et dans son caractère plus d'une transformation. Dans les plus anciennes romances, dans le *Romancero* du XIIe siècle qui porte le titre de *Cronica rimada*, le Cid de la poésie ne diffère guère de celui de l'histoire : hautain, perfide, et cruel comme lui. Il a déjà quelque chose de plus noble, et, sinon de plus poétique, au moins de plus conforme à l'idéal moderne, dans la *Chanson du Cid*, qu'on date habituellement des premières années du XIIIe siècle. « Il y garde bien encore des traits de l'ancien Cid..., mais, au reste, c'est un tout autre homme » : chrétien fervent, sujet ou vassal fidèle, époux et père passionné. Enfin les poètes postérieurs, ceux du XVe et du XVIe siècle, aidés de la complicité de l'imagination populaire et des moines (V. Dozy, II, 241, 255), qui ont failli le faire canoniser, achèvent de préciser et de fixer la physionomie du Cid. C'est celle que l'on retrouve dans le drame ou plutôt dans les deux drames de Guillen de Castro : les *Mocedades* et les *Hazañas del Cid*, et dans la tragi-comédie de Corneille. On consultera sur Guillen de Castro le travail de M. Ernest Mérimée : *Première Partie des Mocedades del Cid, avec une étude critique et un commentaire* (Paris et Toulouse, 1890).

Quant au succès du *Cid* français, l'écho en retentit encore, et si jamais, par quelque aventure dont il faut bien vite écarter l'idée, le théâtre entier de Corneille devait s'abîmer dans l'oubli, c'est le souvenir lumineux du *Cid* qui sauverait la mémoire du poète. Non pas que l'on ne puisse préférer tel ou tel autre de ses chefs-d'œuvre, son *Polyeucte*, par exemple ; et, pour notre part, nous n'hésitons pas. Mais le *Cid* est un des plus beaux sujets qu'on ait mis au théâtre ; Corneille avait trente ans alors ; c'est presque la seule de ses pièces où il ait fait parler et « vibrer » les passions de l'amour ; et enfin le bruit, pour ne pas dire le tapage qu'on fit autour de la pièce, aurait suffi, lui tout seul, pour tirer de l'ombre, et pour consacrer dans l'histoire littéraire, une pièce moins belle que le *Cid*.

Souvent racontée, notamment par M. Taschereau, dans son *Histoire de la vie et des ouvrages de P. Corneille* (Paris, 1855, 2ᵉ édit.), et par M. Marty-Laveaux, au t. III de l'édition de Corneille qu'il a donnée dans la *Collection des grands écrivains de la France* (Paris, 1862), l'histoire de la querelle du *Cid* a été reprise, éclaircie en quelques points, et complétée par M. Henri Chardon, dans son ouvrage intitulé *la Vie de Rotrou mieux connue et la querelle du Cid* (Paris et le Mans, 1884). Nous n'en toucherons ici que deux points : à savoir quelles furent les raisons de l'espèce de persécution que Richelieu dirigea contre *le Cid* ; et ce que vaut la brochure qu'il fit écrire par l'Académie pour inquiéter le triomphe de Corneille.

Écartons d'abord la prétendue raison d'État, que Michelet, — au t. XII de son *Histoire de France*, — et après lui tant d'autres, ont tant et d'ailleurs si éloquemment développée. Qui ne se rend compte en effet que, si le cardinal avait vu dans cette espèce d'apologie du duel une offense à ses édits et un obstacle pour ses desseins, il eût sans balancer interdit les représentations de la pièce, et ne se fût pas autrement embarrassé de la faire critiquer par ses académiciens ? Mais il ne s'est même pas avisé que la pièce pût avoir cette portée, et ce n'est pas le ministre, en lui, qui la trouva dangereuse, c'est l'auteur dramatique ou le poète qui la trouva mauvaise. Ce grand homme était un homme, et même un homme de lettres. Tan[t] qu'il dépensait deux ou trois cent mille écus, si nous en croy[ons] Guy Patin, — lequel au surplus s'en indigne, — pour faire mon[ter] sur son propre théâtre une pièce qui ne réussissait point, ce Cornei[lle] avec son *Cid*, ne se permettait-il pas de faire courir tout P[aris] au théâtre du Marais? L'insolent! C'était une première blessur[e à] laquelle notre cardinal était aussi sensible pour le moins qu'un Mai[ret] ou qu'un Scudéry. D'un autre côté, le poète, avant de produire [le] *Cid* en public, avait-il seulement daigné le soumettre à son anc[ien] protecteur? s'aider de ses conseils? en faire même la mine? don[ner] cette marque de déférence à l'auteur de *Mirame* et de la *Comé[die] des Tuileries*? Et pourquoi Richelieu n'aurait-il pas été bien a[ise] d'obliger son Académie, — dont on se moquait un peu, et dont [le] Parlement refusait d'homologuer les lettres de fondation, — à fai[re] en critiquant *le Cid*, acte de corps public? N'était-ce pas ainsi q[ue] quelque cinquante ans auparavant, l'Académie de la Crusca s'ét[ait] affirmée, comme l'on dit, par une critique acerbe, et violente mê[me] de la *Jérusalem* du Tasse!

Pour la brochure qui sortit de là, on estime communément aujo[ur]d'hui qu'en l'appelant « une des meilleures critiques qui aient été fai[tes] sur aucun sujet », La Bruyère, en ses *Caractères*, l'a jugée d'[une] manière beaucoup trop favorable. Elle est presque entièrement de [la] main de Chapelain, — nous le savons par sa *Correspondance*, — [et] elle vaut mieux que la *Pucelle*. Mais elle est très éloignée d'être [un] chef-d'œuvre en son genre, et le mérite éminent du *Cid* n'y est [pas] aperçu. Ce n'est pas que quelques-unes des observations de Cha[pe]l[a]in ne soient justes, et, même contre Corneille, il n'a pas toujo[urs] tort. Nous devons surtout le louer d'avoir posé là d'excellents pr[in]cipes de critique, s'il ne les a pas toujours bien appliqués, et nota[m]ment celui-ci : que, ni le succès d'une œuvre, ni même le plaisir qu'[elle] nous cause, ne sauraient être la mesure ou les juges de sa vale[ur]. « Comme les observations des censeurs du *Cid* n'ont pu préoccu[per] l'Académie, le grand nombre de ses partisans n'a point été capa[ble] de l'étonner. *Elle a bien cru que* le Cid *pourrait être bon, mais n'a pas cru qu'il fallût conclure qu'il le fût, à cause seulement qu[i]l avait été agréable....* La nature et la vérité ont mis un certain p[rix] aux choses, qui ne peut être changé par celui que le hasard [et] l'opinion y mettent, et c'est se condamner soi-même que d'en fa[ire un] jugement selon ce qu'elles paraissent, et non pas selon ce qu'el[les] sont. » Voilà qui n'est pas mal pensé! Si tout était de la même force dans les *Sentiments de l'Académie sur le Cid*, il en faudrait sans doute féliciter Chapelain. Mais quelle idée singulière a-t-il eu d'aller censurer dans la tragédie ce qui en fait justement la beauté, les deux grandes scènes de Rodrigue et de Chimène, la première du troisième acte et la première du cinquième! Et comment n'a-t-il pas vu qu'elles sont toute la pièce, puisqu'elles sont tout le drame.

C'est, en effet, par là que *le Cid* se distingue de tout ce qui l'avait précédé, sans en excepter la *Sophonisbe* elle-même de Mairet. Ce que les auteurs dramatiques avaient mis jusqu'alors d'intérêt dans la combinaison romanesque des événements, Corneille, lui, l'a mis pour la première fois, — et j'ai peur qu'on ne doive dire aussi pour l'avant-dernière fois de sa vie, — dans ce que nous appellerions aujourd'hui la succession des états d'âme des personnages. Car de quoi s'agit-il dans *le Cid* et à quoi nous y intéressons-nous? Uniquement à ce qu'il adviendra de Rodrigue et de Chimène, et si la pitié filiale sera plus forte en eux que l'amour, ou au contraire si l'amour finira par triompher en eux de ce qu'ils doivent l'un et l'autre à un père? Tout le reste est secondaire ou accessoire, pour ne pas dire indifférent. Nous ne nous soucions ni du roi, ni de don Sanche, encore moins de l'infante, et à peine de Don Diègue ou du comte de Gormas. Mais jusqu'où peut aller la force de l'amour, et si dans l'âme de Rodrigue elle fera taire la voix de l'honneur, ou si dans le cœur de Chimène elle étouffera celle du sang, voilà le vrai sujet de Corneille, qui n'était pas tout à fait celui de Guillen de Castro; voilà ce qu'il a de son fond personnel ajouté lui-même à l'original espagnol; et voilà ce qui fait de l'apparition du *Cid* une date mémorable entre toutes dans l'histoire littéraire. Avec et par *le Cid* la tragédie française a pris conscience de son véritable objet. Elle s'est différenciée de la tragi-comédie, dont il était assez difficile de la distinguer jusqu'alors. Elle a vu de quel côté, dans quel sens, il lui faudrait chercher la perfection de son genre. Et il est vrai d'ailleurs que, comme nous l'allons voir, Corneille en personne n'a tenu qu'une partie des promesses du *Cid*, mais c'était justement pour nous une raison d'y appuyer, quand la valeur même de l'œuvre, sa signification historique, et l'art nouveau qu'elle inaugurait ne nous en auraient pas fait une obligation.

> Au *Cid* persécuté, *Cinna* dut sa naissance.

Le vers de Boileau n'est qu'à moitié vrai. C'est *Horace* qui suivit d'abord le *Cid*, et *Cinna* ne vint qu'ensuite. Mais, comme *Horace* et *Cinna* sont datés l'un et l'autre de 1640, l'erreur de Boileau n'a rien que de très excusable. La même date sert à prouver que, si Corneille fut blessé de la publication des *Sentiments de l'Académie sur le Cid*, et s'il fit mine, pendant près de trois ans, de se retirer sous sa tente, il n'en fit du moins que la mine. On est même humilié pour lui qu'en reparaissant sur la scène il ait cru devoir dédier son *Horace* à son persécuteur; et, sans bouder le cardinal, on voudrait que le persécuté n'eût pas ainsi fait les premières avances. Mais le caractère de Corneille n'avait rien de la fierté, et encore moins de la raideur de celui de ses héros favoris. Si, selon le mot de Richelieu lui-même, il n'avait pas l'esprit de suite, il avait l'esprit de complaisance, qu'il a quelquefois poussé jusqu'à la servilité. Nous en avons une autre preuve, dans la mémorable dédicace de *Cinna* au financier Montauron. Celui-ci du moins paya deux cents pistoles, — qui étaient une dizaine de mille francs, — l'honneur de se voir comparer à Auguste, et Corneille en tira cette autre satisfaction que ses confrères, à la nouvelle de cet excès de munificence, durent crever de dépit. En ce temps-là, les gens de lettres ne se piquaient pas de dignité, si ce n'est quelque Gascon comme La Calprenède, ou quelque mousquetaire comme Scudéry, et il faut les en plaindre, — mais non pas les en blâmer avec trop de sévérité.

Quelles raisons avaient déterminé le choix des sujets d'*Horace* et de *Cinna*? En empruntant le premier, celui d'*Horace*, à Tite-Live, et le second à Sénèque, en son *De Clementia*, Corneille a-t-il peut-être voulu répondre au reproche qu'on lui faisait de manquer d'invention? Et, en effet, on pouvait le dire, *le Cid* ou *Médée* n'étaient que des traductions, ou, comme nous dirions, que des adaptations. Mais je croirais plus volontiers qu'attentif à suivre la mode, et, sans en avoir l'air, toujours empressé d'obéir aux moindres variations du goût de son temps, s'il passa du moyen âge espagnol à l'antiquité romaine, c'est qu'il vit qu'un peu partout, autour de lui, l'opinion et les auteurs y semblaient retourner. La querelle des anciens et des modernes n'avait pas encore éclaté, mais les anciens, dédaignés depuis un demi-siècle au profit des Espagnols et des Italiens, reprenaient l'offensive. Les traductions abondaient, et l'un des émules de Corneille, le poète Du Ryer, en a laissé lui-même presque autant que de tragédies. Les romanciers d'autre part, La Calprenède et les Scudéry, le frère et la sœur, allaient bientôt, dans leurs longues rapsodies: *Cyrus, Cassandre,*

Cléopâtre, *Clélie*, faire de l'histoire grecque et romaine ce que Walter Scott a fait de l'histoire d'Angleterre, ou chez nous Dumas de l'histoire de France, avec sa *Dame de Montsoreau* et ses *Trois Mousquetaires*. Corneille suivit donc le courant, et, puisqu'on voulait des Grecs et des Romains, il commença par ceux-ci, que d'ailleurs il connaissait mieux. A quoi si d'autre part on ajoute qu'en prenant des sujets historiques il ne se refusa pas le plaisir de faire voir à ses ennemis quelle sottise ils avaient proférée en interdisant au poète dramatique l'usage de l'histoire, on aura, je crois, toutes les raisons du choix des sujets d'*Horace* et de *Cinna*, dont aucune n'est certaine, mais qu'il suffit qui soient toutes probables.

Nous dirons tout à l'heure ce que la tragédie française en général, et Corneille lui-même, ont tiré de profit de l'emploi de l'histoire : l'histoire est pleine de ces actions rares et extraordinaires qu'on taxerait d'invraisemblance ou d'exagération, si le dramaturge s'avisait de les attribuer à des personnages de son invention! Mais ce qu'il nous faut d'abord noter, dans *Horace* et dans *Cinna*, ce sont les commencements de ce genre de tragédie dont l'intérêt est fait de la discussion des principes les plus généraux du gouvernement des États. Que devons-nous à la patrie? affections et famille, humanité même, l'intérêt général exige-t-il que nous lui en fassions le sacrifice? et, pour le servir, tous les moyens sont-ils bons? toutes les violences sont-elles permises? tous les crimes sont-ils excusables? C'est le vrai sujet d'*Horace*; comme le vrai sujet de *Cinna*, c'est de savoir s'il y a aucune entreprise qui ne soit permise contre l'usurpateur, aucun moyen qui ne soit en quelque sorte commandé contre le tyran. Et jamais certes la tragédie n'avait débattu de plus grandes questions ni surtout dans une plus belle langue, avec autant de force ou d'éloquence.

Ce sont d'autres problèmes que soulève *Polyeucte*, sans compter celui de savoir s'il parut sur la scène en 1640 ou en 1643. « C'est à la fin de 1640, disait jadis M. Marty-Laveaux, dans son excellente édition des *Œuvres de Corneille*, que l'on a représenté *Polyeucte* », et il ajoutait : « Jamais aucun doute ne s'est élevé à ce sujet ». Cependant, c'est lui-même qui, depuis, a dû reconnaître que cette date était au moins douteuse, et qu'il se pourrait que *Polyeucte* n'eût été joué pour la première fois qu'en 1643. Il ne resterait plus, en ce cas, à lever qu'une difficulté. Si *Polyeucte* ne date que de 1643, il faut alors que, de 1643 à 1645, Corneille ait donné *Polyeucte*, *Pompée*, *le Menteur*, la Suite du Menteur, Rodogune et Théodore : trente actes en moins de trois ans, ce qui est beaucoup d'abord, et six pièces que l'on ne sait trop sur quelles scènes il aurait pu faire jouer, n'y ayant alors que deux théâtres à Paris : l'hôtel de Bourgogne et le théâtre du Marais, lesquels n'ouvraient chacun que trois fois la semaine. Pour diverses raisons, dans le détail desquelles il serait un peu long et un peu fastidieux d'entrer, nous proposerions de dater *Polyeucte* de 1642, *Pompée* et *le Menteur* de 1643; *Théodore* et *la Suite du Menteur* de 1645; et enfin *Rodogune* de 1646.

Nous y verrions un avantage en ce qui touche *Polyeucte* : ce serait, puisqu'on l'a voulu, de pouvoir le mêler aux querelles de la grâce, et Corneille lui-même, par une de ses œuvres, à l'histoire du jansénisme. N'est-ce pas peut-être Sainte-Beuve qui s'en est avisé le premier, dans son *Port-Royal*? et il est certain qu'en parlant de Dieu, Corneille a écrit :

> Il est toujours tout juste et tout bon — *mais sa grâce*
> *Ne descend pas toujours avec même efficace,*

ce qui d'ailleurs est la vérité même de la tradition catholique. Or, dater ces vers de 1640, comme on le faisait autrefois, c'était les donner comme antérieurs à la publication de l'*Augustinus* de Jansénius, le livre qui déchaîna la tempête. Mais, les dater de 1643, ce serait les faire postérieurs à l'apparition du livre d'Arnauld sur la *Fréquente Communion*, et transformer ainsi le poète en partisan d'une doctrine qui n'a jamais été la sienne. Fidèle à sa méthode, et toujours prompt à saisir « l'actualité », Corneille a tout simplement choisi, pour parler en beaux vers de la matière de la grâce, le temps qu'il en entendait parler par tout le monde autour de lui.

On a dit encore qu'en traitant dans *Polyeucte* un sujet « chrétien », Corneille aurait renoué la tradition de nos anciens mystères, et on rappelle à ce propos l'étonnement qu'en éprouva l'hôtel de Rambouillet lorsque le poète y lut sa pièce pour la première fois. « Voiture, — dit Fontenelle, — vint trouver Corneille, et prit des tours fort délicats pour lui dire que *Polyeucte* n'avait pas réussi comme il pensait que surtout le christianisme avait infiniment déplu. » L'anecdote est-elle bien authentique? Mais ce qu'on peut toujours bien affirmer c'est qu'entre *Polyeucte* et nos anciens *Mystères* il n'y a rien de commun, si ce n'est le christianisme; et que, pour former l'idée de le mettre au théâtre, Corneille n'avait pas besoin de s'autoriser des anciens mystères, que d'ailleurs il ne connaissait pas, dont peut-être même n'avait-il jamais entendu parler. Il lui suffisait des exemples de ses prédécesseurs, parmi lesquels il y en avait plus d'un, — depuis Garnier dans ses *Juives*, jusqu'à Baro dans son *Saint-Eustache*, — qui s'était inspiré de la Bible ou des *Actes des Martyrs*; et, à défaut de ses prédécesseurs, il lui eût encore suffi des Espagnols, — de Calderon, que l'on commençait à connaître en France, de Lope de Vega, — de leurs *autos sacramentales*, et de la manière brillante dont ils y avaient concilié, comme dans *Polyeucte*, le roman et la religion. C'est aussi bien ce que fera Rotrou, quelques années plus tard, en 1645, dans son *Saint-Genest*, lequel sera moins imité du *Polyeucte* de Corneille que du *Fingido Verdadero* de Lope de Vega. Nous renvoyons ceux qui seraient curieux d'étudier les origines de *Polyeucte* à l'opuscule de M. Aubé, *Polyeucte dans l'Histoire* (Paris, 1882).

C'est également d'une comédie d'Alarcon : *la Verdad sospechosa*, que Corneille a tiré le *Menteur*; et d'une comédie de Lope de Vega : *Amar sin saber a quien*, qu'il s'est inspiré pour écrire la *Suite du Menteur*. Ce sont deux chefs-d'œuvre, dont on ne saurait dire pourquoi le second n'est pas aussi populaire que le premier, si ce n'est peut-être qu'il ressemble davantage aux comédies de sa jeunesse. Voltaire en faisait un cas particulier. Il en trouvait l'intrigue « beaucoup plus intéressante » que celle du *Menteur*, et il n'avait pas tort. Mais le *Menteur* a pour lui, sinon d'avoir montré à Molière, comme on le répète encore trop souvent, le chemin de la vraie comédie, du moins de tendre déjà vers la comédie de caractère, et ainsi de rentrer, pour beaucoup de lecteurs qui préfèrent leurs habitudes à leur plaisir, dans un cadre mieux défini. Il n'y a rien d'ailleurs, non seulement dans l'œuvre de Corneille, mais dans tout le théâtre français, qui soit, pour la vivacité du style, pour l'élégance du tour, pour l'aisance de la versification, pour la qualité de la plaisanterie, au-dessus de quelques scènes de ces deux comédies. On y notera un nouveau témoignage de cette extraordinaire souplesse de talent que nous avons déjà signalée dans Corneille, si l'on songe qu'il passait des vers de *Polyeucte* ou de *Pompée* à ceux du *Menteur*, pour de là s'élever de nouveau à ceux de *Théodore* et de *Rodogune*.

Nous ne nous sommes pas arrêtés sur la *Mort de Pompée*, quoique Corneille y aimât « les vers les plus pompeux qu'il eût faits », et nous ne nous arrêterons pas davantage à *Théodore, vierge et martyre*. Le sujet en est insupportable ; et l'erreur du choix de Corneille, n'ayant rien ici de significatif, dont on puisse tirer des conséquences, il serait inutile de nous y attarder. Il en est autrement des tragédies qui suivirent : *Héraclius*, en 1648; *Andromède*, une tragédie à machines ou, pour mieux dire, un livret de grand opéra, en 1650; *Don Sanche d'Aragon*, la plus romantique des tragi-comédies du poète, en 1650 aussi; *Nicomède*, en 1651, tentative d'un genre nouveau, où Corneille essaya d'abaisser le ton de la tragédie sans en diminuer la dignité naturelle; et *Pertharite*, enfin, dont l'échec, en 1653, l'éloigna pour sept ou huit ans du théâtre.

Chacune de ces pièces appelle des observations qui pourraient avoir leur importance. *Rodogune* et *Héraclius* sont de celles pour qui Corneille a toujours témoigné d'une prédilection marquée. Il semble qu'il en goûtât surtout la complexité d'intrigue, et aussi l'atrocité des situations principales. Autre observation : si l'intrigue de *Pertharite* ne laisse pas d'offrir des ressemblances avec celle d'*Andromaque*, le début d'*Héraclius* a de singulières analogies de ton avec celui du *Bajazet* de Racine. On trouve d'autre part dans *Don Sanche d'Aragon* des vers dont la facture est déjà celle d'Hugo, dans son *Ruy Blas* ou dans son *Hernani* :

> Eh bien, soyez-vous donc, marquis de Santillane,
> Comte de Pennafiel, gouverneur de Burgos....

et plus loin :

> J'ai fait Carlos marquis, et comte, et gouverneur,
> Il doit à ses jaloux tous ces titres d'honneur,
> Voulant m'en faire avare, ils m'en rendaient prodigue,
> *Ce torrent grossissait, rencontrant cette digue.*

Aussi bien y a-t-il plus d'un rapport entre Corneille et Hugo, mais surtout quand ils traitent l'un et l'autre un sujet dont ils placent la scène en Espagne. *Nicomède* enfin, et même *Pertharite* sont des pièces curieuses. Nous voudrions, pour en mieux juger, voir quelque jour la première à la scène; et, pour la seconde, qui ne la connaît pas n'a pas mesuré de quelle exagération dans l'horrible ce bourgeois de Rouen est quelquefois capable.... Mais, à cause même de leur diversité, quelque intérêt que chacune de ces pièces nous offrit par elle-même, ce qu'elles ont de plus intéressant, c'est, quand on les rapproche, de nous permettre de définir, ou d'essayer de définir la qualité d'imagination, et ce que l'on pourrait appeler le système dramatique de Corneille.

C'en est justement le moment, dans l'histoire de sa vie. Rien ne

serait en effet plus contraire à la vérité que de se représenter, ainsi
qu'on le semble faire quelquefois, *Nicomède*, ou *Héraclius* comme les
fruits avortés de la vieillesse du poëte. L'auteur de *Nicomède* n'avait
pas quarante-cinq ans sonnés, celui d'*Héraclius* en avait quarante et
un : Molière, au même âge, ne sera l'auteur encore ni de *Tartufe* ni
du *Misantrophe*; et Racine, qui commencera plus jeune, aura passé la
cinquantaine, quand il donnera son *Esther* et son *Athalie*. C'est donc
bien ici l'œuvre de la maturité du génie de Corneille. Il a triomphé de
l'envie; Richelieu, son premier protecteur, l'a légué pour ainsi dire à
Mazarin, comme un vivant témoignage de la gloire de son règne. La
génération, qui lui disputera « les lauriers dont on voit sa tête si couverte, » est à peine encore née. Molière a vingt ans, Racine et Boileau
n'en ont pas plus de dix ou douze. A l'Académie française, dont il fait
partie depuis 1646, il n'y a pas de nom plus illustre que le sien. Les
comédiens lui payent ses pièces à raison de 2,000 livres, qui feraient
à peu près 10 ou 12,000 fr. de nos jours; il a pension sur la cassette
royale; il a les honoraires de ses fonctions d'avocat à la Table de
marbre, qu'il continue toujours d'exercer; son père, qui est mort
en 1639, lui a laissé une honnête aisance : maison de ville à Rouen et
maison de campagne. Tandis que donc il reprend haleine après l'échec
de son *Pertharite*, et qu'enfoncé tout entier dans sa traduction en
vers de l'*Imitation de Jésus-Christ*, on croirait qu'il s'est retiré pour
toujours du théâtre, jetons sur son œuvre un coup d'œil d'ensemble,
et tâchons d'y saisir, avec l'esprit de son système, quelques traits au
moins de la nature de son génie.

II

On ne saurait les séparer, et les deux choses n'en font qu'une; — ou
du moins, en tant que le système dramatique de Corneille peut se
distinguer de son génie, Corneille n'a pas de système, et ses moyens
dramatiques sont exactement ceux de ses contemporains, de Mairet,
de Rotrou, de Tristan ou de Scudéry. Mais en tant qu'il lui est propre,
personnel et original, son système dramatique n'est que l'expression
ou la projection, pour ainsi parler, de ses qualités de poëte. Ce qui
fait qu'on les distingue, et, en les distinguant, qu'on les voit mal, c'est
que l'on étudie d'ordinaire le génie de Corneille dans ses tragédies,
et son système dans ses *Discours* ou dans les *Examens* qu'il a lui-même

donnés de ses pièces. Et on n'oublie qu'un point ! C'est que les *Discours* et les *Examens* n'ont pas le sens qu'on leur attribue, ni surtout la portée générale qu'on leur prête. Ils ne sont point l'apologie naïve ou désintéressée de Corneille par lui-même, et le caractère en est avant tout polémique. Ils sont sa justification, ou plutôt sa réponse aux théories de l'abbé d'Aubignac, dans sa *Pratique du théâtre*, laquelle ne parut qu'en 1657. Il n'y expose pas, à vrai dire, sa manière de comprendre le théâtre : il la défend ; et ses arguments ne sont pas tant d'un théoricien de son art que d'un avocat de sa gloire. N'avons-nous pas le droit d'ajouter que, s'il en était autrement, Corneille cependant ne serait pas encore de ceux qu'il soit bon de consulter sur eux-mêmes? et que, comme Victor Hugo, capable d'écrire indifféremment *Hernani* ou *Marie Tudor*, et *le Cid* ou *Pertharite*, ni l'un ni l'autre des deux ne s'est vraiment connu ?

Il avait donc l'imagination forte et hardie ; et cela veut dire qu'il n'avait pas, comme l'auront après lui Racine ou Molière, le goût de l'universel, mais, au contraire, celui du particulier, de l'extraordinaire, de l'invraisemblable : je dirais presque du merveilleux. Les Espagnols y sont sans doute pour quelque chose, puisque, comme on l'a vu, ses premières comédies ne sont que d'agréables imitations des mœurs de son temps. Au contraire, à dater du *Cid*, il ne semble plus que rien d'habituel ou de quotidien l'intéresse.

> Le sort qui de l'honneur nous ouvre la carrière
> Offre à notre constance une illustre matière
> . . . .
> Et comme il voit en nous des âmes non communes,
> Hors de l'ordre commun il nous fait des fortunes.

A dater de ce moment, ces vers d'*Horace*, mieux qu'aucun commentaire, définissent le véritable idéal et le fond du système dramatique de Corneille. Si c'était rencontre ou hasard dans *le Cid*, c'est de parti pris maintenant qu'il va rompre avec l'imitation de la vie commune ; et dans le choix du sujet, comme dans le dessin des caractères, il ne se laissera plus désormais guider que par la recherche de l' « illustre » et de l' « extraordinaire ». Le cas mérite qu'on le signale à ceux qui répètent qu'en tout art, et en tout temps, l'imitation de la nature a été l'objet de l'artiste ou du poète. Mais les personnages de Corneille ne l'attirent au contraire à eux, ils ne séduisent, et ils ne retiennent son imagination qu'autant qu'ils sortent de « l'ordre commun », et, pour ainsi parler, qu'ils s'exceptent, qu'ils s'isolent du train des mœurs ordinaires et du caractère général de l'humanité. De là sa théorie de l'invraisemblable, telle qu'il l'a exposée lui-même, non pas dans l'*Examen*, mais dans la *Préface* de son *Héraclius* : « On m'a fait quelque scrupule, y dit-il, de ce qu'il n'est pas vraisemblable qu'une mère expose son fils à la mort pour en préserver un autre.... Mais... *la vraisemblance n'est qu'une condition nécessaire à la disposition, et non pas au choix du sujet*, ni des incidents qui sont appuyés de l'histoire... J'irai plus outre, et quoique peut-être on voudra prendre cette proposition pour un paradoxe, *je ne craindrai point d'avancer que le sujet d'une belle tragédie doit n'être pas vraisemblable.* » On entend maintenant ce qu'il veut dire.

Voit-on aussi comment l'emploi qu'il a fait de l'histoire se rattache à sa théorie de l'invraisemblable, et, par elle, à sa nature d'imagination? Non moins que comme poète, on l'a loué comme historien, et un fort savant homme a écrit tout un livre, — *le Grand Corneille historien*, — pour établir la sûreté du sens historique de l'auteur d'*Héraclius* et du *Cid*. Corneille lui-même, on le sait, reprochera plus tard à Racine, en son *Bajazet*, que ses Turcs n'en seront point, mais des Français du xviie siècle. Regardons-y cependant de plus près. Depuis son *Horace* jusqu'à son *Attila*, s'il a effectivement parcouru quinze ou dix-huit siècles de l'histoire romaine; s'il y a joint, avec son *Polyeucte* et sa *Théodore*, celle des premiers temps et des grandes persécutions du christianisme; et l'histoire byzantine avec *Héraclius*; et l'histoire du moyen-âge avec le *Cid*; ce n'est pas du tout qu'il aime l'histoire pour elle-même, ni qu'il ait une curiosité du passé plus éveillée, plus intelligente, et plus « moderne » que celle de ses contemporains, La Calprenède ou Scudéry. Mais c'est que les histoires sont pleines d'événements illustres et extraordinaires, si même ce ne sont les seuls qu'elles enregistrent, comme étant les seuls dignes de mémoire. Vous ne voulez pas croire qu'une reine de Syrie, du nom de Cléopâtre, après avoir tué de sa main l'un de ses deux fils, ait dû boire le poison qu'elle avait elle-même savamment préparé pour l'autre? Et en effet, à Rouen ou à Paris, rue Tiquetonne ou rue Joquelet, ces événements sont rares! Mais lisez Appian Alexandrin, au livre des *Guerres de Syrie*; lisez Justin, en son trente-sixième livre; lisez Josèphe, en ses *Antiquités*; et vous y trouverez le sujet de *Rodogune*. Pareillement, on s'est étonné du sujet de *Pertharite*! Mais enfin, s'il est dans Paul Diacre : *De Gestis Longobardorum*, et voire dans Erycius Puteanus, au livre II de ses *Historiæ Barbaricæ*, qu'importe qu'il soit vraisemblable, dit Corneille, et toute la question n'est-elle pas de savoir s'il est assez tragique! L'aveu est franc : l'histoire pour lui n'est pas l'histoire, mais un vaste répertoire de situations dramatiques ; et autrement, pourquoi lirait-il Paul Diacre ou Erycius Puteanus? Ou si on le veut encore, l'histoire, qui donne satisfaction à son goût de l'extraordinaire, satisfait par là même sa nature d'imagination. En fait d'actions, il ne lui en faut que d'illustres; en fait de crimes, il n'en veut que d'atroces; et en fait de sentiments, il n'en aime à développer que d'extraordinaires.

C'est en effet de là, de cette nature ou de cette qualité d'imagination, que s'engendre sa prédilection pour les âmes extraordinaires, dont les vices et les vertus s'égalent aux situations tragiques de l'histoire. Les âmes « non communes » semblent seules capables d'inspirer, en l'enlevant à elle-même, cette âme d'avocat du roi. Bon époux et bon père, bon frère aussi, timide et même timoré, parlant mal, se tenant mal, gauche et emprunté, son imagination le revanche de tout ce qu'il n'est pas. Qu'on ne lui parle point, comme on le ferait à Racine, de peindre ces passions de l'amour, dont il est vrai que les effets sont quelquefois extraordinaires, mais qui ne laissent pas d'être les plus ordinaires, les plus universelles, et, conséquemment, les plus « communes » de toutes. Qui n'a aimé ou qui n'aimera? et qui ne se reconnaîtra lui-même dans Hermione ou dans Roxane, dans Pyrrhus ou dans Xipharès? Mais l'âme de Chimène ou celle du jeune Horace, l'âme de Cléopâtre ou celle de Rodogune, l'âme de Léontine dans *Héraclius* ou de Rodelinde dans *Pertharite*, voilà des âmes comme il y en a peu; des âmes comme on ne croirait pas qu'il y en eût, si l'histoire n'était là qui l'atteste; et voilà les âmes qu'il se plaît à manier.

Il en découle plusieurs conséquences, et entre autres celle-ci, que la psychologie fait cruellement défaut dans la plupart des tragédies de Corneille, ou, si l'on aimait mieux cette façon de dire, que ses personnages ont encore une allure tout épique. Heine en a fait quelque part la juste remarque; et notre Le Sage, en son *Gil Blas*, l'avait faite avant lui, quand il y louait, d'une expression d'ailleurs assez bizarre, la « douceur purgée d'épique » de la tragédie de Racine. Les personnages de Corneille sont d'abord tout ce qu'ils sont, et, comme les héros d'Homère ou de nos *Chansons de geste*, on pourrait les caractériser d'un seul mot : don Diègue « à la barbe fleurie » ou Cléopâtre « fertile en ruses ». Il s'ensuit également que, dans le théâtre de Cor-

eille les caractères se subordonnent toujours aux situations, dont le
choix fait visiblement la première préoccupation de Corneille. *Héraclius* et *Rodogune* en sont de remarquables exemples. Ce qui l'a frappé
dans l'un et l'autre sujet, c'est la situation du tyran Phocas entre deux
jeunes gens parmi lesquels il ne peut reconnaître son fils :

> Devine, si tu peux, et choisis, si tu l'oses ;

et c'est la situation d'Antiochus et de son frère entre une femme et
une fiancée, Rodogune, qui met sa main au prix du meurtre de leur
mère, tandis que cette mère, de son côté, met la succession du trône
de Syrie au prix de l'assassinat de Rodogune. Mais on pourrait aller
un peu plus loin encore, et on pourrait dire que la beauté d'une seule
scène vraiment forte et extraordinaire est souvent pour Corneille
l'unique raison qui décide le choix de son sujet. *Rodogune* est tout
entière dans la grande scène du cinquième acte, au point que quatre
actes et demi ne semblent avoir d'autre objet que de préparer cette
scène finale et de lui faire en quelque sorte rendre tout ce que l'idée
en contenait d'émotion, de terreur, et d'horreur. Il n'est pas inutile
de noter en passant que *Ruy Blas* est machiné ou « truqué », si nous
l'osons dire, de la même manière.

Si cependant la force et la hardiesse étaient les seules qualités de
l'imagination de Corneille, non seulement il n'y aurait rien de plus
dans ses tragédies que ce que nous venons d'essayer d'y montrer,
mais, comme le théâtre d'Hugo, puisque nous venons de les comparer,
son théâtre tendrait constamment au mélodrame. Mais autant qu'il
l'avait hardie, il a eu l'imagination noble, héroïque, et haute. C'est
comme si nous disions que, dans l'extraordinaire, il préfère habituellement ce qui fait les héros à ce qui fait les monstres, et ce qui peut
exalter l'âme à ce qui la déprime. A la vérité, n'entendez pas du
tout par là que son répertoire soit le théâtre du perpétuel triomphe
du devoir sur la passion. Si cela n'est déjà qu'à moitié vrai du
Cid, rien ne l'est moins d'*Horace*, — où je ne pense pas que le
devoir d'Horace fût d'égorger sa sœur Camille, — ni de *Polyeucte*,
dont le devoir serait de triompher de sa passion du martyre ;
et rien n'est plus faux de *Cinna* même, de *Théodore*, de *Rodogune*, d'*Héraclius*, de *Nicomède*... où nous ne voyons plus en lutte
les unes contre les autres que des passions, des ambitions, des
jalousies, des haines, des vengeances. Mais ce qui est plus
vrai, ce qui l'est même absolument, et ce qu'il faut dire, c'est

que le théâtre de Corneille est la glorification ou l'apothéose de la volonté.

> J'avais part à l'affront, j'en ai cherché l'auteur.
> Je l'ai vu, j'ai vengé mon honneur et mon père,
> Je le ferais encor, si j'avais à le faire...

Ainsi s'écrie Rodrigue, et Auguste, à son tour :

> Je suis maître de moi comme de l'univers,
> Je le suis, je veux l'être, ô siècles, ô mémoire,
> Conservez à jamais ma dernière victoire.

Pareillement Polyeucte :

> J'ai profané leur temple et brisé leurs autels,
> Je le ferais encor, si j'avais à le faire!
> Même aux yeux de Félix, même aux yeux de Sévère,
> Même aux yeux du Sénat, aux yeux de l'empereur.

C'est le contraire des héros de la tragédie de Racine, victimes accoutumées d'une espèce de fatalité passionnelle. C'est le contraire aussi des héros du drame romantique, de Ruy Blas ou d'Hernani, agents et dupes à la fois d'un destin qu'ils ne gouvernent pas :

> ....Tu me crois peut-être
> Un homme comme sont tous les autres, un être
> Intelligent, qui court droit au but qu'il rêva....
> Détrompe-toi, je suis une force qui va,
> Agent aveugle et sourd de mystères funèbres,
> Une âme de malheur faite avec des ténèbres.
> Où vais-je? Je ne sais, mais je me sens poussé
> D'un souffle impétueux....

C'est Hernani qui parle en ces termes à doña Sol. Les héros de Corneille, eux, se font gloire de savoir où ils vont, et même quand par hasard ils sont bien obligés de subir les événements, on les voit mettre encore un entêtement sublime à soutenir que ce sont eux qui les ont ainsi faits, dirigés, et voulus.

C'est à cette glorification de la volonté, qu'il convient de rapporter comme à leur origine quelques traits bien connus du drame cornélien. Pourquoi Corneille, par exemple, a-t-il affecté ce mépris que l'on sait des passions de l'amour? Nous en avons déjà dit l'une des raisons : c'est qu'elles sont, de toutes les passions, les plus ordinaires ou plus communes, mais c'est surtout qu'elles sont les plus fatales, celles dont il semble bien que nous ayons le moins en notre puissance les commencements, la conduite, et la fin. Nous aimons sans le vouloir, et même sans savoir pourquoi. Les héros de Corneille, en général, considèrent donc l'amour comme une faiblesse indigne d'eux, à laquelle, en se laissant aller, ils se prennent eux-mêmes en pitié, pour ne pas dire en mépris, et dont ils ne suivent les mouvements qu'en essayant de se persuader que le destin des empires en dépend. C'est d'ailleurs un degré de conformité de plus qu'ils ont avec la réalité de l'histoire. Quelques Antoine ont bien pu s'oublier dans les bras de leur Cléopâtre, mais justement ce sont les Antoine! et, au contraire, quelle femme a jamais arrêté dans leur course impérieuse les César, les Octave, les Richelieu, les Cromwell ou les Napoléon?

N'est-ce pas comme si l'on disait que le mépris des passions de l'amour inclinait presque nécessairement la tragédie de Corneille vers la tragédie politique? Ces dissertations d'État, si l'on peut ainsi dire, qui ne sont assez souvent qu'un ornement dans la tragédie de Racine, dans *Mithridate*, par exemple, dans la tragédie de Voltaire, dans le drame de Victor Hugo, dans *Hernani* ou dans *Ruy Blas*, elles sont devenues comme inhérentes à la constitution intime du drame cornélien. La politique n'est-elle pas le domaine propre, et comme le lieu de l'exercice de la volonté? C'est la volonté qui mène le train de l'histoire, et non pas la sensibilité, ni même l'intelligence. De là le plaisir que prennent les personnages de Corneille, — Auguste et Cinna, Rodogune et Cléopâtre, Phocas et Léontine, Nicomède et Prusias, — à développer tout au long, et quelquefois interminablement, les mobiles de leurs résolutions. Ils s'y attardent parce qu'ils s'y complaisent; ils s'y complaisent parce qu'ils s'y encouragent. Un syllogisme heureux ranime leur volonté défaillante, et un dilemme vainqueur triomphe de leurs hésitations. La force de leur volonté s'accroît ou se double ainsi de l'autorité de leurs raisonnements. En s'énumérant à eux-mêmes toutes les raisons qu'ils ont d'agir d'une certaine manière, ils s'enlèvent l'une après l'autre celles qu'ils auraient de ne pas agir, ou d'agir autrement; ils les anéantissent; ils ne laissent plus de place qu'au déploiement de la volonté. Mieux que cela, et davantage : ils en arrivent, on le verra bientôt, à vouloir pour vouloir, pour le seul plaisir de se sentir maîtres d'eux-mêmes autant que des autres, et, — comme déjà dans *Rodogune* ou dans *Héraclius*, — à commettre des crimes dont l'unique objet semble être de leur démontrer qu'il n'existe ni instincts, ni passions, ni sentiments dont une volonté forte ne puisse réussir à se rendre maîtresse.

Par là encore s'explique le mouvement dont le drame de Corneille est presque toujours animé. Drame veut dire action. Si l'on parle sans doute beaucoup dans la tragédie de Corneille, on y agit beaucoup aussi. Mais comment et pourquoi cela? Précisément parce que les événements y apparaissent toujours comme les conséquences des résolutions des personnages. Prenez *Horace*, *Cinna*, *Polyeucte*, *Rodogune* ou *Don Sanche* : rien ou presque rien n'y arrive que du fait ou du gré des acteurs du drame. Il ne dépendait que d'Auguste, s'il l'eût voulu, de punir Cinna au lieu de l'absoudre; il ne dépendrait que de Polyeucte, s'il le voulait, de continuer de vivre avec Pauline. Or, s'il y a d'autres manières de donner au théâtre l'illusion du mouvement, il n'y en a ni de plus assurée ni de plus légitime. Car, subordonner ainsi l'action à la volonté d'Auguste ou de Polyeucte, il faut observer que c'est en assurer le renouvellement d'acte en acte. Quoi qu'il puisse advenir, de quelque trahison que la fortune les menace ou de quelque coup qu'elle les frappe, ils y répondent, et en y répondant, ils l'obligent, pour les vaincre, à leur donner un nouvel assaut. Leur volonté fait ce miracle, qu'immobilisés comme ils sont dans leur héroïque attitude, cependant et pour cela même, autour d'eux tout agit, tout se remue, tout marche. Quoi d'étonnant, si, comme l'action est la loi du drame, la volonté est le ressort de l'action? La force dramatique de la tragédie de Corneille a son explication dans la rencontre de la loi du théâtre avec la psychologie de la volonté.

C'est ce qui en fait en même temps aussi la valeur morale singulière ou unique. Mettre en effet l'action dramatique dans la dépendance de la volonté des acteurs du drame, c'est diminuer la part des circonstances et, conséquemment, et en premier lieu, c'est l'idéaliser. Mais, en second lieu, dans la vie réelle, nous sommes si rarement les maîtres de notre destinée! tant d'accidents surviennent qui contrarient nos résolutions et surtout, la plupart du temps, il est si difficile, si pénible, si coûteux de vouloir! que le seul spectacle d'une volonté maîtresse de soi a toujours quelque chose qui impose. C'est ce que savait bien Corneille quand, parlant de sa Cléopâtre, il disait qu'à la vérité c'était un monstre que sa reine de Syrie, mais « qu'elle accompagnait son crime d'une grandeur d'âme qui avait quelque chose de si haut qu'en même temps qu'on détestait ses actions on admirait cependant la source dont elles partent ». Et il avait raison, ou du moins, pour ne rien dire de trop, il n'avait pas entièrement tort. Quoique personne peut-être au monde, — non pas même, je crois, les dramaturges anglais de la Renaissance, Ford ou Webster, — n'ait mis de pareils monstres à la scène, — la Cléopâtre de sa *Rodogune*, Marcelle dans *Théodore*, ou Léontine dans *Héraclius*, — cependant son théâtre, ou du moins l'impression qui se dégage de son théâtre est morale. Cela ne tiendrait-il pas à ce que la volonté, pour conquérir la plénitude de son pouvoir doit commencer par détruire en nous l'attrait des plaisirs auxquels se ruent habituellement les hommes?

Il y en a peut-être une autre raison : c'est que, dans le théâtre de Corneille la volonté ne se développe jamais sans essayer quelque justification ou quelque glorification de ses actes, et que le crime lui-même, presque en toute circonstance, y tâche à tourner de son côté la morale et le droit. Pour sûrs que soient ses personnages de la fermeté de leurs résolutions, ils le sont beaucoup moins de la valeur morale de leurs actes, et ils essayent donc toujours de se rendre l'opinion favorable, à moins que, comme quelquefois, ils ne la bravent, ce qui est encore une façon d'en reconnaître l'autorité. Même, ce qui est plus fort, il leur arrive fréquemment de vouloir que leurs propres victimes les approuvent. C'est ainsi que Rodrigue veut faire convenir Chimène qu'il a *dû* tuer le comte de Gormas; Horace veut faire convenir Curiace que son *devoir* est de l'égorger; Émilie veut faire convenir Auguste qu'elle a *dû* conspirer contre lui; Cléopâtre veut faire convenir ses fils qu'ils *doivent* la débarrasser de Rodogune. La conséquence en est que les idées d'honneur et de devoir sont au fond de tous leurs discours; que les principes mêmes qu'ils combattent, il faut bien qu'ils commencent par les exposer, ou que quelqu'un les expose pour eux; et qu'ainsi la préoccupation morale demeure toujours au premier plan du drame.... Et ici nous voyons apparaître un nouveau trait encore de l'imagination de Corneille : autant que forte elle est subtile, et processive autant que noble. Il y a en lui du Bas-Normand, — si tant est que les Bas-Normands méritent la réputation qu'on leur a faite, — il y a de l'avocat du roi, il y a aussi et certainement du casuiste.

Ne le lui reprochons pas trop : la vie n'est pas simple, et la morale est souvent plus compliquée qu'on ne le croit. Entre Pauline, et son Dieu qui l'appelle, où est le devoir de Polyeucte? Évidemment c'est ce que l'on ne saurait dire sans parler beaucoup, sans distinguer, sans épiloguer, ni par suite sans faire un peu de casuistique. Il n'en est pas précisément de la casuistique comme du mysticisme : elle n'est pas née au désert, ou dans une cellule de moine, et ce ne sont même pas les confesseurs qui l'ont inventée; elle est née de la difficulté qu'il y a souvent de connaître son devoir, et, par exemple, de décider, dans un cas comme celui de Rodrigue, si

> L'on doit à sa maîtresse aussi bien qu'à son père.

Ce qu'il y a d'ailleurs de plus certain encore, c'est que peu de drames sont plus intéressants que ceux qui roulent, comme le *Cid* précisément ou comme *Polyeucte*, sur quelques cas de conscience, sur quelqu'une de ces questions qui intéressent l'humanité tout entière, dans la solution desquelles nous sentons que nous sommes tous partie. Si c'est là encore un des caractères du drame de Corneille, et si nous en sommes redevables à la subtilité de son imagination, il faut donc commencer par nous en féliciter.

Mais où le danger commence, — et Corneille, même dans ses chefs-d'œuvre, ne l'a pas toujours évité, — c'est quand on cède au goût des « espèces rares ». La pente est glissante : elle est presque inévitable. On veut d'abord des « espèces » qui soient belles, ou « illustres », pour emprunter l'expression de Corneille ; on en veut bientôt qui soient « singulières » ; d'où l'on ne tarde pas à passer aux bizarres et même aux immorales. C'est ce qui est arrivé aux Sanchez et aux Escobar, quand dans leurs énormes in-folios, avec une liberté de langage qui n'est égalée que par leur déplorable fécondité d'imagination, ils ont fait de si « jolies questions ». Corneille tout de même. Des situations déjà compliquées et obscures, il aime à les compliquer encore, et il se réjouit naïvement de les avoir rendues plus obscures. Se rappelle-t-on les derniers mots de l'*Examen* qu'il a fait de son *Héraclius* ? « Ce poème est si embarrassé qu'il demande une merveilleuse attention. J'ai vu de fort bons esprits, et des personnes les plus qualifiées de la cour se plaindre de ce que sa représentation fatiguait l'esprit autant qu'une étude sérieuse. Elle n'a pas laissé de plaire ; mais je crois qu'il l'a fallu voir plus d'une fois pour en remporter une intelligence entière. » On ne saurait sans doute se mirer plus complaisamment dans ses propres défauts. Extraordinaires par le choix des sujets, comme aussi par la qualité des âmes qu'il y mêle, ses intrigues ne le sont pas moins par la complexité qu'il se plaît à y introduire. L'histoire ne lui suffit pas : il fait sur elle des « entreprises » ! Et l'entreprise est quelquefois heureuse, comme quand il introduit le personnage de Sabine dans son *Horace*, ou celui de Sévère dans *Polyeucte* ; mais elle l'est aussi quelquefois moins ; et il y en a quelques-unes de tout à fait malheureuses.

A cette même subtilité d'imagination, nous rapporterons encore cette affectation d'immoralité que Schlegel a un peu durement appelée le « machiavélisme » de Corneille, et qui est réelle, mais qui n'est peut-être rien de plus, dans les discours de *Rodogune* ou d'*Héraclius*, qu'une complication de motifs analogue et correspondante à la complication des intrigues. Corneille n'est pas simple ; on ne l'était pas de son temps ; et la simplicité qui lui manquait, ce n'était pas sans doute le commerce des Espagnols ou celui de Sénèque et de Lucain qui pouvait la lui donner. On aime d'ailleurs à faire ce que l'on fait bien ; et rien ne lui avait mieux réussi, dès le temps du *Cid* même, auprès de ses admirateurs, que ces longs développements d'idées où il épuisait le thème qu'il s'était proposé. Le dialecticien en lui doublait le casuiste, et la faconde de l'avocat s'y ajoutait de surcroît. Son « machiavélisme » n'a pas de plus vraisemblable explication, ni peut-être d'autre origine. Seulement, à mesure qu'il se laisse entraîner à la séduction de sa propre subtilité, à mesure aussi s'éloigne-t-il de la vérité et de la vie. Ses qualités se tournent en autant de défauts. La subtilité devient sophistique ; la force se tourne en une exagération d'elle-même qui confine au ridicule ; et la noblesse enfin se change en déclamation, en emphase, en enflure.

C'est pour cela qu'il convenait de ne pas attendre à le juger qu'il eût achevé sa carrière. Sans doute, nous allons retrouver jusque dans ses dernières œuvres quelque ombre de lui-même. Corneille ne va pas périr tout entier. Les situations extraordinaires, fortes et ingénieuses, ne manqueront ni dans son *Attila* ni dans sa *Pulchérie*. Ce don d'écrire en vers qui fut le sien presque dès ses débuts, il le conservera jusqu'à son dernier jour. Mais l'inspiration n'y sera plus. C'est ainsi que l'histoire de ses dernières années n'est plus guère que celle des erreurs ou de la décadence de son génie. Elle confirme d'ailleurs, on va le voir, et elle achève d'éclaircir ce que nous avons dit des défauts essentiels de son système dramatique, ainsi que de la nature inégale et mêlée de son imagination.

III

L'échec de son *Pertharite*, en 1653, l'avait blessé jusqu'au fond du cœur. « La mauvaise réception que le public a faite à cet ouvrage m'avertit qu'il est temps que je sonne la retraite... Il vaut mieux que je prenne congé de moi-même que d'attendre qu'on me le donne tout à fait ;

et il est juste qu'après vingt années de travail je commence à m'apercevoir que je deviens trop vieux pour être à la mode ». Ainsi s'exprimait-il dans la préface qu'il mit à sa pièce, et six ans durant, de 1653 à 1659, retiré dans sa province, entre sa femme et ses enfants, tout occupé de soins pieux, il allait tenir sa parole. S'était-il peut-être attendu qu'on la lui rendît? et ne fut-il pas lui-même un peu dupe de l'engagement de se taire qu'il avait ainsi pris vis-à-vis du public? Ce que nous pouvons toujours dire, c'est que Mazarin profita de son silence pour lui supprimer sa pension; et sans doute ce coup ne fut pas moins sensible à Corneille que l'échec même de sa tragédie. Ce grand homme aimait la gloire, mais une gloire sonnante et trébuchante, en bonnes espèces ayant cours : il nous le dit assez crûment, tant en prose qu'en vers, dans ses *Épîtres* et dans ses *Dédicaces*. Et ce qui n'est pas moins certain, c'est qu'en 1657, lorsque le surintendant Fouquet commença de faire pleuvoir sur les gens de lettres des libéralités qui ne lui coûtaient guère, Corneille, par l'intermédiaire de Pellisson, s'empressa de solliciter une audience, qui fut presque aussitôt suivie du rétablissement de sa pension. On y mit seulement pour condition qu'il reviendrait au théâtre, ce qui était sans doute répondre à son vœu le plus cher; et, — nous dit Fontenelle, — « afin de lui ôter toutes les excuses qu'il aurait pu tirer de la difficulté de trouver des sujets », ce fut Fouquet en personne qui lui en proposa jusqu'à trois. Nous ne savons pas quel était le premier; le second était *Camma*, qu'en bon parent il s'empressa de déléguer à Thomas, son petit frère; le troisième, enfin, était *Œdipe*, qu'il écrivit en deux mois, et qui parut sur la scène au commencement de 1659.

C'est l'une de ses plus mauvaises pièces et l'un de ses plus grands succès. Non seulement on y courut en foule, mais la tragédie s'inscrivit au répertoire; et, de 1680 à 1700, par exemple, — la chose est authentique, — nous voyons qu'*Œdipe* n'eut pas moins de cinquante-six représentations, ce qui fait un peu moins que *Rodogune*, mais, en revanche, beaucoup plus que *Polyeucte*. Si ce succès nous étonne, la raison en est d'ailleurs plus étonnante encore. On admira dans *Œdipe* ce que la pièce a de moins conforme au vrai génie de Corneille :

> L'art dont il y mêlait aux grands événements,
> L'héroïque beauté des nobles sentiments;

c'est-à-dire l'ingéniosité malheureuse avec laquelle il avait tissu, dans la fable grecque, l'épisode des amours de Thésée et de Dircé.

Une tirade d'*Œdipe* est demeurée célèbre : c'est au troisième acte, celle de Thésée répondant à Jocaste :

> Quoi! la nécessité des vertus et des vices,
> D'un astre impérieux doit suivre les caprices,
> Et Delphes, malgré nous, conduit nos actions
> Au plus bizarre effet de ses prédictions!
> L'âme est donc tout esclave : une loi souveraine
> Vers le bien ou le mal incessamment l'entraîne,
> Et nous ne recevons ni crainte ni désir
> De cette liberté qui n'a rien à choisir!
> Vertueux sans mérite et vicieux sans crime,
> Attachés sans relâche à cet ordre sublime,
> Qu'on massacre les rois, qu'on brise les autels,
> C'est la faute des dieux et non pas des mortels!
> De toute la vertu sur la terre épandue,
> Tout le prix à ces dieux, toute la gloire est due,
> Ils agissent en nous quand nous pensons agir,
> Alors qu'on délibère on ne fait qu'obéir,
> Et notre volonté n'aime, hait, cherche, évite
> Que suivant que d'en haut leur bras la précipite!..

Ce morceau, s'il en faut croire Voltaire dans son *Commentaire*, aurait beaucoup contribué au succès de la pièce, et d'ailleurs des réflexions sur la fatalité ne sauraient être mieux placées que dans le sujet d'*Œdipe* : l'observation est encore de Voltaire.

Mais ce qui contribua bien plus que tout le reste à provoquer l'applaudissement, il ne faut pas douter que ce soit l'intrigue amoureuse dont Corneille avait « compliqué » ou « égayé » l'horreur du sujet de Sophocle. Un temps venait de finir alors, avec les dernières agitations de la Fronde; un autre commençait, et on sentait venir Louis XIV. C'étaient maintenant d'autres goûts, d'autres mœurs, d'autres exigences. Les dames, qui jusqu'alors n'avaient guère fréquenté le théâtre, commençaient à s'y montrer. Aussi bien le succès du *Timocrate* et de la *Bérénice* de Thomas, celui de la *Stratonice* et de l'*Amalazonte* de Quinault, avaient-ils averti Corneille. On ne voulait plus rien désormais que de poli, que de joli, que de galant. Puisqu'il fallait du sang dans la tragédie, on s'y résignait, mais on y demandait aussi de l'amour, — une imitation ou une ombre de l'amour, — de la galanterie, du roman, quelque chose d'analogue à ce que l'on goûtait dans la *Cléopâtre* de M. de La Calprenède ou dans le *Grand Cyrus* de Mlle de Scudéry. Avide comme il l'était de gloriole et d'argent, Corneille suivit la mode. Pour flatter le goût du public et de la jeune cour, il introduisit dans son *Œdipe* ce galant épisode; il réussit; et c'est pour n'en pas perdre les profits et le plaisir qu'à partir de son *Œdipe* l'amour ou la galanterie vont occuper la place qu'ils tiennent, — et qui est presque la principale, — dans les tragédies de sa dernière manière.

Il n'y a rien à dire de la *Toison d'or*, qui n'est, comme *Andromède* qu'une tragédie à machines, si ce n'est que les sujets grecs, où devait triompher Racine, ont généralement plutôt été défavorables à Corneille. Aussi est-ce avec satisfaction qu'on le voit dans son *Sertorius* (1662), dans sa *Sophonisbe* (1663), dans son *Othon* (1664), revenir à l'histoire romaine. Ces tragédies, dont on a mis, dont on met quelquefois encore la première au rang des chefs-d'œuvre de Corneille, appellent quelques remarques.

L'amour d'abord n'y sert plus, comme autrefois la politique dans *Héraclius* et dans *Rodogune*, qu'à compliquer les intrigues. Il n'y a, si l'on veut, qu'une intrigue d'amour dans *Sertorius*, et quelle singulière intrigue! Mais il y en a deux qui s'entre-croisent dans *Sophonisbe*; il y en a trois qui s'enchevêtrent dans *Othon*; il y en aura bientôt quatre dans *Attila*, puisque Attila en mène deux à lui seul, et peut-être qu'en comptant bien on y en trouverait jusqu'à cinq! Qu'elles soient froides, et même glaciales, c'est ce qui se conçoit aisément. Corneille maintenant approche de la soixantaine. Et puis, et surtout, ce bon père de famille, magistrat et notable habitant de Rouen, n'a pas connu l'amour, ce qui est pourtant utile pour le peindre; il ne l'a vu que dans les livres; il se l'est figuré tel qu'on le représentait dans les romans. Aussi les passions de l'amour, ou leur contrefaçon, pour mieux dire, en envahissant décidément le drame, n'y opèrent-elles pas du tout leur effet accoutumé, qui doit être d'abord de simplifier l'intrigue, en la débarrassant de tout ce qui n'est pas la peinture ou l'analyse des passions de l'amour; et, en second lieu, de l'humaniser, si l'on peut ainsi dire, en l'approchant d'une imitation plus fidèle de la nature et de la vie. Du moins, est-ce bien l'effet qu'on voit qu'elles ont produit dans la tragédie de Racine, dans la comédie de Molière, dans le mélodrame de Voltaire; et les raisons n'en seraient pas difficiles à donner. Les passions de l'amour sont les plus générales de toutes, comme chargées de pourvoir à la conservation de l'espèce; elles sont d'ailleurs les plus diverses, et il y a autant de manières d'aimer que de conditions ou d'individus; et elles sont enfin les plus tragiques ou les plus dramatiques, si vous songez aux catastrophes qui les terminent souvent. Mais, tout au contraire, vous diriez que la peinture des passions de l'amour ait éloigné Corneille de la réalité, et qu'ainsi les plus communes de toutes, qu'il avait lui-même, on l'a vu, dédaignées comme telles, et subordonnées à de plus rares, n'aient réussi qu'à le rengager de plus belle dans la recherche du compliqué, de l'invraisemblable, et de l'extraordinaire.

C'est assez dire ce qu'il faut penser de *Sertorius* ou d'*Othon* comme « tableaux d'histoire ». Sertorius galant, et Othon dameret! Que saurait-on imaginer qui les défigurât davantage, et qui pourrait parler de « couleur locale » en entendant sortir des vers comme ceux-ci de la bouche d'Attila?

> O beauté, qui te fais adorer en tous lieux,
> *Cruel poison de l'âme et doux charme des yeux,*
> *Que devient, quand tu veux, l'autorité suprême?*

Ce n'est pas seulement la physionomie des personnages, mais c'est l'histoire même qui en est faussée tout entière. Et à ce propos, on ne peut s'empêcher de se demander ce que c'est donc que les admirateurs de Corneille ont tant vanté dans son théâtre sous le nom de couleur locale? Ne faut-il pas, en vérité, qu'ils aient eux-mêmes des données bien certaines sur l'âme bithynienne d'il y a quelque mille ans, ou sur l'état d'esprit d'un empereur de Constantinople? et, sans aller si loin, quelle différence perçoivent-ils, qui nous échappe, entre les discours, également romains, d'Horace dans *Horace* et d'Émilie dans *Cinna*? Mais plutôt, dans les situations les plus diverses, tous les personnages de Corneille se ressemblent. Grecs et Romains, Byzantins et Lombards, Gépides et Visigoths, Huns et Francs, Syriens et Espagnols, don Diègue et le vieil Horace, Rodrigue et don Sanche, Émilie et Rodogune, Pompée et Sertorius, ils parlent tous, ils agissent tous à peu près de la même manière.

> Serments fallacieux, salutaire contrainte,
> Que m'imposa la force et qu'accepta ma crainte,
> Heureux déguisement d'un immortel courroux....

Si ces vers, qu'il a mis dans la bouche de sa Cléopâtre, seraient tout aussi bien placés dans celle de son Émilie, qu'est-ce à dire, sinon que les reines d'Orient parlent chez lui du même style que les « beautés » romaines? De telle sorte que les prétendues différences que l'on avait cru discerner entre ses Lusitaniens et ses Carthaginois, se résolvant pour ainsi parler dans l'uniformité de la déclamation cornélienne, il n'en subsiste plus que l'air d'héroïsme et la grandiloquence qui les distingue presque également tous du commun des hommes. Plus humains, animés de sentiments moins outrés et parlant un langage en quelque sorte moins forcené, les héros de Corneille nous paraîtraient moins Huns ou moins Numides. C'est nous qui composons leur caractère historique de ce que nous croyons voir en eux de moins semblable à nous. Nous les trouverions moins caractérisés, s'ils étaient moins extraordinaires ; ils nous paraîtraient moins « historiques » si seulement ils étaient plus vrais ; et ceci revient à conclure que, pas plus que ses contemporains, Corneille n'a eu de l'historien ni le souci de l'exactitude, ni le respect de la vérité, ni le sentiment de la distinction des temps, des lieux, et des mœurs. Même on remarquera que c'est pour cela qu'ils ont trouvé sa Sophonisbe bien « carthaginoise » ou son Ilione, dans son *Attila*, bien gothique. On le pouvait sans doute quand on avait vu dans Scipion Dupleix, « selon la coutume des anciens rois français », Clodion ou Clovis coiffés « d'une perruque pendante, curieusement peignée, ondoyante et crespée ».

Parlerons-nous enfin du « mérite politique » de *Sertorius* et d'*Othon*? C'est *Othon* que l'on raconte que le maréchal de Grammont appelait « le bréviaire des rois », et c'est en sortant de voir jouer *Sertorius* que Turenne demandait, dit-on, où Corneille « avait appris l'art de la guerre ». Je ne dirai pas qu'ils se moquaient, mais je voudrais avoir de bons garants qu'ils ont prononcé les paroles qu'on leur prête, et quand j'en aurais, je me permettrais encore de ne partager point leur avis. La politique de Corneille, qui n'est et qui ne pouvait être, dans ses meilleures tragédies, dans sa *Rodogune* ou dans son *Cinna*, que de la rhétorique, — de la très belle rhétorique, mais enfin de la rhétorique, — n'est, à vrai dire, dans ses dernières œuvres, dans son *Othon* ou dans son *Sertorius*, que de la déclamation. Que si, de loin en loin, nourri qu'il est de ses auteurs, de Tite-Live et de Lucain, de Tacite et de Plutarque, il rencontre pour nous peindre la décadence romaine des traits éloquents et profonds, ce n'est pas là de la politique, et je ne pense pas qu'on veuille faire non plus consister la sienne dans le naïf étalage de son « machiavélisme ».

> Tous les crimes d'État qu'on fait pour la couronne
> Le ciel nous en absout alors qu'il nous la donne ;

ou encore :

> La timide équité détruit l'art de régner.
> Quand on craint d'être injuste on a toujours à craindre.

Ce ne sont là que des lieux communs, des « sentences », comme on sait jadis, dont la netteté de l'expression fait ici le seul mérite. Mais parce que nos pères les applaudissaient passionnément au passage, eux à qui le maniement ou l'approche même des grandes affaires était communément interdits, est-ce une raison pour nous aujourd'hui de sentir ou de penser comme eux?

Cependant, parmi tout cela, ce qui survit ou ce qui surnage encore, et ce qui peut servir à expliquer non seulement l'admiration des contemporains, mais aussi la nôtre, c'est le don du style, c'est la propriété et la fermeté de l'expression, c'est la plénitude et le nombre des vers, c'est l'ampleur et la beauté sévère de la période poétique. Entre Ronsard et Victor Hugo, personne, sans doute, pas même Racine, — dans le style duquel on sent l'art, sinon l'effort, — n'a mieux écrit en vers que l'auteur du *Cid* ou de *Rodogune*, et, dans sa *Sophonisbe* ou dans son *Attila* même, les tirades ou les couplets abondent que l'on peut comparer encore aux plus éloquents qu'il ait jamais écrits :

> Ah, cessez je vous prie,
> De faire en ma faveur outrage à ma patrie,
> Un autre avait le choix de mon père et le mien,
> Elle seule pour vous rompit ce doux lien.
> Je brûlais d'un beau feu, je promis de l'éteindre,
> J'ai tenu ma parole et j'ai su m'y contraindre.
> Mais vous ne tenez pas, Seigneur, à vos amis,
> Ce qu'acceptant leur don vous leur avez promis ;
> Et pour ne pas user vers vous d'un mot trop rude,
> Vous montrez pour Carthage un peu d'ingratitude.

Qu'il y ait peut-être, et comme toujours, ou trop souvent chez Corneille, un peu de verbiage dans ces vers, il n'y a pas du moins une seule épithète à la rime, et à peine une ou deux métaphores, tellement consacrées par l'usage, — comme celle d'un lien que l'on rompt ou d'un feu dont on brûle, — qu'à vrai dire elles n'en sont plus. Tous les mots portent ; tous ils sont pris dans leur acception la plus familière ; c'est le discours le plus direct ou le plus agissant ; et pour dire encore quelque chose de plus, c'est le naturel même au service des sentiments les plus faux ou les plus exagérés. Comme il y en a, selon le mot célèbre de Fénelon, qui sont encore touchants même quand ils font des pointes, ainsi Corneille, même quand il déclame, est encore éloquent ; et ce n'est là, sans doute, ni sa moindre originalité, ni son moindre mérite.

Quæ secuta sunt, magis defleri quam narrari possunt : nous devons à la mémoire de Corneille de ne pas davantage insister sur ses dernières œuvres. *Agésilas* (1666); *Attila* (1667); *Tite et Bérénice* (1670); *Pulchérie* (1672); *Suréna* (1674), n'ont rien qui puisse attirer l'attention de la critique, et on pensera que c'est assez de les avoir nommés. Quelques beaux vers épars dans *Attila* ne sauraient rien ajouter à la gloire du poète; et comparer *Tite et Bérénice* à la *Bérénice* de Racine, ce serait manquer au respect que nous devons à tant de chefs-d'œuvre. Ce qu'il importe donc uniquement de faire observer, c'est la conjonction du déclin de Corneille avec l'astre naissant de Racine. *Andromaque* ne nuisit pas au succès d'*Attila*, puisqu'il y avait sept ou huit mois que la troupe de Molière avait joué *Attila* quand l'hôtel de Bourgogne donna la « première » d'*Andromaque*. Mais tous ceux qu'importunait la gloire du vieux poète saisirent l'occasion qui s'offrait de l'abandonner; et lorsque Madame, duchesse d'Orléans, la princesse de Bossuet, avec ce besoin de « brouiller », qui la rendait en tout si charmante et si dangereuse à la fois, les eut mis tous les deux aux prises sur le sujet de *Bérénice*, il dut enfin s'avouer vaincu. Il ne le fit pas sans dépit. On en trouverait au besoin la preuve dans l'*Avis au lecteur* que, selon sa coutume, il mit en tête de *Pulchérie*. La préface que Racine, de son côté, fit paraître en tête de sa *Bérénice*, est presque plus significative encore. Racine y sonne vraiment la victoire; et marquant lui-même d'un mot la différence la plus profonde peut-être qui distingue ou qui sépare son art de celui de son prédécesseur, à la maxime cornélienne que : « le sujet d'une belle tragédie doit n'être pas vraisemblable », il oppose la maxime précisément contraire : « qu'il n'y a que le vraisemblable qui touche dans la tragédie ». Déjà Molière, dans la *Critique de l'École des femmes*, avait dit à peu près la même chose, et Boileau, à son tour, en 1674, l'allait répéter dans son *Art poétique*. Corneille n'avait plus qu'à leur céder la place. Il donna pourtant encore *Suréna*, dans cette même année 1674; — après avoir hésité, dit-on, s'il n'emprunterait pas le sujet de sa dernière tragédie aux annales de l'empire du Milieu.

Il mourut le 1er octobre 1684, âgé de plus de soixante-dix-huit ans, à Paris, où il s'était fixé depuis 1662, dans une maison de la rue d'Argenteuil qui portait jadis le n° 18, et qu'a fait disparaître le percement de l'avenue de l'Opéra. Il laissait quatre enfants, deux garçons et deux filles. C'est par l'aînée des filles, Marie, femme en secondes noces de Jacques de Farcy, que Charlotte Corday devait descendre de Corneille en ligne directe. L'aîné des fils, Pierre, capitaine de cavalerie et gentilhomme ordinaire de la maison du roi, fut le grand-père de cette Marie-Anne Corneille dont Voltaire, en 1764, devait faire tant de bruit, et rédiger pour elle ce *Commentaire* où la sincérité de son admiration n'a pu triompher d'un peu de jalousie qu'il éprouva toujours pour l'auteur du *Cid* et de *Polyeucte*. Inhumé le 2 octobre dans l'église Saint-Roch, Pierre Corneille fut remplacé à l'Académie française par son propre frère Thomas, et c'est à Racine que la tâche échut de prononcer l'éloge de son glorieux prédécesseur.

Nous ne dirons rien de la légende qui le représente mourant dans la misère et presque dans le dénuement. Accréditée jadis par un nommé Feydel, dans un article du *Journal de Paris* de 1788, passée de là dans presque toutes les biographies du poète; rendue populaire enfin par une pièce de vers de Théophile Gautier, tant et de si diverses autorités n'empêchent pas qu'elle ne soit fausse; et M. Bouquet l'a démontré péremptoirement dans son livre sur *les Points obscurs de la vie de Corneille*. Un peu avide, nous l'avons fait observer en passant, et habile en affaires, volontiers quémandeur aussi, d'une façon qu'on voudrait quelquefois moins humble, Corneille est mort comme il avait vécu, non pas dans la richesse, mais enfin dans l'aisance. Il a eu, comme tout le monde, ses charges et ses embarras. Pour élever six enfants, ses droits d'auteur ne lui ont pas suffi. Mais il était de bonne famille bourgeoise; au profit qu'il tirait de ses pièces, il faut ajouter celui qu'il tirait de leur publication, et surtout des *Dédicaces* dont il les faisait précéder; enfin Richelieu, Mazarin, Fouquet, Louis XIV l'ont successivement pensionné, et son nom figure encore, pour la somme de 2,000 livres, sur les *états* de 1683 et 1684. Dans ces conditions, vivant comme il faisait, simplement et modestement, il faudrait s'étonner qu'il fût mort dans la misère. On ne sera donc pas fâché que M. Bouquet ait prouvé le contraire : non que le fait importe beaucoup, comme il le dit lui-même, mais ce qui importe : « c'est d'établir la nature, l'étendue et la durée de ce qui pesa de gêne sur Corneille, pour réduire à sa juste valeur une légende née d'une anecdote controuvée ». C'est aussi de « montrer l'injustice de tant d'imputations injurieuses lancées contre Louis XIV et son siècle », et, en montrant l'un comme en établissant l'autre, M. Bouquet a rendu service à l'histoire de la littérature.

Pour terminer, et pour essayer maintenant de placer Corneille à son rang dans notre littérature nationale, on nous permettra de reproduire ici quelques lignes où jadis nous avions tenté de le faire. Après avoir parlé de ce qu'il avait fait pour le théâtre même, nous tâchions de définir la qualité de son style, et nous ajoutions : « Mais ce qu'il a fait encore et de plus, c'est de rendre le vers français capable de porter la pensée. Lorsque Corneille parut, il y avait déjà plus de cent ans que l'on s'exerçait à penser, et qu'en vers comme en prose, on n'y réussissait qu'à moitié. En vain pillait-on outrageusement les anciens; en vain dérobait-on à Lucrèce, à Virgile, à Horace, à Lucain, à Sénèque, ou aux Italiens et aux Espagnols, une « sentence » qu'on avait le soin de mettre entre guillemets ou d'imprimer en italiques, pour attirer l'attention du lecteur ! En vain, les prosateurs faisaient-ils passer tout Cicéron ou tout Plutarque dans leurs *Essais*, comme Montaigne! On ne les digérait pas et on ne parvenait pas à se les assimiler, à se les convertir, selon l'expression et le vœu de du Bellay, « en sang et en nourriture ». De cette tutelle de l'antiquité, de cette imitation laborieuse et stérile jusqu'alors du grec et du latin, Corneille est avec Descartes, avant même Descartes, le premier qui ait émancipé la langue et la pensée françaises.

En ce sens, parmi nos grands écrivains, on a eu raison de les nommer les premiers des modernes, les premiers qui aient donné à notre littérature sa marque originale, son caractère de nationalité, les premiers créateurs enfin, et non plus des commentateurs ou des compilateurs. C'est par là que *le Cid*, comme le *Discours de la méthode*, marque une date ou une époque, pour mieux dire, non seulement dans l'histoire du théâtre, mais dans celle de la littérature et de l'esprit français. Ils ont délié la langue, encore embarrassée dans les dépouilles du latin; ils ont dénoué la pensée qui voulait être et ne pouvait pas. En dehors de Richelieu, — qui n'a guère connu Descartes, et presque contre lui, puisqu'il a fait critiquer *le Cid* — la propre idée du grand ministre, quand il instituait son Académie française, ou l'une au moins de ses idées, qui n'était pas la moins ambitieuse, est réalisée maintenant. Car on pourra bien retraduire en latin le *Discours de la méthode*, comme vingt ans plus tard on fera les *Provinciales*; mais un grand pas, et le pas décisif, n'en a pas moins été fait. Maintenant il existe, d'un bout à l'autre de l'Europe, entre tous ceux qui lisent et qui pensent, un nouvel et universel instrument de communication et d'échange : c'est le français de Descartes, c'est surtout le français de Corneille, qui va chasser le latin des dernières positions qu'il occupe; présider, dès 1648, à la rédaction des traités d'alliance et de paix; et devenir enfin, pendant deux siècles, la langue presque unique des lettres, de la philosophie, et de la science.

Mais en même temps que la langue, — et par une conséquence naturelle, quoique non pas nécessaire, puisqu'elle n'a pas toujours suivi — Corneille a haussé, si je puis ainsi dire, l'âme française au-dessus d'elle-même. Le XVIe siècle encore l'avait essayé, — celui de Ronsard et de Calvin, sinon celui de Rabelais et de Montaigne, — mais il y avait presque plus échoué qu'à préparer l'universalité de la langue; et la licence italienne, en se mêlant au vieux courant gaulois, avait fait la fortune de ce genre de littérature dont le *Moyen de parvenir* et le *Cabinet satyrique* sont demeurés les tristes monuments. Aussi Corneille était-il trop modeste quand il ne se vantait que d'avoir épuré les mœurs du théâtre. Il a fait autre chose et il a fait davantage : à cette société grossière et corrompue du temps, ou plutôt de la cour de Henri IV et de Marie de Médicis, on peut dire qu'il est venu proposer un nouvel idéal moral, qui devait être celui du XVIIe siècle, et dont les excès ou les bizarreries ne sauraient nous faire méconnaître pourtant la grandeur. Car un poète, et surtout un poète dramatique, n'est pas, ne peut pas être un prédicateur de vertu. Si Corneille nous a donné quelquefois le spectacle du triomphe du devoir sur la passion, nous n'avons plus besoin de répéter qu'il ne nous l'a pas donné toujours, ni dans tous ses chefs-d'œuvre. Le point d'honneur, chez lui comme chez les Espagnols, a souvent des exigences qu'il est permis d'appeler presque criminelles. Enfin, comme on l'a vu, la volonté même, en ne s'imposant d'autre obligation que celle de son propre exercice, est ou peut être souvent chez lui d'un dangereux exemple. Il n'est pas moins vrai, cependant, qu'en touchant ces cordes de l'honneur, du devoir, et de la volonté, Corneille en a tiré des accents à l'unisson desquels vibre, non pas peut-être ce qu'il y a de meilleur, mais assurément ce qu'il y a de plus noble en nous. En nous enlevant à nous-mêmes, ses héros nous provoquent à l'imitation des vertus qui ne sont point de commerce, ainsi que l'on disait jadis, mais qui n'en sont justement que plus rares. Et nous n'avons point à faire de lui pour nous apprendre à vivre, mais pour nous habituer au contraire à placer bien des choses au-dessus de la vie, et pour nous mettre en quelque manière dans cet état d'exaltation morale qui devient, avec l'occasion, le principe des grandes actions.

Par là, il est et il demeure, avec Pascal et Bossuet, du petit nombre de ceux de nos grands écrivains qui nous défendent, contre les étrangers, du reproche que l'on nous a si souvent adressé de légèreté, d'insouciance des grandes questions, de gauloiserie et d'immoralité.

Est-ce que vous n'avez pas été quelquefois effrayé de ce que serait, en effet, notre littérature, si par hasard ces quelques noms y avaient fait défaut, et qu'elle n'eût pour la représenter que l'auteur de *Pantagruel* et celui des *Essais*, Molière et La Fontaine, ou l'auteur enfin de *Candide* et celui du *Neveu de Rameau*? C'est alors que nous ne serions que les amuseurs de l'Europe, uniquement bons à la faire rire. Mais nous avons les *Pensées* de Pascal, nous avons les *Sermons* de Bossuet — et nous avons les tragédies de Corneille. Et c'est pour cela qu'avec tous ses défauts, ce « bonhomme » est de ceux qui font éternellement honneur, non seulement, comme La Fontaine ou Molière, à l'esprit français, mais à notre caractère; qui nous ont, comme nous disions, élevés au-dessus de nous-mêmes; et qui nous ont enfin, entre les leçons de l'épicuréisme facile des Rabelais et des Montaigne, ou des Voltaire et des Diderot, enseigné l'héroïsme du devoir, la poésie du sacrifice, et le prix de la volonté.

F. BRUNETIÈRE.

LE CID

1657

PERSONNAGES

Don FERNAND, premier roi de Castille.
Doña URRAQUE, infante de Castille.
Don DIÈGUE, père de don Rodrigue.
Don GOMÈS, comte de Gormas, père de Chimène.
Don RODRIGUE, amant de Chimène.
Don SANCHE, amoureux de Chimène.
Don ARIAS, } gentilshommes castillans.
Don ALONSE, }
CHIMÈNE, fille de don Gomès.
LÉONORE, gouvernante de l'Infante.
ELVIRE, gouvernante de Chimène.
Un page de l'Infante.

La scène est à Séville.

ACTE PREMIER[1]

SCÈNE I. — CHIMÈNE, ELVIRE.

CHIMÈNE. — Elvire, m'as-tu fait un rapport bien sincère,
Ne déguises-tu rien de ce qu'a dit mon père ?
ELVIRE. — Tous mes sens à moi-même en sont encor charmés,
Il estime Rodrigue autant que vous l'aimez,
Et si je ne m'abuse à lire dans son âme,
Il vous commandera de répondre à sa flamme.
CHIMÈNE. — Dis-moi donc, je te prie, une seconde fois
Ce qui te fait juger qu'il approuve mon choix ;
Apprends-moi de nouveau quel espoir j'en dois prendre,
Un si charmant discours ne se peut trop entendre ;
Tu ne peux trop promettre aux feux de notre amour
La douce liberté de se montrer au jour.
Que t'a-t-il répondu sur la secrète brigue
Que font auprès de toi don Sanche, et don Rodrigue ?
N'as-tu point trop fait voir quelle inégalité
Entre ces deux amants me penche d'un côté ?
ELVIRE. — Non, j'ai peint votre cœur dans une indifférence
Qui n'enfle d'aucun d'eux, ni détruit l'espérance,
Et sans les voir d'un œil trop sévère, ou trop doux,

Attend l'ordre d'un père à choisir un époux.
Ce respect l'a ravi, sa bouche et son visage
M'en ont donné sur l'heure un digne témoignage,
Et puisqu'il faut encor vous en faire un récit,
Voici d'eux et de vous ce qu'en hâte il m'a dit :
« Elle est dans le devoir : tous deux sont dignes d'elle,
Tous deux formés d'un sang noble, vaillant, fidèle,
Jeunes, mais qui font lire aisément dans leurs yeux
L'éclatante vertu de leurs braves aïeux.
Don Rodrigue surtout n'a trait en son visage
Qui d'un homme de cœur ne soit la haute image,
Et sort d'une maison si féconde en guerriers,
Qu'ils y prennent naissance au milieu des lauriers.
La valeur de son père, en son temps sans pareille,
Tant qu'a duré sa force, a passé pour merveille;
Ses rides sur son front ont gravé ses exploits,
Et nous disent encor ce qu'il fut autrefois.
Je me promets du fils ce que j'ai vu du père,
Et ma fille, en un mot, peut l'aimer et me plaire. »
Il allait au conseil, dont l'heure qui pressait
A tranché ce discours qu'à peine il commençait,
Mais à ce peu de mots je crois que sa pensée
Entre vos deux amants n'est pas fort balancée.
Le roi doit à son fils élire un gouverneur,
Et c'est lui que regarde un tel degré d'honneur.
Ce choix n'est pas douteux, et sa rare vaillance
Ne peut souffrir qu'on craigne aucune concurrence.
Comme ses hauts exploits le rendent sans égal,
Dans un espoir si juste il sera sans rival;
Et puisque don Rodrigue a résolu son père
Au sortir du conseil à proposer l'affaire,
Je vous laisse à juger s'il prendra bien son temps,
Et si tous vos désirs seront bientôt contents.

CHIMÈNE. — Il semble toutefois que mon âme troublée
Refuse cette joie et s'en trouve accablée :
Un moment donne au sort des visages divers,

Et dans ce grand bonheur je crains un grand revers.

ELVIRE. — Vous verrez cette crainte heureusement déçue.

CHIMÈNE. — Allons, quoi qu'il en soit, en attendre l'issue.

SCÈNE II. — L'INFANTE, LÉONOR, UN PAGE.

L'INFANTE. — Page, allez avertir Chimène de ma part
Qu'aujourd'hui pour me voir elle attend un peu tard,
Et que mon amitié se plaint de sa paresse.

(Le page rentre.)

LÉONOR. — Madame, chaque jour même désir vous presse,
Et dans son entretien je vous vois chaque jour
Demander en quel point se trouve son amour.

L'INFANTE. — Ce n'est pas sans sujet : je l'ai presque forcée
A recevoir les traits dont son âme est blessée.
Elle aime don Rodrigue, et le tient de ma main,
Et par moi don Rodrigue a vaincu son dédain :
Ainsi de ces amants ayant formé les chaînes,
Je dois prendre intérêt à voir finir leurs peines.

LÉONOR. — Madame, toutefois parmi leurs bons succès
Vous montrez un chagrin qui va jusqu'à l'excès.
Cet amour, qui tous deux les comble d'allégresse,
Fait-il de ce grand cœur la profonde tristesse ?
Et ce grand intérêt que vous prenez pour eux
Vous rend-il malheureuse, alors qu'ils sont heureux ?
Mais je vais trop avant, et deviens indiscrète.

L'INFANTE. — Ma tristesse redouble à la tenir secrète.
Écoute, écoute enfin comme j'ai combattu,
Écoute quels assauts brave encor ma vertu :
L'Amour est un tyran qui n'épargne personne ;
Ce jeune cavalier, cet amant que je donne,
Je l'aime !

LÉONOR. — Vous l'aimez !

L'INFANTE. — Mets la main sur mon cœur,
Et vois comme il se trouble au nom de son vainqueur,
Comme il le reconnaît.

LÉONOR. —   Pardonnez-moi, Madame,
Si je sors du respect pour blâmer cette flamme.
Une grande princesse à ce point s'oublier,
Que d'admettre en son cœur un simple cavalier!
Et que dirait le roi? que dirait la Castille?
Vous souvient-il encor de qui vous êtes fille?

L'INFANTE. — Il m'en souvient si bien que j'épandrai mon sang
Avant que je m'abaisse à démentir mon rang.
Je te répondrais bien que dans les belles âmes
Le seul mérite a droit de produire des flammes;
Et si ma passion cherchait à s'excuser,
Mille exemples fameux pourraient l'autoriser.
Mais je n'en veux point suivre où ma gloire s'engage,
La surprise des sens n'abat point mon courage;
Et je me dis toujours, qu'étant fille de roi,
Tout autre qu'un monarque est indigne de moi.
Quand je vis que mon cœur ne se pouvait défendre,
Moi-même je donnai ce que je n'osais prendre;
Je mis au lieu de moi Chimène en ses liens,
Et j'allumai leurs feux pour éteindre les miens.
Ne t'étonne donc plus si mon âme gênée
Avec impatience attend leur hyménée :
Tu vois que mon repos en dépend aujourd'hui.
Si l'amour vit d'espoir, il périt avec lui :
C'est un feu qui s'éteint faute de nourriture,
Et, malgré la rigueur de ma triste aventure,
Si Chimène a jamais Rodrigue pour mari,
Mon espérance est morte, et mon esprit guéri.
Je souffre cependant un tourment incroyable.
Jusques à cet hymen Rodrigue m'est aimable,
Je travaille à le perdre, et le perds à regret,
Et de là prend son cours mon déplaisir secret.
Je vois avec chagrin que l'amour me contraigne
A pousser des soupirs pour ce que je dédaigne;
Je sens en deux partis mon esprit divisé;
Si mon courage est haut, mon cœur est embrasé;

Cet hymen m'est fatal, je le crains, et souhaite;
Je n'ose en espérer qu'une joie imparfaite;
Ma gloire et mon amour ont pour moi tant d'appas,
Que je meurs s'il s'achève, ou ne s'achève pas.

LÉONOR. — Madame, après cela je n'ai rien à vous dire,
Sinon que de vos maux avec vous je soupire :
Je vous blâmais tantôt, je vous plains à présent.
Mais puisque dans un mal si doux et si cuisant
Votre vertu combat et son charme, et sa force,
En repousse l'assaut, en rejette l'amorce,
Elle rendra le calme à vos esprits flottants.
Espérez donc tout d'elle, et du secours du temps.
Espérez tout du ciel : il a trop de justice
Pour laisser la vertu dans un si long supplice.

L'INFANTE. — Ma plus douce espérance est de perdre l'espoir.

LE PAGE. — Par vos commandements Chimène vous vient voir.

L'INFANTE, à Léonor.
Allez l'entretenir en cette galerie.

LÉONOR. — Voulez-vous demeurer dedans la rêverie?

L'INFANTE. — Non, je veux seulement, malgré mon déplaisir,
Remettre mon visage un peu plus à loisir.
Je vous suis. — Juste ciel, d'où j'attends mon remède,
Mets enfin quelque borne au mal qui me possède;
Assure mon repos, assure mon honneur.
Dans le bonheur d'autrui je cherche mon bonheur :
Cet hyménée à trois également importe;
Rends son effet plus prompt, ou mon âme plus forte.
D'un lien conjugal joindre ces deux amants,
C'est briser tous mes fers, et finir mes tourments.
Mais je tarde un peu trop, allons trouver Chimène,
Et par son entretien soulager notre peine (2).

SCÈNE III. — LE COMTE, D. DIÈGUE.

LE COMTE. — Enfin vous l'emportez, et la faveur du roi
Vous élève en un rang qui n'était dû qu'à moi!

            Il vous fait gouverneur du prince de Castille.
D. DIÈGUE. — Cette marque d'honneur qu'il met dans ma famille
            Montre à tous qu'il est juste, et fait connaître assez
            Qu'il sait récompenser les services passés. [sommes;]
LE COMTE. — Pour grands que soient les rois, ils sont ce que nous
            Ils peuvent se tromper comme les autres hommes;
            Et ce choix sert de preuve à tous les courtisans
            Qu'ils savent mal payer les services présents.
D. DIÈGUE. — Ne parlons plus d'un choix dont votre esprit s'irrite :
            La faveur l'a pu faire autant que le mérite,
            Mais on doit ce respect au pouvoir absolu,
            De n'examiner rien quand un roi l'a voulu.
            A l'honneur qu'on m'a fait ajoutez-en un autre,
            Joignons d'un sacré nœud ma maison à la vôtre :
            Vous n'avez qu'une fille, et moi je n'ai qu'un fils ;
            Leur hymen nous peut rendre à jamais plus qu'amis;
            Faites-nous cette grâce, et l'acceptez pour gendre.
LE COMTE. — A des partis plus hauts ce beau fils doit prétendre,
            Et le nouvel éclat de votre dignité
            Lui doit enfler le cœur d'une autre vanité !
            Exercez-la, Monsieur, et gouvernez le prince,
            Montrez-lui comme il faut régir une province,
            Faire trembler partout les peuples sous sa loi,
            Remplir les bons d'amour, et les méchants d'effroi.
            Joignez à ces vertus celles d'un capitaine :
            Montrez-lui comme il faut s'endurcir à la peine,
            Dans le métier de Mars se rendre sans égal,
            Passer les jours entiers et les nuits à cheval,
            Reposer tout armé, forcer une muraille,
            Et ne devoir qu'à soi le gain d'une bataille.
            Instruisez-le d'exemple, et rendez-le parfait,
            Expliquant à ses yeux vos leçons par l'effet.
D. DIÈGUE. — Pour s'instruire d'exemple, en dépit de l'envie,
            Il lira seulement l'histoire de ma vie :
            Là, dans un long tissu de belles actions,
            Il verra comme il faut dompter des nations,

Attaquer une place, et ranger une armée,
Et sur de grands exploits bâtir sa renommée.

LE COMTE. — Les exemples vivants sont d'un autre pouvoir,
Un prince dans un livre apprend mal son devoir :
Et qu'a fait, après tout, ce grand nombre d'années,
Que ne puisse égaler une de mes journées?
Si vous fûtes vaillant, je le suis aujourd'hui,
Et ce bras du royaume est le plus ferme appui.
Grenade et l'Aragon tremblent quand ce fer brille,
Mon nom sert de rempart à toute la Castille,
Sans moi vous passeriez bientôt sous d'autres lois,
Et vous auriez bientôt vos ennemis pour rois.
Chaque jour, chaque instant, pour rehausser ma gloire,
Met lauriers sur lauriers, victoire sur victoire :
Le prince à mes côtés ferait dans les combats
L'essai de son courage à l'ombre de mon bras,
Il apprendrait à vaincre en me regardant faire,
Et, pour répondre en hâte à son grand caractère,
Il verrait....

D. DIÈGUE. — Je le sais, vous servez bien le roi :
Je vous ai vu combattre et commander sous moi.
Quand l'âge dans mes nerfs a fait couler sa glace,
Votre rare valeur a bien rempli ma place.
Enfin, pour épargner des discours superflus,
Vous êtes aujourd'hui ce qu'autrefois je fus.
Vous voyez toutefois qu'en cette concurrence
Un monarque entre nous met quelque différence.

LE COMTE. — Ce que je méritais, vous l'avez emporté.
D. DIÈGUE. — Qui l'a gagné sur vous l'avait mieux mérité.
LE COMTE. — Qui peut mieux l'exercer en est bien le plus digne.
D. DIÈGUE. — En être refusé n'en est pas un bon signe.
LE COMTE. — Vous l'avez eu par brigue, étant vieux courtisan.
D. DIÈGUE. — L'éclat de mes hauts faits fut mon seul partisan.
LE COMTE. — Parlons-en mieux, le roi fait honneur à votre âge.
D. DIÈGUE. — Le roi, quand il en fait, le mesure au courage.
LE COMTE. — Et par là cet honneur n'était dû qu'à mon bras.

D. DIÈGUE. — Qui n'a pu l'obtenir ne le méritait pas.
LE COMTE. — Ne le méritait pas! Moi?
D. DIÈGUE. — Vous.
LE COMTE. — Ton impudence,
Téméraire vieillard, aura sa récompense.

(Il lui donne un soufflet.)

D. DIÈGUE, l'épée à la main.
Achève, et prends ma vie après un tel affront,
Le premier dont ma race ait vu rougir son front.
LE COMTE. — Et que penses-tu faire avec tant de faiblesse?
D. DIÈGUE. — O Dieu! ma force usée en ce besoin me laisse!
LE COMTE. — Ton épée est à moi; mais tu serais trop vain
Si ce honteux trophée avait chargé ma main.
Adieu, fais lire au prince, en dépit de l'envie,
Pour son instruction, l'histoire de ta vie :
D'un insolent discours ce juste châtiment
Ne lui servira pas d'un petit ornement.

SCÈNE IV. — D. DIÈGUE.

D. DIÈGUE. — O rage! ô désespoir! ô vieillesse ennemie!
N'ai-je donc tant vécu que pour cette infamie!
Et ne suis-je blanchi dans les travaux guerriers,
Que pour voir en un jour flétrir tant de lauriers!
Mon bras, qu'avec respect toute l'Espagne admire,
Mon bras, qui tant de fois a sauvé cet empire,
Tant de fois affermi le trône de son roi,
Trahit donc ma querelle, et ne fait rien pour moi.
O cruel souvenir de ma gloire passée!
Œuvre de tant de jours en un jour effacée!
Nouvelle dignité fatale à mon bonheur!
Précipice élevé d'où tombe mon honneur!
Faut-il de votre éclat voir triompher le comte,
Et mourir sans vengeance, ou vivre dans la honte?
Comte, sois de mon prince à présent gouverneur,
Ce haut rang n'admet point un homme sans honneur;

LE CID

O DIEU! MA FORCE USÉE EN CE MOMENT ME LAISSE!... (Page 10.)

Et ton jaloux orgueil par cet affront insigne,
Malgré le choix du roi m'en a su rendre indigne.
Et toi, de mes exploits glorieux instrument,
Mais d'un corps tout de glace inutile ornement,
Fer jadis tant à craindre, et qui dans cette offense
M'as servi de parade, et non pas de défense,
Va, quitte désormais le dernier des humains,
Passe pour me venger en de meilleures mains !

SCÈNE V. — D. DIÈGUE, D. RODRIGUE.

D. DIÈGUE. — Rodrigue, as-tu du cœur ?
D. RODRIGUE — Tout autre que mon père
L'éprouverait sur l'heure.
D. DIÈGUE. — Agréable colère,
Digne ressentiment à ma douleur bien doux !
Je reconnais mon sang à ce noble courroux ;
Ma jeunesse revit en cette ardeur si prompte.
Viens, mon fils, viens, mon sang, viens réparer ma honte :
Viens me venger.
D. RODRIGUE — De quoi ?
D. DIÈGUE. — D'un affront si cruel,
Qu'à l'honneur de tous deux il porte un coup mortel,
D'un soufflet. L'insolent en eût perdu la vie !
Mais mon âge a trompé ma généreuse envie,
Et ce fer, que mon bras ne peut plus soutenir,
Je le remets au tien pour venger et punir.
Va contre un arrogant éprouver ton courage,
Ce n'est que dans le sang qu'on lave un tel outrage,
Meurs, ou tue. Au surplus, pour ne te point flatter,
Je te donne à combattre un homme à redouter :
Je l'ai vu, tout couvert de sang et de poussière,
Porter partout l'effroi dans une armée entière ;
J'ai vu par sa valeur cent escadrons rompus ;
Et, pour t'en dire encor quelque chose de plus,
Plus que brave soldat, plus que grand capitaine,

C'est....
D. RODRIGUE De grâce, achevez.
D. DIÈGUE. — Le père de Chimène.
D. RODRIGUE Le...
D. DIÈGUE. — Ne réplique point, je connais ton amour;
Mais qui peut vivre infâme est indigne du jour.
Plus l'offenseur est cher, et plus grande est l'offense
Enfin tu sais l'affront, et tu tiens la vengeance :
Je ne te dis plus rien, venge-moi, venge-toi,
Montre-toi digne fils d'un père tel que moi.
Accablé des malheurs où le destin me range,
Je vais les déplorer : va, cours, vole, et nous venge (

SCÈNE VI. — D. RODRIGUE.

D. RODRIGUE Percé jusques au fond du cœur
D'une atteinte imprévue aussi bien que mortelle,
Misérable vengeur d'une juste querelle,
Et malheureux objet d'une injuste rigueur :
Je demeure immobile, et mon âme abattue
Cède au coup qui me tue.
Si près de voir mon feu récompensé,
O Dieu, l'étrange peine!
En cet affront mon père est l'offensé,
Et l'offenseur le père de Chimène!

Que je sens de rudes combats!
Contre mon propre honneur mon amour s'intéresse;
Il faut venger un père et perdre une maîtresse;
L'un m'anime le cœur, l'autre retient mon bras.
Réduit au triste choix, ou de trahir ma flamme,
Ou de vivre en infâme,
Des deux côtés mon mal est infini.
O Dieu, l'étrange peine!
Faut-il laisser un affront impuni,
Faut-il punir le père de Chimène?

Père, maîtresse, honneur, amour,
Noble et dure contrainte, aimable tyrannie,
Tous mes plaisirs sont morts, ou ma gloire ternie :
L'un me rend malheureux, l'autre indigne du jour.
Cher et cruel espoir d'une âme généreuse,
  Mais ensemble amoureuse,
Digne ennemi de mon plus grand bonheur,
  Fer qui causes ma peine,
M'es-tu donné pour venger mon honneur,
M'es-tu donné pour perdre ma Chimène?

  Il vaut mieux courir au trépas.
Je dois à ma maîtresse aussi bien qu'à mon père :
J'attire en me vengeant sa haine et sa colère,
J'attire ses mépris en ne me vengeant pas.
A mon plus doux espoir l'un me rend infidèle,
  Et l'autre, indigne d'elle.
Mon mal augmente à le vouloir guérir,
  Tout redouble ma peine :
Allons, mon âme, et puisqu'il faut mourir,
Mourons du moins sans offenser Chimène!

  Mourir, sans tirer ma raison!
Rechercher un trépas si mortel à ma gloire!
Endurer que l'Espagne impute à ma mémoire
D'avoir mal soutenu l'honneur de ma maison!
Respecter un amour dont mon âme égarée
  Voit la perte assurée!
N'écoutons plus ce penser suborneur
  Qui ne sert qu'à ma peine,
Allons, mon bras, sauvons du moins l'honneur,
Puisqu'après tout il faut perdre Chimène!

  Oui, mon esprit s'était déçu.
Je dois tout à mon père avant qu'à ma maîtresse.
Que je meure au combat, ou meure de tristesse,
Je rendrai mon sang pur comme je l'ai reçu.

Je m'accuse déjà de trop de négligence,
Courons à la vengeance,
Et, tout honteux d'avoir tant balancé,
Ne soyons plus en peine,
(Puisqu'aujourd'hui mon père est l'offensé,)
Si l'offenseur est père de Chimène (4)!

ACTE DEUXIÈME

NE I. — D. ARIAS, LE COMTE.

COMTE. — Je l'avoue entre nous, mon sang un peu trop chaud
S'est trop ému d'un mot et l'a porté trop haut,
Mais puisque c'en est fait, le coup est sans remède.

ARIAS. — Qu'aux volontés du roi ce grand courage cède :
Il y prend grande part, et son cœur irrité
Agira contre vous de pleine autorité.
Aussi vous n'avez point de valable défense :
Le rang de l'offensé, la grandeur de l'offense,
Demandent des devoirs et des submissions
Qui passent le commun des satisfactions.

LE COMTE. — Le roi peut à son gré disposer de ma vie.

ARIAS. — De trop d'emportement votre faute est suivie.
Le roi vous aime encore, apaisez son courroux,
Il a dit : *Je le veux*; désobéirez-vous?

LE COMTE. — Monsieur, pour conserver tout ce que j'ai d'estime,
Désobéir un peu n'est pas un si grand crime,
Et quelque grand qu'il soit, mes services présents
Pour le faire abolir sont plus que suffisants.

D. ARIAS. — Quoi qu'on fasse d'illustre et de considérable,

Jamais à son sujet un roi n'est redevable ;
Vous vous flattez beaucoup, et vous devez savoir
Que qui sert bien son roi ne fait que son devoir.
Vous vous perdrez, Monsieur, sur cette confiance.

LE COMTE. — Je ne vous en croirai qu'après l'expérience.

D. ARIAS. — Vous devez redouter la puissance d'un roi.

LE COMTE. — Un jour seul ne perd pas un homme tel que moi :
Que toute sa grandeur s'arme pour mon supplice,
Tout l'État périra, s'il faut que je périsse !

D. ARIAS. — Quoi ? vous craignez si peu le pouvoir souverain....

LE COMTE. — D'un sceptre qui sans moi tomberait de sa main !
Il a trop d'intérêt lui-même en ma personne,
Et ma tête en tombant ferait choir sa couronne.

D. ARIAS. — Souffrez que la raison remette vos esprits.
Prenez un bon conseil.

LE COMTE. — Le conseil en est pris.

D. ARIAS. — Que lui dirai-je enfin ? je lui dois rendre compte.

LE COMTE. — Que je ne puis du tout consentir à ma honte.

D. ARIAS. — Mais songez que les rois veulent être absolus.

LE COMTE. — Le sort en est jeté, Monsieur, n'en parlons plus.

D. ARIAS. — Adieu donc, puisqu'en vain je tâche à vous résoudre.
Avec tous vos lauriers craignez encor la foudre.

LE COMTE. — Je l'attendrai sans peur.

D. ARIAS. — Mais non pas sans effet.

(Il rentre.)

LE COMTE. — Nous verrons donc par là don Diègue satisfait !
Qui ne craint point la mort ne craint point les menaces.
J'ai le cœur au-dessus des plus fières disgrâces,
Et l'on peut me réduire à vivre sans bonheur,
Mais non pas me résoudre à vivre sans honneur (1).

SCÈNE II. — LE COMTE, D. RODRIGUE.

D. RODRIGUE- A moi, Comte, deux mots.

LE COMTE. — Parle.

D. RODRIGUE- Ote-moi d'un doute.

Connais-tu bien don Diègue?

COMTE. — Oui.

RODRIGUE - Parlons bas, écoute :
Sais-tu que ce vieillard fut la même vertu,
La vaillance et l'honneur de son temps? le sais-tu?

COMTE. — Peut-être !

RODRIGUE - Cette ardeur que dans les yeux je porte,
Sais-tu que c'est son sang? le sais-tu?

COMTE. — Que m'importe?

RODRIGUE - A quatre pas d'ici je te le fais savoir.

COMTE. — Jeune présomptueux !

RODRIGUE - Parle sans t'émouvoir.
Je suis jeune, il est vrai, mais aux âmes bien nées
La valeur n'attend pas le nombre des années.

COMTE. — Te mesurer à moi! qui t'a rendu si vain,
Toi, qu'on n'a jamais vu les armes à la main?

RODRIGUE - Mes pareils à deux fois ne se font pas connaître,
Et pour leurs coups d'essai veulent des coups de maître.

LE COMTE. — Sais-tu bien qui je suis?

RODRIGUE - Oui, tout autre que moi
Au seul bruit de ton nom pourrait trembler d'effroi ;
Les palmes dont je vois ta tête si couverte
Semblent porter écrit le destin de ma perte ;
J'attaque en téméraire un bras toujours vainqueur;
Mais j'aurai trop de force ayant assez de cœur.
A qui venge son père il n'est rien d'impossible,
Ton bras est invaincu, mais non pas invincible.

LE COMTE. — Ce grand cœur qui paraît aux discours que tu tiens,
Par tes yeux chaque jour se découvrait aux miens,
Et croyant voir en toi l'honneur de la Castille,
Mon âme avec plaisir te destinait ma fille.
Je sais ta passion, et suis ravi de voir
Que tous ses mouvements cèdent à ton devoir;
Qu'ils n'ont point affaibli cette ardeur magnanime;
Que ta haute vertu répond à mon estime;
Et que, voulant pour gendre un cavalier parfait,

Je ne me trompais point au choix que j'avais fait.
Mais je sens que pour toi ma pitié s'intéresse.
J'admire ton courage, et je plains ta jeunesse.
Ne cherche point à faire un coup d'essai fatal,
Dispense ma valeur d'un combat inégal,
Trop peu d'honneur pour moi suivrait cette victoire,
A vaincre sans péril on triomphe sans gloire,
On te croirait toujours abattu sans effort,
Et j'aurais seulement le regret de ta mort.

D. RODRIGUE D'une indigne pitié ton audace est suivie :
Qui m'ose ôter l'honneur craint de m'ôter la vie !

LE COMTE. — Retire-toi d'ici.

D. RODRIGUE — Marchons sans discourir.

LE COMTE. — Es-tu si las de vivre ?

D. RODRIGUE — As-tu peur de mourir ?

LE COMTE. — Viens, tu fais ton devoir, et le fils dégénère
Qui survit un moment à l'honneur de son père (2).

SCÈNE III. — L'INFANTE, CHIMÈNE, LÉONOR.

L'INFANTE. — Apaise, ma Chimène, apaise ta douleur,
Fais agir ta constance en ce coup de malheur :
Tu reverras le calme après ce faible orage.
Ton bonheur n'est couvert que d'un peu de nuage,
Et tu n'as rien perdu pour le voir différer.

CHIMÈNE. — Mon cœur outré d'ennuis n'ose rien espérer.
Un orage si prompt qui trouble une bonace,
D'un naufrage certain nous porte la menace ;
Je n'en saurais douter, je péris dans le port.
J'aimais, j'étais aimée, et nos pères d'accord,
Et je vous en contais la première nouvelle
Au malheureux moment que naissait leur querelle,
Dont le récit fatal, sitôt qu'on vous l'a fait,
D'une si douce attente a ruiné l'effet.
Maudite ambition, détestable manie,
Dont les plus généreux souffrent la tyrannie,

	Honneur impitoyable à mes plus chers désirs,
	Que tu me vas coûter de pleurs et de soupirs !
INFANTE. —	Tu n'as dans leur querelle aucun sujet de craindre :
	Un moment l'a fait naître, un moment va l'éteindre.
	Elle a fait trop de bruit pour ne pas s'accorder,
	Puisque déjà le roi les veut accommoder,
	Et tu sais que mon âme à tes ennuis sensible,
	Pour en tarir la source y fera l'impossible.
HIMÈNE. —	Les accommodements ne font rien en ce point,
	De si mortels affronts ne se réparent point :
	En vain on fait agir la force ou la prudence,
	Si l'on guérit le mal, ce n'est qu'en apparence,
	La haine que les cœurs conservent au dedans
	Nourrit des feux cachés, mais d'autant plus ardents.
INFANTE. —	Le saint nœud qui joindra don Rodrigue et Chimène
	Des pères ennemis dissipera la haine ;
	Et nous verrons bientôt votre amour le plus fort
	Par un heureux hymen étouffer ce discord.
HIMÈNE. —	Je le souhaite ainsi plus que je ne l'espère !
	Don Diègue est trop altier, et je connais mon père ;
	Je sens couler des pleurs que je veux retenir ;
	Le passé me tourmente, et je crains l'avenir.
L'INFANTE. —	Que crains-tu ? d'un vieillard l'impuissante faiblesse ?
CHIMÈNE. —	Rodrigue a du courage.
L'INFANTE. —	Il a trop de jeunesse.
CHIMÈNE. —	Les hommes valeureux le sont du premier coup.
L'INFANTE. —	Tu ne dois pas pourtant le redouter beaucoup :
	Il est trop amoureux pour te vouloir déplaire,
	Et deux mots de ta bouche arrêtent sa colère.
CHIMÈNE. —	S'il ne m'obéit point, quel comble à mon ennui
	Et s'il peut m'obéir, que dira-t-on de lui ?
	Étant né ce qu'il est, souffrir un tel outrage !
	Soit qu'il cède ou résiste au feu qui me l'engage,
	Mon esprit ne peut qu'être, ou honteux, ou confus
	De son trop de respect, ou d'un juste refus.
L'INFANTE. —	Chimène a l'âme haute, et, quoique intéressée,

Elle ne peut souffrir une basse pensée !
Mais si jusques au jour de l'accommodement
Je fais mon prisonnier de ce parfait amant,
Et que j'empêche ainsi l'effet de son courage,
Ton esprit amoureux n'aura-t-il point d'ombrage ?

CHIMÈNE. — Ah ! Madame, en ce cas je n'ai plus de souci.

SCÈNE IV. — L'INFANTE, CHIMÈNE, LÉONOR, UN PAGE.

L'INFANTE. — Page, cherchez Rodrigue, et l'amenez ici.
LE PAGE. — Le comte de Gormas et lui....
CHIMÈNE. —   Bon Dieu, je tremble !
L'INFANTE. — Parlez.
LE PAGE. —   De ce palais ils sont sortis ensemble.
CHIMÈNE. — Seuls ?
LE PAGE. —   Seuls, et qui semblaient tout bas se quereller.
CHIMÈNE. — Sans doute ils sont aux mains, il n'en faut plus parler.
Madame, pardonnez à cette promptitude.

SCÈNE V. — L'INFANTE, LÉONOR.

L'INFANTE. — Hélas ! que dans l'esprit je sens d'inquiétude !
Je pleure ses malheurs, son amant me ravit,
Mon repos m'abandonne, et ma flamme revit.
Ce qui va séparer Rodrigue de Chimène
Fait renaître à la fois mon espoir et ma peine,
Et leur division que je vois à regret
Dans mon esprit charmé jette un plaisir secret !

LÉONOR. — Cette haute vertu qui règne dans votre âme
Se rend-elle sitôt à cette lâche flamme ?

L'INFANTE. — Ne la nomme point lâche, à présent que chez moi
Pompeuse et triomphante elle me fait la loi ;
Porte-lui du respect, puisqu'elle m'est si chère ;
Ma vertu la combat, mais malgré moi j'espère ;
Et d'un si fol espoir mon cœur mal défendu
Vole après un amant que Chimène a perdu.

LÉONOR. — Vous laissez choir ainsi ce glorieux courage,
Et la raison chez vous perd ainsi son usage!
L'INFANTE. — Ah! qu'avec peu d'effet on entend la raison,
Quand le cœur est atteint d'un si charmant poison!
Et lorsque le malade aime sa maladie,
Qu'il a peine à souffrir que l'on y remédie!
LÉONOR. — Votre espoir vous séduit, votre mal vous est doux;
Mais enfin ce Rodrigue est indigne de vous.
L'INFANTE. — Je ne le sais que trop! mais si ma vertu cède,
Apprends comme l'amour flatte un cœur qu'il possède.
Si Rodrigue une fois sort vainqueur du combat,
Si dessous sa valeur ce grand guerrier s'abat,
Je puis en faire cas, je puis l'aimer sans honte.
Que ne fera-t-il point s'il peut vaincre le Comte?
J'ose m'imaginer qu'à ses moindres exploits
Les royaumes entiers tomberont sous ses lois,
Et mon amour flatteur déjà me persuade
Que je le vois assis au trône de Grenade;
Les Mores subjugués trembler en l'adorant;
L'Aragon recevoir ce nouveau conquérant;
Le Portugal se rendre; et ses nobles journées
Porter delà les mers ses hautes destinées;
Du sang des Africains arroser ses lauriers :
Enfin, tout ce qu'on dit des plus fameux guerriers,
Je l'attends de Rodrigue après cette victoire,
Et fais de son amour un sujet de ma gloire.
LÉONOR. — Mais, Madame, voyez où vous portez son bras,
En suite d'un combat qui peut-être n'est pas.
L'INFANTE. — Rodrigue est offensé, le Comte a fait l'outrage,
Ils sont sortis ensemble, en faut-il davantage?
LÉONOR. — Eh bien, ils se battront, puisque vous le voulez,
Mais Rodrigue ira-t-il si loin que vous allez?
L'INFANTE. — Que veux-tu, je suis folle, et mon esprit s'égare!
Tu vois par là quels maux cet amour me prépare.
Viens dans mon cabinet consoler mes ennuis,
Et ne me quitte point dans le trouble où je suis.

SCÈNE VI. — D. FERNAND, D. ARIAS, D. SANCHE, D. ALONSE.

D. FERNAND - Le Comte est donc si vain et si peu raisonnable !
Ose-t-il croire encor son crime pardonnable?
D. ARIAS. — Je l'ai de votre part longtemps entretenu ;
J'ai fait mon pouvoir, Sire, et n'ai rien obtenu.
D. FERNAND - Justes cieux! ainsi donc un sujet téméraire
A si peu de respect et de soin de me plaire !
Il offense don Diègue et méprise son roi!
Au milieu de ma cour il me donne la loi !
Qu'il soit brave guerrier, qu'il soit grand capitaine,
Je saurai bien rabattre une humeur si hautaine ;
Fût-il la valeur même, et le dieu des combats,
Il verra ce que c'est que de n'obéir pas.
Quoi qu'ait pu mériter une telle insolence,
Je l'ai voulu d'abord traiter sans violence,
Mais puisqu'il en abuse, allez dès aujourd'hui,
Soit qu'il résiste, ou non, vous assurer de lui.

SCÈNE VII. — D. FERNAND, D. SANCHE, D. ARIAS.

D. SANCHE. — Peut-être un peu de temps le rendrait moins rebelle :
On l'a pris tout bouillant encor de sa querelle ;
Sire, dans la chaleur d'un premier mouvement,
Un cœur si généreux se rend malaisément.
Il voit bien qu'il a tort, mais une âme si haute
N'est pas sitôt réduite à confesser sa faute.
D. FERNAND - Don Sanche, taisez-vous, et soyez averti
Qu'on se rend criminel à prendre son parti.
D. SANCHE. — J'obéis, et me tais ; mais, de grâce encor, Sire,
Deux mots en sa défense.
D. FERNAND - Et que pourrez-vous dire?
D. SANCHE. — Qu'une âme accoutumée aux grandes actions
Ne se peut abaisser à des submissions :
Elle n'en conçoit point qui s'expliquent sans honte,
Et c'est à ce mot seul qu'a résisté le Comte.

Il trouve en son devoir un peu trop de rigueur,
Et vous obéirait s'il avait moins de cœur.
Commandez que son bras, nourri dans les alarmes,
Répare cette injure à la pointe des armes;
Il satisfera, Sire, et vienne qui voudra,
Attendant qu'il l'ait su, voici qui répondra.

D. FERNAND — Vous perdez le respect, mais je pardonne à l'âge,
Et j'excuse l'ardeur en un jeune courage.
Un roi dont la prudence a de meilleurs objets
Est meilleur ménager du sang de ses sujets;
Je veille pour les miens, mes soucis les conservent,
Comme le chef a soin des membres qui le servent.
Ainsi votre raison n'est pas raison pour moi,
Vous parlez en soldat, je dois agir en roi;
Et quoi qu'on veuille dire, et quoi qu'il ose croire,
Le Comte à m'obéir ne peut perdre sa gloire.
D'ailleurs l'affront me touche, il a perdu d'honneur
Celui que de mon fils j'ai fait le gouverneur.
S'attaquer à mon choix, c'est se prendre à moi-même,
Et faire un attentat sur le pouvoir suprême.
N'en parlons plus. Au reste, on a vu dix vaisseaux
De nos vieux ennemis arborer les drapeaux,
Vers la bouche du fleuve ils ont osé paraître.

D. ARIAS. — Les Mores ont appris par force à vous connaître,
Et tant de fois vaincus ils ont perdu le cœur
De se plus hasarder contre un si grand vainqueur.

D. FERNAND — Ils ne verront jamais sans quelque jalousie
Mon sceptre en dépit d'eux régir l'Andalousie;
Et ce pays si beau qu'ils ont trop possédé,
Avec un œil d'envie est toujours regardé.
C'est l'unique raison qui m'a fait dans Séville
Placer depuis dix ans le trône de Castille,
Pour les voir de plus près, et d'un ordre plus prompt
Renverser aussitôt ce qu'ils entreprendront.

D. ARIAS. — Ils savent, aux dépens de leurs plus dignes têtes,
Combien votre présence assure vos conquêtes :

Vous n'avez rien à craindre.

D. FERNAND — Et rien à négliger.
Le trop de confiance attire le danger,
Et vous n'ignorez pas qu'avec fort peu de peine
Un flux de pleine mer jusqu'ici les amène.
Toutefois j'aurais tort de jeter dans les cœurs,
L'avis étant mal sûr, de paniques terreurs.
L'effroi que produirait cette alarme inutile,
Dans la nuit qui survient, troublerait trop la ville :
Faites doubler la garde aux murs et sur le port,
C'est assez pour ce soir.

SCÈNE VIII. — D. FERNAND, D. SANCHE, D. ARIAS, D. ALONSE.

D. ALONSE. — Sire, le Comte est mort ;
Don Diègue par son fils a vengé son offense.
D. FERNAND — Dès que j'ai su l'affront, j'ai prévu la vengeance,
Et j'ai voulu dès lors prévenir ce malheur.
D. ALONSE. — Chimène à vos genoux apporte sa douleur,
Elle vient toute en pleurs vous demander justice.
D. FERNAND — Bien qu'à ses déplaisirs mon âme compatisse,
Ce que le Comte a fait semble avoir mérité
Ce digne châtiment de sa témérité.
Quelque juste pourtant que puisse être sa peine,
Je ne puis sans regret perdre un tel capitaine.
Après un long service à mon État rendu,
Après son sang pour moi mille fois répandu,
A quelques sentiments que son orgueil m'oblige,
Sa perte m'affaiblit, et son trépas m'afflige.

SCÈNE IX. — D. FERNAND, D. DIÈGUE, CHIMÈNE, D. SANCHE, D. ARIAS, D. ALONSE.

CHIMÈNE. — Sire, Sire, justice !
D. DIÈGUE. — Ah ! Sire, écoutez-nous.
CHIMÈNE. — Je me jette à vos pieds.

LE CID

SIRE, SIRE, JUSTICE! (Page 24.)

D. DIÈGUE — J'embrasse vos genoux.
CHIMÈNE. — Je demande justice.
D. DIÈGUE. — Entendez ma défense.
CHIMÈNE. — D'un jeune audacieux punissez l'insolence,
Il a de votre sceptre abattu le soutien,
Il a tué mon père.
D. DIÈGUE. — Il a vengé le sien !
CHIMÈNE. — Au sang de ses sujets un roi doit la justice.
D. DIÈGUE. — Pour la juste vengeance il n'est point de supplice
D. FERNAND - Levez-vous l'un et l'autre : et parlez à loisir.
Chimène, je prends part à votre déplaisir,
D'une égale douleur je sens mon âme atteinte.
Vous parlerez après, ne troublez pas sa plainte.
CHIMÈNE. — Sire, mon père est mort ; mes yeux ont vu son sang
Couler à gros bouillons de son généreux flanc !
Ce sang qui tant de fois garantit vos murailles,
Ce sang qui tant de fois vous gagna des batailles,
Ce sang qui tout sorti fume encor de courroux
De se voir répandu pour d'autres que pour vous,
Qu'au milieu des hasards n'osait verser la guerre,
Rodrigue en votre cour vient d'en couvrir la terre !
J'ai couru sur le lieu sans force et sans couleur,
Je l'ai trouvé sans vie... excusez ma douleur,
Sire, la voix me manque à ce récit funeste,
Mes pleurs et mes soupirs vous diront mieux le reste.
D. FERNAND - Prends courage, ma fille, et sache qu'aujourd'hui
Ton roi te veut servir de père au lieu de lui.
CHIMÈNE. — Sire, de trop d'honneur ma misère est suivie.
Je vous l'ai déjà dit, je l'ai trouvé sans vie.
Son flanc était ouvert, et pour mieux m'émouvoir,
Son sang sur la poussière écrivait mon devoir ;
Ou plutôt sa valeur en cet état réduite
Me parlait par sa plaie, et hâtait ma poursuite ;
Et, pour se faire entendre au plus juste des rois,
Par cette triste bouche elle empruntait ma voix.
Sire, ne souffrez pas que sous votre puissance

Règne devant vos yeux une telle licence ;
Que les plus valeureux, avec impunité,
Soient exposés aux coups de la témérité ;
Qu'un jeune audacieux triomphe de leur gloire,
Se baigne dans leur sang, et brave leur mémoire.
Un si vaillant guerrier qu'on vient de vous ravir
Éteint, s'il n'est vengé, l'ardeur de vous servir.
Enfin mon père est mort, j'en demande vengeance,
Plus pour votre intérêt que pour mon allégeance.
Vous perdez en la mort d'un homme de son rang,
Vengez-la par une autre, et le sang par le sang.
Immolez, non à moi, mais à votre couronne,
Mais à votre grandeur, mais à votre personne,
Immolez, dis-je, Sire, au bien de tout l'État
Tout ce qu'enorgueillit un si grand attentat.

D. FERNAND — Don Diègue, répondez.

D. DIÈGUE. —
　　　　　　Qu'on est digne d'envie
Lorsqu'en perdant la force on perd aussi la vie!
Et qu'un long âge apprête aux hommes généreux,
Au bout de leur carrière, un destin malheureux!
Moi, dont les longs travaux ont acquis tant de gloire;
Moi, que jadis partout a suivi la victoire,
Je me vois aujourd'hui, pour avoir trop vécu,
Recevoir un affront, et demeurer vaincu.
Ce que n'a pu jamais combat, siège, embuscade,
Ce que n'a pu jamais Aragon, ni Grenade,
Ni tous vos ennemis, ni tous mes envieux,
Le Comte en votre cour l'a fait presque à vos yeux,
Jaloux de votre choix, et fier de l'avantage
Que lui donnait sur moi l'impuissance de l'âge.
Sire, ainsi ces cheveux, blanchis sous le harnois,
Ce sang, pour vous servir prodigué tant de fois,
Ce bras, jadis l'effroi d'une armée ennemie,
Descendaient au tombeau tout chargés d'infamie,
Si je n'eusse produit un fils digne de moi,
Digne de son pays, et digne de son roi :

Il m'a prêté sa main, il a tué le Comte,
Il m'a rendu l'honneur, il a lavé ma honte.
Si montrer du courage et du ressentiment,
Si venger un soufflet mérite un châtiment,
Sur moi seul doit tomber l'éclat de la tempête.
Quand le bras a failli l'on en punit la tête :
Qu'on nomme crime, ou non, ce qui fait nos débats,
Sire, j'en suis la tête, il n'en est que le bras.
Si Chimène se plaint qu'il a tué son père,
Il ne l'eût jamais fait, si je l'eusse pu faire !
Immolez donc ce chef que les ans vont ravir,
Et conservez pour vous le bras qui peut servir ;
Aux dépens de mon sang satisfaites Chimène,
Je n'y résiste point, je consens à ma peine ;
Et, loin de murmurer d'un rigoureux décret,
Mourant sans déshonneur, je mourrai sans regret.

D. FERNAND - L'affaire est d'importance, et, bien considérée,
Mérite en plein conseil d'être délibérée.
Don Sanche, remettez Chimène en sa maison.
Don Diègue aura ma cour et sa foi pour prison.
Qu'on me cherche son fils. Je vous ferai justice.

CHIMÈNE. — Il est juste, grand roi, qu'un meurtrier périsse.

D. FERNAND - Prends du repos, ma fille, et calme tes douleurs.

CHIMÈNE. — M'ordonner du repos, c'est croître mes malheurs (5).

ACTE TROISIÈME

SCÈNE I. — D. RODRIGUE, ELVIRE.

ELVIRE. — Rodrigue, qu'as-tu fait? où viens-tu, misérable?
D. RODRIGUE – Suivre le triste cours de mon sort déplorable.
ELVIRE. — Où prends-tu cette audace et ce nouvel orgueil
De paraître en des lieux que tu remplis de deuil?
Quoi! viens-tu jusqu'ici braver l'ombre du Comte?
Ne l'as-tu pas tué?
D. RODRIGUE –   Sa vie était ma honte,
Mon honneur de ma main a voulu cet effort.
ELVIRE. — Mais chercher ton asile en la maison du mort!
Jamais un meurtrier en fit-il son refuge?
D. RODRIGUE – Et je n'y viens aussi que m'offrir à mon juge.
Ne me regarde plus d'un visage étonné :
Je cherche le trépas après l'avoir donné;
Mon juge est mon amour, mon juge est ma Chimène;
Je mérite la mort de mériter sa haine;
Et j'en viens recevoir, comme un bien souverain,
Et l'arrêt de sa bouche, et le coup de sa main.
ELVIRE. — Fuis plutôt de ses yeux, fuis de sa violence,
A ses premiers transports dérobe ta présence,

|D. RODRIGUE.|Va, ne t'expose point aux premiers mouvements
Que poussera l'ardeur de ses ressentiments.
— Non, non, ce cher objet à qui j'ai pu déplaire
Ne peut pour mon supplice avoir trop de colère,
Et j'évite cent morts qui me vont accabler,
Si pour mourir plus tôt je puis la redoubler.

ELVIRE. — Chimène est au palais de pleurs toute baignée,
Et n'en reviendra point que bien accompagnée.
Rodrigue, fuis, de grâce, ôte-moi de souci !
Que ne dira-t-on point si l'on te voit ici.
Veux-tu qu'un médisant, pour comble à sa misère,
L'accuse d'y souffrir l'assassin de son père ?
Elle va revenir, elle vient, je la vois ;
Du moins pour son honneur, Rodrigue, cache-toi.

(Il se cache.)

SCÈNE II. — D. SANCHE, CHIMÈNE, ELVIRE.

D. SANCHE. — Oui, Madame, il vous faut de sanglantes victimes :
Votre colère est juste, et vos pleurs légitimes,
Et je n'entreprends pas à force de parler
Ni de vous adoucir, ni de vous consoler.
Mais si de vous servir je puis être capable,
Employez mon épée à punir le coupable,
Employez mon amour à venger cette mort,
Sous vos commandements mon bras sera trop fort.

CHIMÈNE. — Malheureuse !

D. SANCHE. —   De grâce, acceptez mon service.

CHIMÈNE. — J'offenserais le roi, qui m'a promis justice.

D. SANCHE. — Vous savez qu'elle marche avec tant de langueur,
Qu'assez souvent le crime échappe à sa longueur :
Son cours lent et douteux fait trop perdre de larmes.
Souffrez qu'un cavalier vous venge par les armes :
La voie en est plus sûre, et plus prompte à punir.

CHIMÈNE. — C'est le dernier remède ; et s'il y faut venir,
Et que de mes malheurs cette pitié vous dure,

Vous serez libre alors de venger mon injure.

D. SANCHE. — C'est l'unique bonheur où mon âme prétend,
Et pouvant l'espérer je m'en vais trop content.

SCÈNE III. — CHIMÈNE, ELVIRE.

CHIMÈNE. — Enfin je me vois libre, et je puis sans contrainte
De mes vives douleurs te faire voir l'atteinte,
Je puis donner passage à mes tristes soupirs,
Je puis t'ouvrir mon âme, et tous mes déplaisirs !
Mon père est mort, Elvire, et la première épée
Dont s'est armé Rodrigue a sa trame coupée.
Pleurez, pleurez, mes yeux, et fondez-vous en eau :
La moitié de ma vie a mis l'autre au tombeau,
Et m'oblige à venger, après ce coup funeste,
Celle que je n'ai plus sur celle qui me reste !

ELVIRE. — Reposez-vous, Madame.

CHIMÈNE. —   Ah ! que mal à propos
Dans un malheur si grand tu parles de repos !
Par où sera jamais ma douleur apaisée,
Si je ne puis haïr la main qui l'a causée ?
Et que puis-je espérer qu'un tourment éternel,
Si je poursuis un crime, aimant le criminel ?

ELVIRE. — Il vous prive d'un père, et vous l'aimez encore !

CHIMÈNE. — C'est peu de dire aimer, Elvire, je l'adore.
Ma passion s'oppose à mon ressentiment,
Dedans mon ennemi je trouve mon amant ;
Et je sens qu'en dépit de toute ma colère
Rodrigue dans mon cœur combat encor mon père.
Il l'attaque, il le presse, il cède, il se défend,
Tantôt fort, tantôt faible, et tantôt triomphant.
Mais en ce dur combat de colère et de flamme,
Il déchire mon cœur sans partager mon âme ;
Et quoi que mon amour ait sur moi de pouvoir,
Je ne consulte point pour suivre mon devoir.
Je cours sans balancer où mon honneur m'oblige ;

	Rodrigue m'est bien cher, son intérêt m'afflige ;
	Mon cœur prend son parti ; mais, malgré son effort,
	Je sais ce que je suis, et que mon père est mort.

ELVIRE. — Pensez-vous le poursuivre ?
CHIMÈNE. — Ah ! cruelle pensée,
Et cruelle poursuite où je me vois forcée !
Je demande sa tête, et crains de l'obtenir ;
Ma mort suivra la sienne, et je le veux punir.
ELVIRE. — Quittez, quittez, Madame, un dessein si tragique ;
Ne vous imposez point de loi si tyrannique.
CHIMÈNE. — Quoi ! mon père étant mort et presque entre mes bras,
Son sang criera vengeance, et je ne l'orrai pas !
Mon cœur, honteusement surpris par d'autres charmes,
Croira ne lui devoir que d'impuissantes larmes !
Et je pourrai souffrir qu'un amour suborneur
Sous un lâche silence étouffe mon honneur !
ELVIRE. — Madame, croyez-moi, vous serez excusable
D'avoir moins de chaleur contre un objet aimable,
Contre un amant si cher : vous avez assez fait,
Vous avez vu le roi, n'en pressez point d'effet,
Ne vous obstinez point en cette humeur étrange.
CHIMÈNE. — Il y va de ma gloire, il faut que je me venge,
Et de quoi que nous flatte un désir amoureux,
Toute excuse est honteuse aux esprits généreux.
ELVIRE. — Mais vous aimez Rodrigue, il ne vous peut déplaire.
CHIMÈNE. — Je l'avoue.
ELVIRE. — Après tout, que pensez-vous donc faire ?
CHIMÈNE. — Pour conserver ma gloire et finir mon ennui,
Le poursuivre, le perdre, et mourir après lui (1).

SCÈNE IV. — RODRIGUE, CHIMÈNE, ELVIRE.

D. RODRIGUE — Eh bien ! sans vous donner la peine de poursuivre,
Assurez-vous l'honneur de m'empêcher de vivre.
CHIMÈNE. — Elvire, où sommes-nous, et qu'est-ce que je voi ?
Rodrigue en ma maison ! Rodrigue devant moi !

D. RODRIGUE — N'épargnez point mon sang, goûtez sans résistance
La douceur de ma perte et de votre vengeance.
CHIMÈNE. — Hélas!
D. RODRIGUE — Écoute-moi.
CHIMÈNE. — Je me meurs.
D. RODRIGUE — Un moment!
CHIMÈNE. — Va, laisse-moi mourir.
D. RODRIGUE — Quatre mots seulement;
Après, ne me réponds qu'avecque cette épée.
CHIMÈNE. — Quoi! du sang de mon père encor toute trempée!
D. RODRIGUE — Ma Chimène!
CHIMÈNE. — Ôte-moi cet objet odieux,
Qui reproche ton crime et ta vie à mes yeux.
D. RODRIGUE — Regarde-le plutôt pour exciter ta haine,
Pour croître ta colère, et pour hâter ma peine.
CHIMÈNE. — Il est teint de mon sang.
D. RODRIGUE — Plonge-le dans le mien,
Et fais-lui perdre ainsi la teinture du tien.
CHIMÈNE — Ah! quelle cruauté, qui tout en un jour tue
Le père par le fer, la fille par la vue!
Ôte-moi cet objet, je ne le puis souffrir,
Tu veux que je t'écoute, et tu me fais mourir!
D. RODRIGUE — Je fais ce que tu veux, mais sans quitter l'envie
De finir par tes mains ma déplorable vie;
Car enfin n'attends pas de mon affection
Un lâche repentir d'une bonne action.
L'irréparable effet d'une chaleur trop prompte
Déshonorait mon père et me couvrait de honte:
Tu sais comme un soufflet touche un homme de cœur
J'avais part à l'affront, j'en ai cherché l'auteur,
Je l'ai vu, j'ai vengé mon honneur, et mon père,
Je le ferais encor, si j'avais à le faire!
Ce n'est pas qu'en effet, contre mon père et moi,
Ma flamme assez longtemps n'ait combattu pour toi.
Juge de son pouvoir: dans une telle offense
J'ai pu délibérer si j'en prendrais vengeance.

LE CID

LE PÈRE PAR LE FER, LA FILLE PAR LA VUE! (Page 32.)

Réduit à te déplaire, ou souffrir un affront,
J'ai pensé qu'à son tour mon bras était trop prompt;
Je me suis accusé de trop de violence;
Et ta beauté, sans doute, emportait la balance,
A moins que d'opposer à tes plus forts appas
Qu'un homme sans honneur ne te méritait pas;
Que malgré cette part que j'avais en ton âme,
Qui m'aima généreux, me haïrait infâme;
Qu'écouter ton amour, obéir à sa voix,
C'était m'en rendre indigne, et diffamer ton choix.
Je te le dis encore, et quoi que j'en soupire,
Jusqu'au dernier soupir je veux bien te le dire :
Je t'ai fait une offense, et j'ai dû m'y porter,
Pour effacer ma honte, et pour te mériter..
Mais quitte envers l'honneur, et quitte envers mon père,
C'est maintenant à toi que je viens satisfaire :
C'est pour t'offrir mon sang qu'en ce lieu tu me vois.
J'ai fait ce que j'ai dû, je fais ce que je dois.
Je sais qu'un père mort t'arme contre mon crime,
Je ne t'ai pas voulu dérober ta victime :
Immole avec courage au sang qu'il a perdu
Celui qui met sa gloire à l'avoir répandu.

CHIMÈNE. — Ah, Rodrigue! il est vrai, quoique ton ennemie,
Je ne te puis blâmer d'avoir fui l'infamie;
Et de quelque façon qu'éclatent mes douleurs,
Je ne t'accuse point, je pleure mes malheurs!
Je sais ce que l'honneur, après un tel outrage,
Demandait à l'ardeur d'un généreux courage :
Tu n'as fait le devoir que d'un homme de bien,
Mais aussi, le faisant, tu m'as appris le mien.
Ta funeste valeur m'instruit par la victoire.
Elle a vengé ton père et soutenu ta gloire :
Même soin me regarde, et j'ai pour m'affliger,
Ma gloire à soutenir, et mon père à venger.
Hélas! ton intérêt ici me désespère;
Si quelque autre malheur m'avait ravi mon père,

Mon âme aurait trouvé dans le bien de te voir
L'unique allégement qu'elle eût pu recevoir,
Et contre ma douleur j'aurais senti des charmes,
Quand une main si chère eût essuyé mes larmes!
Mais il me faut te perdre après l'avoir perdu,
Cet effort sur ma flamme à mon honneur est dû,
Et cet affreux devoir, dont l'ordre m'assassine,
Me force à travailler moi-même à ta ruine.
Car enfin n'attends pas de mon affection
De lâches sentiments pour ta punition.
De quoi qu'en ta faveur notre amour m'entretienne,
Ma générosité doit répondre à la tienne :
Tu t'es en m'offensant montré digne de moi,
Je me dois, par ta mort, montrer digne de toi.

D. RODRIGUE Ne diffère donc plus ce que l'honneur t'ordonne,
Il demande ma tête, et je te l'abandonne,
Fais-en un sacrifice à ce noble intérêt,
Le coup m'en sera doux aussi bien que l'arrêt.
Attendre après mon crime une lente justice,
C'est reculer ta gloire autant que mon supplice;
Je mourrai trop heureux mourant d'un coup si beau.

CHIMÈNE. — Va, je suis ta partie, et non pas ton bourreau.
Si tu m'offres ta tête, est-ce à moi de la prendre?
Je la dois attaquer, mais tu dois la défendre;
C'est d'un autre que toi qu'il me faut l'obtenir;
Et je dois te poursuivre, et non pas te punir.

D. RODRIGUE - De quoi qu'en ma faveur notre amour t'entretienne,
Ta générosité doit répondre à la mienne :
Et pour venger un père emprunter d'autres bras.
Ma Chimène, crois-moi, c'est n'y répondre pas,
Ma main seule du mien a su venger l'offense,
Ta main seule du tien doit prendre la vengeance.

CHIMÈNE. — Cruel, à quel propos sur ce point t'obstiner?
Tu t'es vengé sans aide, et tu m'en veux donner!
Je suivrai ton exemple, et j'ai trop de courage
Pour souffrir qu'avec toi ma gloire se partage :

	Mon père et mon honneur ne veulent rien devoir
	Aux traits de ton amour, ni de ton désespoir.
D. RODRIGUE -	Rigoureux point d'honneur! hélas! quoi que je fasse,
	Ne pourrai-je à la fin obtenir cette grâce?
	Au nom d'un père mort, ou de notre amitié,
	Punis-moi par vengeance, ou du moins par pitié!
	Ton malheureux amant aura bien moins de peine
	A mourir par ta main, qu'à vivre avec ta haine.
CHIMÈNE.	— Va, je ne te hais point.
D. RODRIGUE -	Tu le dois.
CHIMÈNE. —	Je ne puis.
D. RODRIGUE -	Crains-tu si peu le blâme, et si peu les faux bruits?
	Quand on saura mon crime, et que ta flamme dure,
	Que ne publieront point l'envie et l'imposture?
	Force-les au silence, et sans plus discourir,
	Sauve ta renommée en me faisant mourir.
CHIMÈNE.	— Elle éclate bien mieux en te laissant la vie;
	Et je veux que la voix de la plus noire envie
	Élève au ciel ma gloire et plaigne mes ennuis,
	Sachant que je t'adore et que je te poursuis!
	Va-t'en, ne montre plus à ma douleur extrême
	Ce qu'il faut que je perde encore que je l'aime;
	Dans l'ombre de la nuit cache bien ton départ,
	Si l'on te voit sortir, mon honneur court hasard,
	La seule occasion qu'aura la médisance,
	C'est de savoir qu'ici j'ai souffert ta présence;
	Ne lui donne point lieu d'attaquer ma vertu.
D. RODRIGUE -	Que je meure!
CHIMÈNE. —	Va-t'en.
D. RODRIGUE -	A quoi te résous-tu?
CHIMÈNE.	— Malgré des feux si beaux qui troublent ma colère,
	Je ferai mon possible à bien venger mon père,
	Mais, malgré la rigueur d'un si cruel devoir,
	Mon unique souhait est de ne rien pouvoir.
D. RODRIGUE -	O miracle d'amour!
CHIMÈNE. —	O comble de misères!

D. RODRIGUE — Que de maux et de pleurs nous coûteront nos pères !
CHIMÈNE. — Rodrigue, qui l'eût cru !
D. RODRIGUE — Chimène, qui l'eût dit !
CHIMÈNE. — Que notre heur fût si proche, et sitôt se perdît !
D. RODRIGUE — Et que si près du port, contre toute apparence,
Un orage si prompt brisât notre espérance !
CHIMÈNE. — Ah ! mortelles douleurs !
D. RODRIGUE — Ah ! regrets superflus !
CHIMÈNE. — Va-t'en, encore un coup, je ne t'écoute plus.
D. RODRIGUE — Adieu, je vais traîner une mourante vie,
Tant que par ta poursuite elle me soit ravie.
CHIMÈNE. — Si j'en obtiens l'effet, je t'engage ma foi
De ne respirer pas un moment après toi,
Adieu, sors, et surtout garde bien qu'on te voie.
ELVIRE. — Madame, quelques maux que le ciel nous envoie....
CHIMÈNE. — Ne m'importune plus, laisse-moi soupirer,
Je cherche le silence et la nuit pour pleurer (2).

SCÈNE V. — D. DIÈGUE, seul.

Jamais nous ne goûtons de parfaite allégresse,
Nos plus heureux succès sont mêlés de tristesse,
Toujours quelques soucis en ces événements
Troublent la pureté de nos contentements.
Au milieu du bonheur mon âme en sent l'atteinte,
Je nage dans la joie, et je tremble de crainte ;
J'ai vu mort l'ennemi qui m'avait outragé,
Et je ne saurais voir la main qui m'a vengé.
En vain je m'y travaille, et d'un soin inutile,
Tout cassé que je suis, je cours toute la ville :
Ce peu que mes vieux ans m'ont laissé de vigueur
Se consume sans fruit à chercher ce vainqueur.
A toute heure, en tous lieux, dans une nuit si sombre,
Je pense l'embrasser, et n'embrasse qu'une ombre,
Et mon amour déçu par cet objet trompeur,
Se forme des soupçons qui redoublent ma peur.

Je ne découvre point de marques de sa fuite,
Je crains du Comte mort les amis et la suite.
Leur nombre m'épouvante et confond ma raison,
Rodrigue ne vit plus, ou respire en prison.
Justes cieux! me trompé-je encore à l'apparence,
Ou si je vois enfin mon unique espérance?
C'est lui, n'en doutons plus; mes vœux sont exaucés
Ma crainte est dissipée, et mes ennuis cessés.

SCÈNE VI. — D. DIÈGUE, D. RODRIGUE.

D. DIÈGUE. — Rodrigue, enfin le ciel permet que je te voie!
D. RODRIGUE - Hélas!
D. DIÈGUE. — Ne mêle point de soupirs à ma joie;
Laisse-moi prendre haleine, afin de te louer.
Ma valeur n'a point lieu de te désavouer;
Tu l'as bien imitée, et ton illustre audace
Fait bien revivre en toi les héros de ma race.
C'est d'eux que tu descends, c'est de moi que tu viens,
Ton premier coup d'épée égale tous les miens,
Et d'une belle ardeur ta jeunesse animée
Par cette grande épreuve atteint ma renommée.
Appui de ma vieillesse! et comble de mon heur,
Touche ces cheveux blancs à qui tu rends l'honneur,
Viens baiser cette joue, et reconnais la place
Où fut empreint l'affront que ton courage efface!
D. RODRIGUE - L'honneur vous en est dû, je ne pouvais pas moins,
Étant sorti de vous, et nourri par vos soins;
Je m'en tiens trop heureux, et mon âme est ravie
Que mon coup d'essai plaise à qui je dois la vie.
Mais parmi vos plaisirs ne soyez point jaloux
Si j'ose satisfaire à moi-même après vous;
Souffrez qu'en liberté mon désespoir éclate;
Assez et trop longtemps votre discours le flatte,
Je ne me repens point de vous avoir servi,
Mais rendez-moi le bien que ce coup m'a ravi.

Mon bras, pour vous venger, armé contre ma flamme,
Par ce coup glorieux m'a privé de mon âme.
Ne me dites plus rien, pour vous j'ai tout perdu.
Ce que je vous devais, je vous l'ai bien rendu.

D. DIÈGUE. — Porte, porte plus haut le fruit de ta victoire :
Je t'ai donné la vie, et tu me rends ma gloire;
Et d'autant que l'honneur m'est plus cher que le jour,
D'autant plus maintenant je te dois de retour.
Mais d'un cœur magnanime éloigne ces faiblesses;
Nous n'avons qu'un honneur, il est tant de maîtresses!
L'amour n'est qu'un plaisir, l'honneur est un devoir.

D. RODRIGUE - Ah ! que me dites-vous ?

D. DIÈGUE. —   Ce que tu dois savoir.

D. RODRIGUE - Mon honneur offensé sur moi-même se venge,
Et vous m'osez pousser à la honte du change !
L'infamie est pareille, et suit également
Le guerrier sans courage et le perfide amant.
A ma fidélité ne faites point d'injure,
Souffrez-moi généreux sans me rendre parjure,
Mes liens sont trop forts pour être ainsi rompus,
Ma foi m'engage encor si je n'espère plus,
Et, ne pouvant quitter, ni posséder Chimène,
Le trépas que je cherche est ma plus douce peine.

D. DIÈGUE. — Il n'est pas temps encor de chercher le trépas ;
Ton prince et ton pays ont besoin de ton bras :
La flotte qu'on craignait dans ce grand fleuve entrée
Vient surprendre la ville, et piller la contrée ;
Les Mores vont descendre, et le flux et la nuit
Dans une heure à nos murs les amènent sans bruit;
La cour est en désordre, et le peuple en alarmes,
On n'entend que des cris, on ne voit que des larmes...
Dans ce malheur public mon bonheur a permis
Que j'ai trouvé chez moi cinq cents de mes amis,
Qui sachant mon affront, poussés d'un même zèle,
Se venaient tous offrir à venger ma querelle :
Tu les as prévenus, mais leurs vaillantes mains

Se tremperont bien mieux au sang des Africains.
Va marcher à leur tête où l'honneur te demande,
C'est toi que veut pour chef leur généreuse bande;
De ces vieux ennemis va soutenir l'abord;
Là, si tu veux mourir, trouve une belle mort :
Prends-en l'occasion, puisqu'elle t'est offerte,
Fais devoir à ton roi son salut à ta perte.
Mais reviens-en plutôt les palmes sur le front;
Ne borne pas ta gloire à venger un affront,
Porte-la plus avant; force par ta vaillance
Ce monarque au pardon, et Chimène au silence.
Si tu l'aimes, apprends que revenir vainqueur
C'est l'unique moyen de regagner son cœur.
Mais le temps est trop cher pour le perdre en paroles,
Je l'arrête en discours, et je veux que tu voles,
Viens, suis-moi, va combattre, et montrer à ton roi
Que ce qu'il perd au Comte il le recouvre en toi.

ACTE QUATRIÈME

SCÈNE 1. — CHIMÈNE, ELVIRE.

CHIMÈNE. — N'est-ce point un faux bruit, le sais-tu bien, Elvire?
ELVIRE. — Vous ne croiriez jamais comme chacun l'admire,
Et porte jusqu'au ciel d'une commune voix
De ce jeune héros les glorieux exploits.
Les Mores devant lui n'ont paru qu'à leur honte,
Leur abord fut bien prompt, leur fuite encor plus
[prompte,
Trois heures de combat laissent à nos guerriers
Une victoire entière, et deux rois prisonniers,
La valeur de leur chef ne trouvait point d'obstacles.
CHIMÈNE. — Et la main de Rodrigue a fait tous ces miracles!
ELVIRE. — De ses nobles efforts ces deux rois sont le prix,
Sa main les a vaincus, et sa main les a pris.
CHIMÈNE. — De qui peux-tu savoir ces nouvelles étranges?
ELVIRE. — Du peuple, qui partout fait sonner ses louanges,
Le nomme de sa joie et l'objet, et l'auteur,
Son ange tutélaire, et son libérateur.
CHIMÈNE. — Et le roi, de quel œil voit-il tant de vaillance?
ELVIRE. — Rodrigue n'ose encor paraître en sa présence;

               Mais don Diègue ravi lui présente enchaînés,
               Au nom de ce vainqueur, ces captifs couronnés,
               Et demande pour grâce à ce généreux prince
               Qu'il daigne voir la main qui sauve la province.
CHIMÈNE. — Mais n'est-il point blessé?
ELVIRE. —   Je n'en ai rien appris.
               Vous changez de couleur! Reprenez vos esprits.
CHIMÈNE. — Reprenons donc aussi ma colère affaiblie :
               Pour avoir soin de lui faut-il que je m'oublie?
               On le vante, on le loue, et mon cœur y consent!
               Mon honneur est muet, mon devoir impuissant!
               Silence, mon amour, laisse agir ma colère.
               S'il a vaincu deux rois, il a tué mon père;
               Ces tristes vêtements où je lis mon malheur
               Sont les premiers effets qu'ait produits sa valeur;
               Et quoi qu'on die ailleurs d'un cœur si magnanime,
               Ici tous les objets me parlent de son crime.
               Vous qui rendez la force à mes ressentiments,
               Voiles, crêpes, habits, lugubres ornements,
               Pompe où m'ensevelit sa première victoire,
               Contre ma passion soutenez bien ma gloire,
               Et lorsque mon amour prendra trop de pouvoir,
               Parlez à mon esprit de mon triste devoir :
               Attaquez sans rien craindre une main triomphante (1).
ELVIRE. — Modérez ces transports, voici venir l'infante.

SCÈNE II. — L'INFANTE, CHIMÈNE, LÉONOR, ELVIRE.

L'INFANTE. — Je ne viens pas ici consoler tes douleurs,
               Je viens plutôt mêler mes soupirs à tes pleurs.
CHIMÈNE. — Prenez bien plutôt part à la commune joie,
               Et goûtez le bonheur que le ciel vous envoie,
               Madame; autre que moi n'a droit de soupirer!
               Le péril dont Rodrigue a su nous retirer,
               Et le salut public que vous rendent ses armes,
               A moi seule aujourd'hui permet encor les larmes.

Il a sauvé la ville, il a servi son roi,
Et son bras valeureux n'est funeste qu'à moi.
L'INFANTE. — Ma Chimène, il est vrai qu'il a fait des merveilles.
CHIMÈNE. — Déjà ce bruit fâcheux a frappé mes oreilles,
Et je l'entends partout publier hautement
Aussi brave guerrier que malheureux amant.
L'INFANTE. — Qu'a de fâcheux pour toi ce discours populaire?
Ce jeune Mars qu'il loue a su jadis te plaire,
Il possédait ton âme, il vivait sous tes lois,
Et vanter sa valeur c'est honorer ton choix.
CHIMÈNE. — Chacun peut la vanter avec quelque justice,
Mais pour moi sa louange est un nouveau supplice;
On aigrit ma douleur en l'élevant si haut,
Je vois ce que je perds, quand je vois ce qu'il vaut.
Ah, cruels déplaisirs à l'esprit d'une amante!
Plus j'apprends son mérite, et plus mon feu s'aug-
|mente.
Cependant mon devoir est toujours le plus fort,
Et malgré mon amour va poursuivre sa mort.
L'INFANTE. — Hier ce devoir te mit en une haute estime.
L'effort que tu te fis parut si magnanime,
Si digne d'un grand cœur, que chacun à la cour
Admirait ton courage, et plaignait ton amour.
Mais croirais-tu l'avis d'une amitié fidèle?
CHIMÈNE. — Ne vous obéir pas me rendrait criminelle.
L'INFANTE. — Ce qui fut juste alors ne l'est plus aujourd'hui.
Rodrigue maintenant est notre unique appui,
L'espérance et l'amour d'un peuple qui l'adore,
Le soutien de Castille et la terreur du More;
Le roi même est d'accord de cette vérité
Que ton père en lui seul se voit ressuscité;
Et si tu veux enfin qu'en deux mots je m'explique,
Tu poursuis en sa mort la ruine publique.
Quoi! pour venger un père est-il jamais permis
De livrer sa patrie aux mains des ennemis?
Contre nous ta poursuite est-elle légitime

Et, pour être punis, avons-nous part au crime ?
Ce n'est pas qu'après tout tu doives épouser
Celui qu'un père mort t'obligeait d'accuser,
Je te voudrais moi-même en arracher l'envie :
Ote-lui ton amour, mais laisse-nous sa vie.

CHIMÈNE. — Ah! ce n'est pas à moi d'avoir tant de bonté :
Le devoir qui m'aigrit n'a rien de limité.
Quoique pour ce vainqueur mon âme s'intéresse,
Quoiqu'un peuple l'adore, et qu'un roi le caresse,
Qu'il soit environné des plus vaillants guerriers,
J'irai sous mes cyprès accabler ses lauriers.

L'INFANTE. — C'est générosité, quand pour venger un père,
Notre devoir attaque une tête si chère ;
Mais c'en est une encor d'un plus illustre rang,
Quand on donne au public les intérêts du sang.
Non, crois-moi, c'est assez que d'éteindre ta flamme,
Il sera trop puni s'il n'est plus dans ton âme.
Que le bien du pays t'impose cette loi.
Aussi bien que crois-tu que l'accorde le roi ?

CHIMÈNE. — Il peut me refuser, mais je ne puis me taire.

L'INFANTE. — Pense bien, ma Chimène, à ce que tu veux faire.
Adieu, tu pourras seule y songer à loisir.

CHIMÈNE. — Après mon père mort je n'ai point à choisir (2).

SCÈNE III. — D. FERNAND, D. DIÈGUE, D. ARIAS, D. RODRIGUE, D. SANCHE.

D. FERNAND - Généreux héritier d'une illustre famille,
Qui fut toujours la gloire et l'appui de Castille,
Race de tant d'aïeux en valeur signalés,
Que l'essai de la tienne a sitôt égalés,
Pour te récompenser ma force est trop petite,
Et j'ai moins de pouvoir que tu n'as de mérite.
Le pays délivré d'un si rude ennemi,
Mon sceptre dans ma main par la tienne affermi,
Et les Mores défaits avant qu'en ces alarmes

J'eusse pu donner ordre à repousser leurs armes,
Ne sont point des exploits qui laissent à ton roi
Le moyen ni l'espoir de s'acquitter vers toi.
Mais deux rois tes captifs feront ta récompense.
Ils t'ont nommé tous deux leur Cid en ma présence,
Puisque Cid en leur langue est autant que seigneur,
Je ne t'envierai pas ce beau titre d'honneur :
Sois désormais le Cid, qu'à ce grand nom tout cède.
Qu'il comble d'épouvante, et Grenade, et Tolède,
Et qu'il marque à tous ceux qui vivent sous mes lois
Et ce que tu me vaux, et ce que je te dois.

D. RODRIGUE – Que votre majesté, Sire, épargne ma honte :
D'un si faible service elle fait trop de compte,
Et me force à rougir devant un si grand roi
De mériter si peu l'honneur que j'en reçois.
Je sais trop que je dois au bien de votre empire
Et le sang qui m'anime, et l'air que je respire,
Et quand je les perdrai pour un si digne objet,
Je ferai seulement le devoir d'un sujet.

D. FERNAND – Tous ceux que ce devoir à mon service engage
Ne s'en acquittent pas avec même courage,
Et lorsque la valeur ne va point dans l'excès,
Elle ne produit point de si rares succès.
Souffre donc qu'on te loue, et de cette victoire
Apprends-moi plus au long la véritable histoire.

D. RODRIGUE – Sire, vous avez su qu'en ce danger pressant,
Qui jeta dans la ville un effroi si puissant,
Une troupe d'amis chez mon père assemblée
Sollicita mon âme encor toute troublée....
Mais, Sire, pardonnez à ma témérité
Si j'osai l'employer sans votre autorité ;
Le péril approchait, leur brigade était prête,
Me montrant à la cour je hasardais ma tête,
Et s'il fallait la perdre, il m'était bien plus doux
De sortir de la vie en combattant pour vous.

D. FERNAND – J'excuse la chaleur à venger ton offense,

Et l'État défendu me parle en ta défense :
Crois que dorénavant Chimène a beau parler,
Je ne l'écoute plus que pour la consoler.
Mais poursuis.

D. RODRIGUE — Sous moi donc cette troupe s'avance,
Et porte sur le front une mâle assurance :
Nous partîmes cinq cents, mais, par un prompt renfort,
Nous nous vîmes trois mille en arrivant au port,
Tant à nous voir marcher en si bon équipage
Les plus épouvantés reprenaient de courage !
J'en cache les deux tiers aussitôt qu'arrivés
Dans le fond des vaisseaux qui lors furent trouvés ;
Le reste, dont le nombre augmentait à toute heure,
Brûlant d'impatience autour de moi demeure,
Se couche contre terre, et sans faire aucun bruit
Passe une bonne part d'une si belle nuit.
Par mon commandement la garde en fait de même,
Et se tenant cachée aide à mon stratagème ;
Et je feins hardiment d'avoir reçu de vous
L'ordre qu'on me voit suivre et que je donne à tous.
Cette obscure clarté qui tombe des étoiles
Enfin avec le flux nous fait voir trente voiles,
L'onde s'enfle dessous, et d'un commun effort
Les Mores et la mer montent jusques au port.
On les laisse passer, tout leur paraît tranquille :
Point de soldats au port, point aux murs de la ville,
Notre profond silence abusant leurs esprits,
Ils n'osent plus douter de nous avoir surpris ;
Ils abordent sans peur, ils ancrent, ils descendent,
Et courent se livrer aux mains qui les attendent.
Nous nous levons alors, et tous en même temps
Poussons jusques au ciel mille cris éclatants :
Les nôtres à ces cris de nos vaisseaux répondent,
Ils paraissent armés, les Mores se confondent ;
L'épouvante les prend à demi descendus,
Avant que de combattre ils s'estiment perdus.

Ils couraient au pillage, et rencontrent la guerre;
Nous les pressons sur l'eau, nous les pressons sur terre;
Et nous faisons courir des ruisseaux de leur sang,
Avant qu'aucun résiste, ou reprenne son rang.
Mais bientôt, malgré nous, leurs princes les rallient,
Leur courage renaît, et leurs terreurs s'oublient,
La honte de mourir sans avoir combattu
Arrête leur désordre, et leur rend la vertu :
Contre nous de pied ferme ils tirent les épées,
Des plus braves soldats les trames sont coupées;
Et la terre, et le fleuve, et leur flotte, et le port,
Sont des champs de carnage où triomphe la mort.
O combien d'actions, combien d'exploits célèbres
Sont demeurés sans gloire au milieu des ténèbres,
Où chacun, seul témoin des grands coups qu'il donnait,
Ne pouvait discerner où le sort inclinait!
J'allais de tous côtés encourager les nôtres,
Faire avancer les uns, et soutenir les autres,
Ranger ceux qui venaient, les pousser à leur tour,
Et ne l'ai pu savoir jusques au point du jour.
Mais enfin sa clarté montre notre avantage :
Le More voit sa perte, et perd soudain courage;
Et voyant un renfort qui nous vient secourir,
L'ardeur de vaincre cède à la peur de mourir.
Ils gagnent leurs vaisseaux, ils en coupent les câbles,
Nous laissent pour adieux des cris épouvantables,
Font retraite en tumulte, et sans considérer
Si leurs rois avec eux peuvent se retirer.
Pour souffrir ce devoir leur frayeur est trop forte!
Le flux les apporta, le reflux les remporte,
Cependant que leurs rois, engagés parmi nous,
Et quelque peu des leurs tous percés de nos coups
Disputent vaillamment et vendent bien leur vie;
A se rendre moi-même en vain je les convie,
Le cimeterre au poing ils ne m'écoutent pas;
Mais voyant à leurs pieds tomber tous leurs soldats,

LE CID

JE ME NOMME, ILS SE RENDENT. (Page 47.)

Et que seuls désormais en vain ils se défendent,
Ils demandent le chef, je me nomme, ils se rendent,
Je vous les envoyai tous deux en même temps,
Et le combat cessa faute de combattants.
C'est de cette façon que, pour votre service.... (5)

SCÈNE IV. — D. FERNAND, D. DIÈGUE, D. RODRIGUE, D. ARIAS, D. SANCHE, D. ALONSE.

D. ALONSE. — Sire, Chimène vient vous demander justice.
D. FERNAND - La fâcheuse nouvelle, et l'importun devoir !
Va, je ne la veux pas obliger à te voir,
Pour tous remercîments il faut que je te chasse,
Mais avant que sortir, viens, que ton roi t'embrasse.

(Don Rodrigue rentre.)

D. DIÈGUE. — Chimène le poursuit, et voudrait le sauver.
D. FERNAND - On m'a dit qu'elle l'aime, et je vais l'éprouver.
Montrez un œil plus triste.

SCÈNE V. — D. FERNAND, D. DIÈGUE, D. ARIAS, D. SANCHE, D. ALONSE, CHIMÈNE, ELVIRE.

D. FERNAND -   Enfin soyez contente,
Chimène, le succès répond à votre attente :
Si de nos ennemis Rodrigue a le dessus,
Il est mort à nos yeux des coups qu'il a reçus,
Rendez grâces au ciel qui vous en a vengée,...

(A Don Diègue.)

Voyez comme déjà sa couleur est changée.
D. DIÈGUE. — Mais voyez qu'elle pâme, et d'un amour parfait,
Dans cette pâmoison, Sire, admirez l'effet :
Sa douleur a trahi les secrets de son âme,
Et ne vous permet plus de douter de sa flamme.
CHIMÈNE. — Quoi, Rodrigue est donc mort ?
D. FERNAND -   Non, non, il voit le jour,
Et te conserve encore un immuable amour :

CORNEILLE.

Calme cette douleur qui pour lui s'intéresse.

CHIMÈNE. — Sire, on pâme de joie ainsi que de tristesse,
Un excès de plaisir nous rend tout languissans,
Et quand il surprend l'âme, il accable les sens.

D. FERNAND - Tu veux qu'en ta faveur nous croyions l'impossible,
Chimène, ta douleur a paru trop visible.

CHIMÈNE. — Eh bien! Sire, ajoutez ce comble à mon malheur,
Nommez ma pâmoison l'effet de ma douleur :
Un juste déplaisir à ce point m'a réduite,
Son trépas dérobait sa tête à ma poursuite.
S'il meurt des coups reçus pour le bien du pays,
Ma vengeance est perdue et mes desseins trahis.
Une si belle fin m'est trop injurieuse,
Je demande sa mort, mais non pas glorieuse,
Non pas dans un éclat qui l'élève si haut,
Non pas au lit d'honneur, mais sur un échafaud.
Qu'il meure pour mon père, et non pour la patrie,
Que son nom soit taché, sa mémoire flétrie :
Mourir pour le pays n'est pas un triste sort,
C'est s'immortaliser par une belle mort.
J'aime donc sa victoire, et je le puis sans crime,
Elle assure l'État, et me rend ma victime,
Mais noble, mais fameuse entre tous les guerriers,
Le chef au lieu de fleurs couronné de lauriers,
Et pour dire en un mot ce que j'en considère,
Digne d'être immolée aux mânes de mon père.
Hélas! à quel espoir me laissé-je emporter!
Rodrigue de ma part n'a rien à redouter :
Que pourraient contre lui des larmes qu'on méprise?
Pour lui tout votre empire est un lieu de franchise,
Là, sous votre pouvoir, tout lui devient permis,
Il triomphe de moi comme des ennemis.
Dans leur sang répandu la justice étouffée
Aux crimes du vainqueur sert d'un nouveau trophée,
Nous en croissons la pompe, et le mépris des lois
Nous fait suivre son char au milieu de deux rois.

D. FERNAND — Ma fille, ces transports ont trop de violence :
Quand on rend la justice, on met tout en balance.
On a tué ton père, il était l'agresseur,
Et la même équité m'ordonne la douceur.
Avant que d'accuser ce que j'en fais paraître,
Consulte bien ton cœur, Rodrigue en est le maître,
Et ta flamme en secret rend grâces à ton roi,
Dont la faveur conserve un tel amant pour toi.

CHIMÈNE. — Pour moi ! mon ennemi ! l'objet de ma colère !
L'auteur de mes malheurs ! l'assassin de mon père !
De ma juste poursuite on fait si peu de cas
Qu'on me croit obliger en ne m'écoutant pas !
Puisque vous refusez la justice à mes larmes,
Sire, permettez-moi de recourir aux armes,
C'est par là seulement qu'il a su m'outrager,
Et c'est aussi par là que je me dois venger.
A tous vos cavaliers je demande sa tête,
Oui, qu'un d'eux me l'apporte, et je suis sa conquête !
Qu'ils le combattent, Sire ; et, le combat fini,
J'épouse le vainqueur, si Rodrigue est puni.
Sous votre autorité souffrez qu'on le publie.

D. FERNAND — Cette vieille coutume en ces lieux établie,
Sous couleur de punir un injuste attentat,
Des meilleurs combattants affaiblit un État :
Souvent de cet abus le succès déplorable
Opprime l'innocent et soutient le coupable.
J'en dispense Rodrigue, il m'est trop précieux
Pour l'exposer aux coups d'un sort capricieux,
Et quoi qu'ait pu commettre un cœur si magnanime,
Les Mores en fuyant ont emporté son crime.

D. DIÈGUE. — Quoi ! Sire, pour lui seul vous renversez des lois
Qu'a vu toute la cour observer tant de fois !
Que croira votre peuple, et que dira l'envie
Si sous votre défense il ménage sa vie,
Et s'en fait un prétexte à ne paraître pas
Où tous les gens d'honneur cherchent un beau trépas ?

                            De pareilles faveurs terniraient trop sa gloire !
                            Qu'il goûte sans rougir les fruits de sa victoire,
                            Le Comte eut de l'audace, il l'en a su punir,
                            Il l'a fait en brave homme, et le doit maintenir.
D. FERNAND. — Puisque vous le voulez, j'accorde qu'il le fasse :
                            Mais d'un guerrier vaincu mille prendraient la place,
                            Et le prix que Chimène au vainqueur a promis
                            De tous mes cavaliers ferait ses ennemis.
                            L'opposer seul à tous serait trop d'injustice,
                            Il suffit qu'une fois il entre dans la lice :
                            Choisis qui tu voudras, Chimène, et choisis bien,
                            Mais après ce combat ne demande plus rien.
D. DIÈGUE. — N'excusez point par là ceux que son bras étonne ;
                            Laissez un champ ouvert où n'entrera personne.
                            Après ce que Rodrigue a fait voir aujourd'hui,
                            Quel courage assez vain s'oserait prendre à lui ?
                            Qui se hasarderait contre un tel adversaire ?
                            Qui serait ce vaillant, ou bien ce téméraire ?
D. SANCHE. — Faites ouvrir le champ, vous voyez l'assaillant ;
                            Je suis ce téméraire, ou plutôt ce vaillant.
                                    (A Chimène.)
                            Accordez cette grâce à l'ardeur qui me presse,
                            Madame, vous savez quelle est votre promesse.
D. FERNAND - Chimène, remets-tu ta querelle en sa main ?
CHIMÈNE. — Sire, je l'ai promis.
D. FERNAND —   Soyez prêt à demain.
D. DIÈGUE. — Non, Sire, il ne faut pas différer davantage,
                            On est toujours trop prêt quand on a du courage.
D. FERNAND — Sortir d'une bataille et combattre à l'instant !
D. DIÈGUE. — Rodrigue a pris haleine en vous la racontant.
D. FERNAND — Du moins, une heure ou deux je veux qu'il se délasse.
                            Mais de peur qu'en exemple un tel combat ne passe,
                            Pour témoigner à tous qu'à regret je permets
                            Un sanglant procédé qui ne me plut jamais,
                            De moi, ni de ma cour il n'aura la présence.
                                    (A don Arias.)

Vous seul des combattants jugerez la vaillance,
Ayez soin que tous deux fassent en gens de cœur,
Et le combat fini, m'amenez le vainqueur.
Quel qu'il soit, même prix est acquis à sa peine,
Je le veux de ma main présenter à Chimène,
Et que pour récompense il reçoive sa foi.

CHIMÈNE. — Quoi! Sire, m'imposer une si dure loi!

D. FERNAND - Tu t'en plains, mais ton feu, loin d'avouer ta plainte,
Si Rodrigue est vainqueur, l'accepte sans contrainte :
Cesse de murmurer contre un arrêt si doux,
Qui que ce soit des deux, j'en ferai ton époux (4).

ACTE CINQUIÈME

SCÈNE I. — D. RODRIGUE, CHIMÈNE.

CHIMÈNE. — Quoi, Rodrigue, en plein jour! d'où te vient cette audace?
Va, tu me perds d'honneur, retire-toi, de grâce.
D. RODRIGUE. — Je vais mourir, Madame, et vous viens en ce lieu,
Avant le coup mortel, dire un dernier adieu :
Cet immuable amour qui sous vos lois m'engage
N'ose accepter ma mort sans vous en faire hommage.
CHIMÈNE. — Tu vas mourir!
D. RODRIGUE. — Je cours à ces heureux moments,
Qui vont livrer ma vie à vos ressentiments.
CHIMÈNE. — Tu vas mourir! Don Sanche est-il si redoutable
Qu'il donne l'épouvante à ce cœur indomptable?
Qui t'a rendu si faible, ou qui le rend si fort?
Rodrigue va combattre, et se croit déjà mort!
Celui qui n'a pas craint les Mores ni mon père
Va combattre don Sanche, et déjà désespère!
Ainsi donc au besoin ton courage s'abat!

D. RODRIGUE — Je cours à mon supplice, et non pas au combat,
Et ma fidèle ardeur sait bien m'ôter l'envie,
Quand vous cherchez ma mort, de défendre ma vie.
J'ai toujours même cœur, mais je n'ai point de bras
Quand il faut conserver ce qui ne vous plaît pas,
Et déjà cette nuit m'aurait été mortelle,
Si j'eusse combattu pour ma seule querelle.
Mais défendant mon roi, son peuple, et mon pays,
A me défendre mal je les aurais trahis :
Mon esprit généreux ne hait pas tant la vie
Qu'il en veuille sortir par une perfidie.
Maintenant qu'il s'agit de mon seul intérêt,
Vous demandez ma mort, j'en accepte l'arrêt.
Votre ressentiment choisit la main d'un autre,
Je ne méritais pas de mourir de la vôtre ;
On ne me verra point en repousser les coups,
Je dois plus de respect à qui combat pour vous ;
Et ravi de penser que c'est de vous qu'ils viennent,
Puisque c'est votre honneur que ses armes soutiennent,
Je vais lui présenter mon estomac ouvert,
Adorant en sa main la vôtre qui me perd.

CHIMÈNE. — Si d'un triste devoir la juste violence,
Qui me fait malgré moi poursuivre ta vaillance,
Prescrit à ton amour une si forte loi
Qu'il te rend sans défense à qui combat pour moi,
En cet aveuglement ne perds pas la mémoire
Qu'ainsi que de ta vie il y va de ta gloire ;
Et que, dans quelque éclat que Rodrigue ait vécu,
Quand on le saura mort, on le croira vaincu.
Ton honneur t'est plus cher que je ne te suis chère,
Puisqu'il trempe tes mains dans le sang de mon père,
Et te fait renoncer, malgré ta passion,
A l'espoir le plus doux de ma possession ;
Je t'en vois cependant faire si peu de compte,
Que sans rendre combat tu veux qu'on te surmonte.
Quelle inégalité ravale ta vertu ?

Pourquoi ne l'as-tu plus, ou pourquoi l'avais-tu?
Quoi! n'es-tu généreux que pour me faire outrage!
S'il ne faut m'offenser, n'as-tu point de courage!
Et traites-tu mon père avec tant de rigueur,
Qu'après l'avoir vaincu tu souffres un vainqueur!
Va, sans vouloir mourir laisse-moi te poursuivre,
Et défends ton honneur, si tu ne veux plus vivre.

D. RODRIGUE — Après la mort du Comte, et les Mores défaits,
Faudrait-il à ma gloire encor d'autres effets?
Elle peut dédaigner le soin de me défendre :
On sait que mon courage ose tout entreprendre,
Que ma valeur peut tout, et que dessous les cieux,
Auprès de mon honneur, rien ne m'est précieux.
Non, non, en ce combat, quoi que vous veuilliez croire,
Rodrigue peut mourir sans hasarder sa gloire,
Sans qu'on l'ose accuser d'avoir manqué de cœur,
Sans passer pour vaincu, sans souffrir un vainqueur.
On dira seulement : « Il adorait Chimène ;
Il n'a pas voulu vivre, et mériter sa haine ;
Il a cédé lui-même à la rigueur du sort
Qui forçait sa maîtresse à poursuivre sa mort.
Elle voulait sa tête, et son cœur magnanime,
S'il l'en eût refusée, eût pensé faire un crime.
Pour venger son honneur il perdit son amour,
Pour venger sa maîtresse il a quitté le jour,
Préférant, quelque espoir qu'eût son âme asservie,
Son honneur à Chimène, et Chimène à sa vie. »
Ainsi donc vous verrez ma mort en ce combat,
Loin d'obscurcir ma gloire, en rehausser l'éclat,
Et cet honneur suivra mon trépas volontaire,
Que tout autre que moi n'eût pu vous satisfaire.

CHIMÈNE. — Puisque, pour t'empêcher de courir au trépas,
Ta vie et ton honneur sont de faibles appas,
Si jamais je t'aimai, cher Rodrigue, en revanche
Défends-toi maintenant pour m'ôter à don Sanche ;
Combats pour m'affranchir d'une condition

Qui me livre à l'objet de mon aversion;
Te dirai-je encor plus? va, songe à ta défense,
Pour forcer mon devoir, pour m'imposer silence,
Et si tu sens pour moi ton cœur encore épris,
Sors vainqueur d'un combat dont Chimène est le prix,
Adieu : ce mot lâché me fait rougir de honte (1).

SCÈNE II. — RODRIGUE.

Est-il quelque ennemi qu'à présent je ne dompte?
Paraissez, Navarrais, Mores, et Castillans,
Et tout ce que l'Espagne a nourri de vaillans;
Unissez-vous ensemble, et faites une armée
Pour combattre une main de la sorte animée,
Joignez tous vos efforts contre un espoir si doux :
Pour en venir à bout c'est trop peu que de vous.

SCÈNE III. — L'INFANTE.

T'écouterai-je encor, respect de ma naissance,
    Qui fais un crime de mes feux?
T'écouterai-je, amour, dont la douce puissance
Contre ce fier tyran fait révolter mes vœux?
    Pauvre princesse, auquel des deux
    Dois-tu prêter obéissance?
Rodrigue, ta valeur te rend digne de moi,
Mais pour être vaillant, tu n'es pas fils de roi.

Impitoyable sort, dont la rigueur sépare
    Ma gloire d'avec mes désirs!
Est-il dit que le choix d'une vertu si rare
Coûte à ma passion de si grands déplaisirs?
    O Cieux! à combien de soupirs
    Faut-il que mon cœur se prépare,

Si jamais il n'obtient sur un si long tourment
Ni d'éteindre l'amour, ni d'accepter l'amant?

Mais c'est trop de scrupule, et ma raison s'étonne
Du mépris d'un si digne choix!
Bien qu'aux monarques seuls ma naissance me donne,
Rodrigue, avec honneur je vivrai sous tes lois :
Après avoir vaincu deux rois,
Pourrais-tu manquer de couronne?
Et ce grand nom de Cid que tu viens de gagner
Ne fait-il pas trop voir sur qui tu dois régner?

Il est digne de moi, mais il est à Chimène,
Le don que j'en ai fait me nuit.
Entre eux la mort d'un père a si peu mis de haine,
Que le devoir du sang à regret le poursuit!
Ainsi n'espérons aucun fruit
De son crime, ni de ma peine,
Puisque, pour me punir, le destin a permis
Que l'amour dure même entre deux ennemis.

SCÈNE IV. — L'INFANTE, LÉONOR.

L'INFANTE. — Où viens-tu, Léonor?
LÉONOR. — Vous applaudir, Madame,
Sur le repos qu'enfin a retrouvé votre âme.
L'INFANTE. — D'où viendrait ce repos dans un comble d'ennui?
LÉONOR. — Si l'amour vit d'espoir, et s'il meurt avec lui,
Rodrigue ne peut plus charmer votre courage.
Vous savez le combat où Chimène l'engage :
Puisqu'il faut qu'il y meure, ou qu'il soit son mari,
Votre espérance est morte, et votre esprit guéri.
L'INFANTE. — Ah! qu'il s'en faut encor!
LÉONOR. — Que pouvez-vous prétendre?
L'INFANTE. — Mais plutôt quel espoir me pourrais-tu défendre?

Si Rodrigue combat sous ces conditions,
Pour en rompre l'effet j'ai trop d'inventions :
L'amour, ce doux auteur de mes cruels supplices,
Aux esprits des amants apprend trop d'artifices!

LÉONOR. — Pourrez-vous quelque chose après qu'un père mort
N'a pu dans leurs esprits allumer de discord?
Car Chimène aisément montre par sa conduite
Que la haine aujourd'hui ne fait pas sa poursuite :
Elle obtient un combat, et pour son combattant
C'est le premier offert qu'elle accepte à l'instant.
Elle n'a point recours à ces mains généreuses
Que tant d'exploits fameux rendent si glorieuses :
Don Sanche lui suffit et mérite son choix,
Parce qu'il va s'armer pour la première fois ;
Elle aime en ce duel son peu d'expérience ;
Comme il est sans renom, elle est sans défiance ;
Et sa facilité vous doit bien faire voir
Qu'elle cherche un combat qui force son devoir ;
Qui livre à son Rodrigue une victoire aisée,
Et l'autorise enfin à paraître apaisée.

L'INFANTE. — Je le remarque assez, et toutefois mon cœur
A l'envi de Chimène adore ce vainqueur.
A quoi me résoudrai-je, amante infortunée?

LÉONOR. — A vous mieux souvenir de qui vous êtes née.
Le ciel vous doit un roi, vous aimez un sujet.

L'INFANTE. — Mon inclination a bien changé d'objet :
Je n'aime plus Rodrigue, un simple gentilhomme,
Non, ce n'est plus ainsi que mon amour le nomme ;
Si j'aime, c'est l'auteur de tant de beaux exploits,
C'est le valeureux Cid, le maître de deux rois.
Je me vaincrai pourtant, non de peur d'aucun blâme,
Mais pour ne troubler pas une si belle flamme,
Et quand pour m'obliger on l'aurait couronné,
Je ne veux point reprendre un bien que j'ai donné.
Puisqu'en un tel combat sa victoire est certaine,
Allons encore un coup le donner à Chimène.

Et toi, qui vois les traits dont mon cœur est percé,
Viens me voir achever comme j'ai commencé.

SCÈNE V. — CHIMÈNE, ELVIRE.

CHIMÈNE. — Elvire, que je souffre, et que je suis à plaindre !
Je ne sais qu'espérer, et je vois tout à craindre,
Aucun vœu ne m'échappe où j'ose consentir,
Je ne souhaite rien sans un prompt repentir,
A deux rivaux pour moi je fais prendre les armes,
Le plus heureux succès me coûtera des larmes,
Et quoi qu'en ma faveur en ordonne le sort,
Mon père est sans vengeance, ou mon amant est mort.

ELVIRE. — D'un et d'autre côté je vous vois soulagée :
Ou vous avez Rodrigue, ou vous êtes vengée.
Et quoi que le Destin puisse ordonner de vous,
Il soutient votre gloire, et vous donne un époux.

CHIMÈNE. — Quoi, l'objet de ma haine, ou bien de ma colère !
L'assassin de Rodrigue, ou celui de mon père !
De tous les deux côtés on me donne un mari
Encor tout teint du sang que j'ai le plus chéri !
De tous les deux côtés mon âme se rebelle.
Je crains plus que la mort la fin de ma querelle.
Allez, vengeance, amour, qui troublez mes esprits,
Vous n'avez point pour moi de douceurs à ce prix ;
Et toi, puissant moteur du destin qui m'outrage,
Termine ce combat sans aucun avantage,
Sans faire aucun des deux ni vaincu, ni vainqueur.

ELVIRE. — Ce serait vous traiter avec trop de rigueur :
Ce combat pour votre âme est un nouveau supplice,
S'il vous laisse obligée à demander justice,
A témoigner toujours ce haut ressentiment,
Et poursuivre toujours la mort de votre amant.
Madame, il vaut bien mieux que sa rare vaillance,
Lui couronnant le front, vous impose silence ;

                        Que la loi du combat étouffe vos soupirs,
                        Et que le roi vous force à suivre vos désirs.
CHIMÈNE. — Quand il sera vainqueur, crois-tu que je me rende?
Mon devoir est trop fort, et ma perte trop grande;
Et ce n'est pas assez pour leur faire la loi
Que celle du combat et le vouloir du roi.
Il peut vaincre don Sanche avec fort peu de peine,
Mais non pas avec lui la gloire de Chimène;
Et quoi qu'à sa victoire un monarque ait promis,
Mon honneur lui fera mille autres ennemis.

ELVIRE. — Gardez, pour vous punir de cet orgueil étrange,
Que le ciel à la fin ne souffre qu'on vous venge.
Quoi! vous voulez encor refuser le bonheur
De pouvoir maintenant vous taire avec honneur!
Que prétend ce devoir, et qu'est-ce qu'il espère?
La mort de votre amant vous rendra-t-elle un père?
Est-ce trop peu pour vous que d'un coup de malheur?
Faut-il perte sur perte, et douleur sur douleur?
Allez, dans le caprice où votre humeur s'obstine,
Vous ne méritez pas l'amant qu'on vous destine;
Et nous verrons du ciel l'équitable courroux
Vous laisser par sa mort don Sanche pour époux.

CHIMÈNE. — Elvire, c'est assez des peines que j'endure,
Ne les redouble point par ce funeste augure :
Je veux, si je le puis, les éviter tous deux,
Sinon, en ce combat Rodrigue a tous mes vœux.
Non qu'une folle ardeur de son côté me penche,
Mais, s'il était vaincu, je serais à don Sanche :
Cette appréhension fait naître mon souhait...
Que vois-je? malheureuse! Elvire, c'en est fait (2).

SCÈNE VI. — D. SANCHE, CHIMÈNE, ELVIRE.

D. SANCHE. — Obligé d'apporter à vos pieds cette épée....
CHIMÈNE, — Quoi! du sang de Rodrigue encor toute trempée!

Perfide, oses-tu bien te montrer à mes yeux,
Après m'avoir ôté ce que j'aimais le mieux?
Éclate, mon amour, tu n'as plus rien à craindre!
Mon père est satisfait, cesse de te contraindre:
Un même coup a mis ma gloire en sûreté,
Mon âme au désespoir, ma flamme en liberté.

D. SANCHE. — D'un esprit plus rassis....

CHIMÈNE. — Tu me parles encore,
Exécrable assassin d'un héros que j'adore?
Va, tu l'as pris en traître, un guerrier si vaillant
N'eût jamais succombé sous un tel assaillant!
N'espère rien de moi, tu ne m'as point servie,
En croyant me venger, tu m'as ôté la vie.

D. SANCHE. — Étrange impression qui, loin de m'écouter....

CHIMÈNE. — Veux-tu que de sa mort je t'écoute vanter?
Que j'entende à loisir avec quelle insolence
Tu peindras son malheur, mon crime, et ta vaillance?

SCÈNE VII. — D. FERNAND, D. DIÈGUE, D. ARIAS, D. SANCHE, D. ALONSE, CHIMÈNE, ELVIRE.

CHIMÈNE. — Sire, il n'est plus besoin de vous dissimuler
Ce que tous mes efforts ne vous ont pu celer:
J'aimais, vous l'avez su, mais, pour venger mon père,
J'ai bien voulu proscrire une tête si chère;
Votre majesté, Sire, elle-même a pu voir
Comme j'ai fait céder mon amour au devoir.
Enfin Rodrigue est mort, et sa mort m'a changée
D'implacable ennemie en amante affligée;
J'ai dû cette vengeance à qui m'a mise au jour,
Et je dois maintenant ces pleurs à mon amour.
Don Sanche m'a perdue en prenant ma défense,
Et du bras qui me perd je suis la récompense!
Sire, si la pitié peut émouvoir un roi,
De grâce, révoquez une si dure loi!

LE CID

RELÈVE-TOI, RODRIGUE. (Page 62.)

Pour prix d'une victoire où je perds ce que j'aime,
Je lui laisse mon bien; qu'il me laisse à moi-même,
Qu'en un cloître sacré je pleure incessamment,
Jusqu'au dernier soupir, mon père et mon amant.

D. DIÉGUE. — Enfin elle aime, Sire, et ne croit plus un crime
D'avouer par sa bouche un amour légitime.

D. FERNAND - Chimène, sors d'erreur, ton amant n'est pas mort,
Et don Sanche vaincu t'a fait un faux rapport.

D. SANCHE. — Sire, un peu trop d'ardeur malgré moi l'a déçue.
Je venais du combat lui raconter l'issue.
Ce généreux guerrier dont son cœur est charmé :
« Ne crains rien, m'a-t-il dit quand il m'a désarmé,
Je laisserais plutôt la victoire incertaine,
Que de répandre un sang hasardé pour Chimène;
Mais puisque mon devoir m'appelle auprès du roi,
Va de notre combat l'entretenir pour moi,
De la part du vainqueur lui porter ton épée. »
Sire, j'y suis venu, cet objet l'a trompée :
Elle m'a cru vainqueur, me voyant de retour,
Et soudain sa colère a trahi son amour
Avec tant de transport et tant d'impatience,
Que je n'ai pu gagner un moment d'audience.
Pour moi, bien que vaincu, je me répute heureux,
Et malgré l'intérêt de mon cœur amoureux,
Perdant infiniment, j'aime encor ma défaite,
Qui fait le beau succès d'une amour si parfaite.

D. FERNAND - Ma fille, il ne faut point rougir d'un si beau feu,
Ni chercher les moyens d'en faire un désaveu.
Une louable honte en vain t'en sollicite,
Ta gloire est dégagée et ton devoir est quitte.
Ton père est satisfait, et c'était le venger
Que mettre tant de fois ton Rodrigue en danger.
Tu vois comme le ciel autrement en dispose :
Ayant tant fait pour lui, fais pour toi quelque chose,
Et ne sois point rebelle à mon commandement,
Qui te donne un époux aimé si chèrement.

SCÈNE VIII. — D. FERNAND, D. DIÈGUE, D. ARIAS,
D. RODRIGUE, D. ALONSE, D. SANCHE,
L'INFANTE, CHIMÈNE, LÉONOR, ELVIRE.

L'INFANTE. — Sèche tes pleurs, Chimène, et reçois sans tristesse
Ce généreux vainqueur des mains de ta princesse.
D. RODRIGUE — Ne vous offensez point, Sire, si devant vous
Un respect amoureux me jette à ses genoux :
Je ne viens point ici demander ma conquête,
Je viens tout de nouveau vous apporter ma tête,
Madame : mon amour n'emploiera point pour moi
Ni la loi du combat, ni le vouloir du roi.
Si tout ce qui s'est fait est trop peu pour un père,
Dites par quels moyens il faut vous satisfaire :
Faut-il combattre encor mille et mille rivaux,
Aux deux bouts de la terre étendre mes travaux?
Forcer moi seul un camp, mettre en fuite une armée,
Des héros fabuleux passer la renommée?
Si mon crime par là se peut enfin laver,
J'ose tout entreprendre, et puis tout achever.
Mais si ce fier honneur toujours inexorable
Ne se peut apaiser sans la mort du coupable,
N'armez plus contre moi le pouvoir des humains :
Ma tête est à vos pieds, vengez-vous par vos mains.
Vos mains seules ont droit de vaincre un invincible,
Prenez une vengeance à tout autre impossible;
Mais, du moins, que ma mort suffise à me punir,
Ne me bannissez point de votre souvenir;
Et puisque mon trépas conserve votre gloire,
Pour vous en revancher conservez ma mémoire;
Et dites quelquefois en déplorant mon sort :
« S'il ne m'avait aimée, il ne serait pas mort. »
CHIMÈNE. — Relève-toi, Rodrigue. Il faut l'avouer, Sire,

Je vous en ai trop dit pour m'en pouvoir dédire,
Rodrigue a des vertus que je ne puis haïr,
Et quand un roi commande, on lui doit obéir.
Mais à quoi que déjà vous m'ayez condamnée,
Pourrez-vous à vos yeux souffrir cet hyménée?
Et quand de mon devoir vous voulez cet effort,
Toute votre justice en est-elle d'accord?
Si Rodrigue à l'État devient si nécessaire,
De ce qu'il fait pour vous dois-je être le salaire,
Et me livrer moi-même au reproche éternel
D'avoir trempé mes mains dans le sang paternel?

D. FERNAND – Le temps assez souvent a rendu légitime
Ce qui semblait d'abord ne se pouvoir sans crime.
Rodrigue t'a gagnée, et tu dois être à lui.
Mais quoique sa valeur t'ait conquise aujourd'hui,
Il faudrait que je fusse ennemi de ta gloire
Pour lui donner sitôt le prix de sa victoire.
Cet hymen différé ne rompt point une loi
Qui, sans marquer de temps, lui destine ta foi.
Prends un an, si tu veux, pour essuyer tes larmes.
Rodrigue, cependant, il faut prendre les armes :
Après avoir vaincu les Mores sur nos bords,
Renversé leurs desseins, repoussé leurs efforts,
Va jusqu'en leur pays leur reporter la guerre,
Commander mon armée, et ravager leur terre.
A ce seul nom de Cid ils trembleront d'effroi :
Ils t'ont nommé seigneur, et te voudront pour roi.
Mais parmi tes hauts faits sois-lui toujours fidèle,
Reviens-en, s'il se peut, encor plus digne d'elle,
Et par tes grands exploits fais-toi si bien priser,
Qu'il lui soit glorieux alors de t'épouser.

D. RODRIGUE – Pour posséder Chimène, et pour votre service,
Que peut-on m'ordonner que mon bras n'accomplisse?
Quoi qu'absent de ses yeux il me faille endurer,
Sire, ce m'est trop d'heur de pouvoir espérer.

D. FERNAND – Espère en ton courage, espère en ma promesse,

64   CORNEILLE.

Et possédant déjà le cœur de ta maîtresse,
Pour vaincre un point d'honneur qui combat contre toi,
Laisse faire le temps, ta vaillance, et ton roi (3).

NOTES POUR LE CID

1. Nous avons déjà dit, dans la *Notice*, à qui Corneille avait emprunté le sujet du *Cid*, et comment il l'avait transformé. Insistons sur ce dernier point et, pour qu'on en voie bien tout l'intérêt, faisons d'abord un rapprochement instructif. Comme Corneille a pris *le Cid* à Guillen de Castro, c'est donc à Bandello, — cet évêque d'Agen qui aimait à conter de si tragiques histoires, — que Shakespeare a emprunté le sujet de *Roméo et Juliette*.

A la vérité, les *Mocedades del Cid* sont un drame, et le *Roméo* de Bandello n'est qu'une nouvelle, mais la ressemblance n'en est pas moins presque plus étroite entre l'original italien et la copie de Shakespeare qu'entre le drame de Guillen de Castro et l'« adaptation » de Corneille. Cependant, pour faire des *Amants de Vérone* l'inimitable tragédie de l'amour, et rejeter à jamais dans l'ombre le souvenir même du modèle dont il s'était inspiré, Shakespeare n'a eu besoin que d'une idée, d'une seule, mais c'était ce qu'on appelle une idée de génie, si, en rendant le fils des Montaigus et la fille des Capulets *d'abord* amoureux l'un de l'autre, il a de la sorte et *d'abord* éclairé tout le drame comme d'un jet de lumière, qui donne au développement de l'action je ne sais quelle profondeur et par conséquent quel relief; quel caractère de réalité ou de vie; quelle poésie et, il faut le dire, quelle philosophie. Pareillement Corneille. Certes, c'est un beau drame que celui de Guillen de Castro! Mais il a quelque chose de trop « romantique » ou de trop espagnol, comme la nouvelle de Bandello avait quelque chose de trop italien et de trop « réaliste ». Tel est aussi bien le défaut de la littérature espagnole en général : elle a quelque chose de trop particulier, de trop local, et, — à l'exception des *Amadis* ou du *Don Quichotte*, — les chefs-d'œuvre n'en sont pas marqués de ce caractère d'universalité qui les pourrait seuls rendre vraiment humains — *humaniores*. C'est notre *Gil Blas*, on le sait, qui a fait, par un contre-coup de fortune inespéré, la gloire du roman picaresque; mais, inversement, depuis plus de cent ans les efforts multipliés de la critique allemande n'ont pu réussir à rendre « européens » le théâtre de Calderon et de Lope de Vega. Ce caractère d'humanité, voilà ce que Corneille a donné au drame de Guillen de Castro.

Il y a réussi d'abord en atténuant ce que la couleur générale du sujet espagnol avait de trop barbare pour les imaginations déjà plus difficiles, plus délicates surtout du xviie siècle; et, par exemple, son don Diègue n'éprouve pas le courage de Rodrigue en lui mordant le doigt jusqu'au sang : *Muerdele un dedo de la mano fuertemente*, dit le texte original; et nous ne saurions regretter ce détail dans le texte français. Corneille l'a-t-il trouvé « trop fort » pour l'hôtel de Rambouillet? Nous le voulons bien! Mais cette politesse de mœurs où les « dames » tendaient alors par la préciosité, cette perfection de la vie sociale, et ce raffinement de la galanterie, c'était l'idéal de l'Europe entière, et ainsi, rien qu'en le prêtant à ses héros, Corneille leur faisait exprimer quelque chose de plus général qu'eux-mêmes. Ils étaient Rodrigue et Chimène; ils étaient aussi Cinq-Mars et Marie de Gonzague; ils étaient de plus, et déjà, les rebelles empanachés et les amoureuses romanesques de la Fronde.

Par suite, leur aventure était dégagée des liaisons trop étroites qui la rattachaient encore, dans le drame des *Mocedades*, à l'histoire particulière de l'Espagne. Le drame de Guillen de Castro tient à cet égard de la nature des drames historiques de Shakespeare, et il semble, à plus d'un trait, que l'exaltation du patriotisme en fasse le principal objet. « Il y a des hors-d'œuvre dans les *Mocedades*, écrit M. Ernest Mérimée, qui ne s'expliquent que par le désir de rappeler des faits glorieux pour son héros, alors même que ces faits n'ont aucun rapport avec les amours de Rodrigue et de Chimène. » C'est qu'ils en ont un avec le *Romancero*, et par conséquent avec la lutte huit fois séculaire que l'Espagne a soutenue contre les Mores pour fonder son indépendance. Mais Corneille a bien compris que l'intérêt durable du sujet était uniquement dans la situation de Rodrigue et de Chimène; et rien aujourd'hui ne nous paraît plus clair; mais pourtant on ne s'en était pas rendu compte avant lui.

Et il faut ajouter enfin que, pour exprimer ce que cette situation d'ailleurs singulière a de plus touchant, Corneille a dû chercher et trouver une forme de style qui « la réduisît à l'universel » : c'est l'expression même du xviie siècle. On veut dire une forme qui la rendît intelligible, non seulement à ses contemporains et à ses compatriotes, mais à tout être humain dont un impérieux devoir a contrarié l'amour. Les héros du drame espagnol sont les esclaves ou les serviteurs de leurs sensations, ceux de Corneille pensent et raisonnent. Ou en d'autres termes, les personnages de Guillen de Castro sont Espagnols avant d'être hommes ou femmes, si l'on peut ainsi dire, mais ceux de Corneille sont hommes avant d'être Espagnols. Et, sans doute, c'est pour cela que les Espagnols eux-mêmes ont retraduit son *Cid* en leur langue. Car quelle autre raison dira-t-on bien qu'ils en aient eue? Je défie qu'on en avance une.

On voit maintenant en quel sens, dans quelle mesure, *le Cid* est, comme on l'a prétendu, et comme on le répète encore, la plus « romantique » des tragédies de Corneille. Mais si l'on attache aux mots un sens précis, on ne trouvera pas ombre ici de romantisme. A la vérité, l'origine du drame est espagnole, mais sauf ce point, ni le Rodrigue ni la Chimène de notre Corneille n'ont rien de commun avec ceux de Guillen de Castro, et bien moins, puisque c'est là que l'on en veut venir, avec la doña Sol et l'Hernani d'Hugo. Il y a d'ailleurs, nous l'avons dit, des affinités entre le génie de Corneille et celui d'Hugo; il y en a dans leur conception du drame; et si on le veut, nous les appellerons tous les deux les plus espagnols des poètes français. Mais après cela, tout ce qui peut servir à caractériser le drame romantique comme tel, — depuis la dispersion épique de l'action jusqu'à la préoccupation de la couleur locale, — c'est précisément ce que Corneille a négligé d'emprunter au drame de Guillen de Castro. D'un autre côté, ce qu'il y a ajouté de son fonds, et de conforme à l'esprit de son temps, — logique de l'intrigue, convenance ou conformité des caractères avec eux-mêmes, analyse psychologique ou morale, gravité, généralité du style, — c'est justement ce qu'il y a de plus essentiel à la définition de la tragédie classique. Ne faut-il pas convenir, dans ces conditions, que, de découvrir du « romantisme » dans *le Cid* français, c'est tout bonnement en méconnaître l'originalité véritable, et, ce qui est plus grave, c'est sacrifier au plaisir d'un paradoxe assez puéril l'objet même de la critique littéraire, à savoir la distinction des temps, des écoles, et des talents?

ACTE PREMIER

1. On supprimait naguère ces deux premières scènes à la représentation, et on avait tort, car elles ont leur intérêt et leur nécessité même. Pour la première, il suffit de rappeler ce qu'en a dit Voltaire : « Peut-on s'intéresser à la querelle du comte et de don Diègue, si on n'est pas instruit des amours de leurs enfants? L'affront que Gormas fait à don Diègue est un coup de théâtre, quand on espère qu'ils vont conclure le mariage de Chimène avec Rodrigue.... *On ne devrait pas permettre aux comédiens d'altérer ainsi les ouvrages qu'ils représentent.* »

Il est vrai que pour la seconde, le même Voltaire n'y a vu que du « remplissage » et, ne s'inquiétant pas autrement de se contredire, ces mêmes comédiens qu'il malmenait tout à l'heure, il les approuve d'avoir entièrement « supprimé » le rôle de l'Infante. « Corneille, dit-il, ne s'était permis cette faute insupportable que pour remplir l'étendue malheureusement prescrite à une tragédie. » Mais une femme que l'on veut supprimer trouve toujours des défenseurs; et quelque insignifiante qu'elle soit, doña Urraque en a trouvé deux, qui sont Schlegel et Napoléon. Selon eux, l'amour dont l'Infante se montre éprise pour Rodrigue « le relève », et lui donne comme un air de dignité tragique que ne saurait avoir « un simple cavalier ». C'est une opinion qui peut se soutenir. Nous ajouterons d'un autre côté qu'il importe à l'intérêt même de la tragédie que Chimène et Rodrigue soient de l'entourage habituel, et comme qui dirait de la compagnie journalière du roi. C'est encore ce qu'opère le rôle de l'Infante. Enfin les sentiments de l'Infante, et le courage avec lequel, en vraie princesse, elle sacrifie son amour « au respect de sa naissance », aident d'abord à constituer l'atmosphère d'héroïsme dans laquelle va tout à l'heure se mouvoir le drame. Ils donnent le ton de la tragédie, si l'on peut ainsi parler, et ils nous préparent aux efforts de volonté dont Chimène et Rodrigue vont bientôt avoir besoin.

2. Un poète contemporain, M. J.-M. de Heredia, dans une fort belle pièce, a paraphrasé cette scène de l'épreuve.

En voici quelques vers :

> Les yeux froids du vieillard flamboyaient. Ruy, tout pâle,
> Sentant l'horrible étau broyer sa jeune chair,
> Voulut crier; sa voix s'étrangla dans un râle;

> Il rugit : Lâche-moi ! lâche-moi ! par l'enfer !
> Sinon, pour t'arracher le cœur avec le foie,
> Mes mains se feront marbre, et mes dix ongles fer....

Mais, — chose curieuse, — on remarquera que, dans cette pièce, qu'il a intitulée *le Serrement de mains*, notre contemporain a cru devoir encore adoucir la férocité primitive de l'original espagnol ! Don Diègue y « serre » la main de Rodrigue, et ne lui « mord » pas le doigt.

5. Les « stances » de Rodrigue, ainsi qu'au cinquième acte celles de l'Infante, sont dans *le Cid* français un reste de lyrisme, et, par suite, un témoignage que les caractères essentiels de la tragédie ne sont pas encore en 1637 absolument déterminés. Le poète croit toujours avoir le droit d'intervenir de sa propre personne dans son œuvre, et de se faire valoir lui-même aux dépens de son sujet. Ce n'est pas qu'à la vérité, la « consultation » de Rodrigue ne soit ici toute naturelle, si naturelle qu'à défaut de ces « stances » l'acte devrait se terminer par un « monologue ». Mais le changement de rythme, à lui tout seul, nous avertit que le poète entre en scène, et l'espèce de refrain qui termine chacune de ces strophes sent la recherche et le calcul. C'est le ténor qui fait taire l'orchestre, s'avance jusqu'au trou du souffleur, et, la main sur le cœur, y exécute son air de « bravoure ».

ACTE DEUXIÈME

1. Notez dans cette scène un ton de hauteur qui, en même temps qu'il achève de caractériser le Comte, est déjà le ton d'un rebelle de la Fronde.

2. Précis et pressé, c'est ce genre de dialogue, où les répliques se croisent en quelque sorte comme des épées, que l'on est convenu d'appeler proverbialement « cornélien »; et il est vrai qu'au théâtre, dans notre langue, personne jamais ne l'a manié comme Corneille. On ne saurait négliger toutefois de rappeler que d'autres, avant lui, s'en étaient déjà servis, non sans bonheur, comme Théophile, par exemple, l'auteur de *Pyrame et Tisbé*, 1617 ; et si l'on voulait remonter plus haut encore, on en trouverait d'assez remarquables exemples dans les tragédies de Robert Garnier, 1580. Et c'est que Garnier, comme Corneille même, en avait renouvelé la tradition de ce Sénèque dont on n'exagérera jamais l'influence, — à plus d'un égard funeste, — sur la formation de la tragédie française.

5. C'est ici l'un des premiers et des plus remarquables de ces plaidoyers, si nombreux dans le théâtre de Corneille, et en général si éloquents, où l'on a prétendu retrouver la double influence de son origine normande et de son éducation d'avocat. On n'a d'ailleurs oublié qu'un point : c'est que, pour avoir la réputation d'être « processifs », il ne s'ensuit pas que les Normands soient « éloquens ». Le génie d'un « procureur » habile n'a rien de commun avec celui d'un « orateur » disert, et la Normandie n'a donné à la France ni de très grands prédicateurs, — puisque ni Bossuet, ni Bourdaloue, ni Massillon, ni Fléchier ne sont Normands; — ni de très grands orateurs politiques, — puisque ni Mirabeau, ni Royer-Collard, ni Guizot ne sont Normands; — ni enfin de très grands avocats.

J'explique donc autrement le nombre et l'ampleur de ces plaidoyers dans le théâtre de Corneille.

Ils tiennent à l'idée même qu'il s'est formée de la tragédie, et en vertu de laquelle ce n'est pas seulement *le Cid*, mais encore *Horace* et *Polyeucte*, et généralement presque tous ses chefs-d'œuvre, qui roulent sur « un cas de conscience ». Il n'y a pas de « cas de conscience » dans *Britannicus* et il n'y en a pas davantage dans *Bajazet*. Or, qu'est-ce qu'un cas de conscience? et comment le pourrait-on résoudre sans exposer tour à tour les différents motifs qui sont de nature à faire hésiter une volonté droite? Chimène a raison, mais don Diègue n'a pas tort. Ils ne le peuvent établir l'un et l'autre qu'en développant les principes de leur conduite, et ainsi leurs « plaidoiries », bien loin d'être un hors-d'œuvre dans la tragédie de Corneille, en constituent le fond même. C'est pour la singularité du cas qu'il a choisi justement son sujet, et s'il ne s'attachait pas à la faire ressortir, il craindrait que l'on n'y prît pas assez d'intérêt.

ACTE TROISIÈME

1. Il y a bien de la « préciosité » dans ces discours de Chimène; il n'y en a pas moins dans la scène suivante; et on trouverait peu d'exemples d'une manière plus alambiquée de dire des choses assez simples que les quatre vers à bon droit célèbres :

> Pleurez, pleurez, mes yeux, et fondez-vous en eau,
> La moitié de ma vie a mis l'autre au tombeau
> Et m'oblige à venger, par un coup si funeste,
> Celle que je n'ai plus sur celle qui me reste.

Il ne se peut évidemment rien de plus « précieux » que cette application de l'arithmétique au sentiment. Et cependant cette « préciosité » ne déplaît pas ; après un peu d'étonnement, on finit par trouver du charme dans ce marivaudage héroïque ; on apprend à y voir un trait du génie lui-même de Corneille, une fidèle image de la conversation galante au commencement du xvii° siècle, et quelque chose enfin de plus humain qu'on ne l'avait cru d'abord, de plus conforme à la nature et de plus profondément vrai. La passion est subtile. Pour élever, d'ailleurs, son courage à la hauteur de sa situation, Chimène a besoin de s'exalter elle-même tout entière. Quand elle dit « qu'elle ne consulte point pour suivre son devoir », c'est qu'au contraire elle hésite. Elle ne triompherait point de son amour sans un effort qui passe de beaucoup l'ordinaire ; elle ne demanderait pas la tête de Rodrigue, si elle ne se remettait sous les yeux le cadavre du Comte. Et ces sentiments tumultueux et contradictoires, dont tantôt l'un la domine et tantôt l'autre la surmonte, ne sauraient se faire jour sans quelque confusion, « se mesurer » entre eux, se combattre, et finalement le second vaincre le premier, sans que l'ardeur de la lutte et ses alternatives se marquent dans l'apparente ambiguïté, dans le mouvement antithétique, et généralement dans la « préciosité » du discours qui les exprime.

2. Cette belle scène est déjà dans le drame de Guillen de Castro ; mais, pour les mêmes raisons que l'on vient d'indiquer dans la note précédente, elle a dans la tragédie de Corneille une valeur, une signification et une portée qu'elle n'avait point dans le drame espagnol.

ACTE QUATRIÈME

1.   Voiles, crêpes, habits, lugubres ornemens....

Il nous sera permis de dire que Corneille abuse un peu de ces « apostrophes ». Don Diègue a déjà apostrophé son épée :

> Et toi, de mes exploits glorieux instrument,
> Fer jadis tant à craindre....

Rodrigue a fait de même :

> Digne ennemi de mon plus grand bonheur,
> Fer qui causes ma peine.

Nous entendrons Émilie dans *Cinna* :

> Impatiens désirs d'une illustre vengeance;

et Cléopâtre dans *Rodogune* :

> Sermens fallacieux, salutaire contrainte....

Beaucoup plus rare chez Racine, on verra l'apostrophe reparaître dans le drame romantique, où même elle s'étalera sans pudeur; c'est qu'elle sera dans le drame, comme les stances, dont nous avons parlé plus haut, un reste, elle aussi, ou un retour de lyrisme; et, ainsi que j'ai tâché de le montrer ailleurs, le « romantisme » c'est le « lyrisme ».

2. C'est un bel exemple ici de ce *pundonor* dont on a pu soutenir qu'il était l'unique ressort du théâtre espagnol, et qu'on retrouve aussi bien jusque dans le roman picaresque. On se doit quelque chose à soi-même; et quand on en a, comme Chimène, déterminé, pour ainsi dire, le taux, il n'est pas de considérations, de quelque nature qu'elles soient, qui puissent en rien diminuer ou rabattre. Un Espagnol ne marchande pas!

3. Nous avons signalé dans *le Cid* plus d'une trace ou d'un reste de lyrisme. On pourrait dire de ce long récit qu'il y est comme un ressouvenir du temps où la distinction n'était pas faite encore entre le drame et l'épopée. « Le nécessaire, a écrit quelque part Corneille, est la pierre de touche du tragique et du romanesque »; et il a voulu dire par là que dans le drame tout devait être justifié par les exigences de l'action. Un de nos contemporains, M. Alexandre Dumas, dans les *Préfaces* qu'il a mises en tête de ses pièces, a exprimé la même idée quand il a parlé de l'importance de la « logique » au théâtre. Libre au roman, — qui n'est qu'une espèce de l'épopée, — libre au roman de s'attarder, mais le drame doit courir, pour ainsi parler, et tout ce qui en ralentit le mouvement, que ce soit le combat du Cid, le récit de Théramène, ou le monologue de Charles-Quint dans l'*Hernani* d'Hugo, l'écarte de la vérité de sa définition.

4. S'il était admissible que Richelieu en eût voulu à Corneille d'avoir présenté dans *le Cid* l'apologie du duel, ce n'est point la scène de la « provocation », mais celle-ci qu'il eût trouvée sans doute dangereuse. Car enfin, en vengeant son père, il est permis de dire qu'en même temps

que son propre honneur, c'était aussi la majesté royale, gravement insultée dans la personne du « gouverneur du prince de Castille », que Rodrigue avait vraiment vengée. Le roi même avait eu part à l'affront. Mais, ici, tout était de nature à contrarier les desseins du cardinal, et, s'il avait pu attribuer à la tragédie de Corneille une portée politique, rien n'était plus propre à l'irriter que la complaisance de ce roi remettant au « jugement de Dieu » la cause de Chimène. Au surplus, c'est par acquit de conscience que nous en faisons la remarque, et, dans la *Notice*, nous avons dit ce que nous pensions de l'acharnement de Richelieu contre *le Cid*.

ACTE CINQUIÈME

1. Cette scène capitale et décisive est entièrement de l'invention, ou pour mieux dire de l'inspiration de Corneille, qui a bien compris que la grande scène du troisième acte, entre Chimène et Rodrigue, ne suffisait pas à déterminer le caractère *passionnel* de la tragédie. Et, en effet, dans le drame espagnol, si les événements qui surviennent ne la font pas perdre de vue, cependant il faut convenir qu'elle ne demeure pas pour le spectateur — mais encore bien moins pour le lecteur — le point culminant de l'action. Au contraire, dans la pièce de Corneille, grâce à cette seconde scène entre Chimène et Rodrigue, si l'intérêt avait un moment failli se détourner vers les « prouesses » du *Cid*; si le long récit du combat avait presque produit cet effet; et, comme nous l'avons dit, si le libre développement épique avait un moment semblé se substituer au développement plus concentré du drame, cette admirable scène, par laquelle s'ouvre le cinquième acte, répare ici ou emporte tout. Le héros disparaît, l'homme reste. Chimène aussi n'est plus qu'une femme. Et la seule inquiétude qui nous agite c'est de savoir comment, et si deux amants se rejoindront par-dessus le cadavre d'un père. L'Académie trouva d'ailleurs cette situation fort immorale.

2. Nous avons attendu jusqu'à présent pour faire, à l'occasion du rôle d'Elvire, une observation sur le vrai rôle des confidents dans la tragédie classique. On se tromperait en effet gravement si l'on ne voyait en eux que de simples « moyens » dramatiques; et cette insignifiance qui les caractérise proverbialement, après avoir été la leur dans la tragédie grecque, ne l'est redevenue qu'au xviiie siècle,

dans la tragédie de Voltaire et de ses émules. Par exemple, il est évident que dans *Zaïre*, Corasmin, le confident d'Orosmane, n'est absolument qu'une utilité. Mais ils sont quelque chose de plus dans la tragédie de Racine, ou déjà même dans celle de Corneille, et ils contribuent à en faire la valeur psychologique. Tels sentiments que les héros du drame n'osent pas s'avouer à eux-mêmes, et telles résolutions qu'ils n'envisageraient pas sans quelque honte ou sans quelque horreur, les confidents sont là pour leur suggérer les unes, et pour exprimer ouvertement les autres. Étudiez à cet égard le personnage d'OEnone dans *Phèdre*, celui de Mathan dans *Athalie*, ou celui de Narcisse dans *Britannicus* : ils sont ce que l'on pourrait appeler la « mauvaise conscience » de Néron, d'Athalie, de Phèdre; ils sont la voix de leurs passions obscures; ils sont comme qui dirait leur crime qui marche devant eux. Et, à la vérité, les confidents n'ont pas encore cette signification psychologique dans la tragédie de Corneille, mais ils y sont en voie de l'acquérir, et le rôle d'Elvire en est un bon exemple. Où Chimène hésite à voir clair dans son cœur, c'est Elvire qui en débrouille l'embarras pour sa maîtresse, et c'est elle qui l'oblige à s'avouer son amour pour Rodrigue. Elle se charge aussi de donner une forme ou un corps aux sentiments dont l'expression trop franche diminuerait quelque chose de l'héroïsme de Chimène.

> Que prétend ce devoir? et qu'est-ce qu'il espère?
> *La mort de votre amant vous rendra-t-elle un père?*

Si, depuis qu'elle poursuit Rodrigue, cette inquiétante interrogation s'est plus d'une fois et vaguement formée tout au fond de la conscience de Chimène, elle ne saurait la mettre au jour sans courir le hasard d'être traitée de fille dénaturée? Elvire lui rend le service de la formuler pour elle. Ainsi encore, quand elle lui dit :

> Et nous verrons du ciel l'équitable courroux
> *Vous laisser par sa mort don Sanche pour époux.*

C'est évidemment ce qu'elle s'est dit à elle-même plus d'une fois, et c'est ce qu'il lui est échappé de dire à Rodrigue :

> Si jamais je t'aimai, cher Rodrigue, en revanche,
> *Défends-toi maintenant pour m'ôter à don Sanche;*

Mais elle n'était pas sûre de la probité de son sentiment. Elvire lui rend le service de l'en assurer. Son personnage de confidente est donc très éloigné, comme on le voit, d'être celui d'une simple comparse. Il a sa raison d'être, et cette raison est d'enrichir la tragédie d'une complexité de sentiments qu'on chercherait en vain dans le drame espagnol, ou dans la tragédie grecque elle-même. Il s'est passé quelque chose entre Euripide et Corneille, et deux mille ans écoulés n'ont pas laissé l'âme humaine au même point.

5. Quoique ce n'en soit peut-être pas ici le lieu, nous ne pouvons, en achevant la lecture du *Cid*, nous empêcher d'observer qu'assurément l'Académie française avait tort quand elle reprochait à Corneille l'immoralité du choix de son sujet, mais, d'un autre côté, qu'il y a quelque naïveté de la part d'une certaine critique à nous présenter *le Cid* comme un triomphe du devoir sur la passion. « A travers cette lutte merveilleuse entre la passion et le devoir, rien de respectable, a-t-on dit, n'est blessé, et il n'y a pas de vaincu. » C'est ce qu'il nous est tout à fait impossible d'admettre. Le « devoir » de Chimène, — en admettant qu'il ne fût pas d'obtenir la tête de Rodrigue, — était assurément de ne pas épouser le meurtrier de son père, et, dans nos sociétés contemporaines, comme aussi bien dans la société du xviie siècle, il n'y aurait eu et il n'y aurait qu'un cri de réprobation contre la fille qui l'imiterait. En réalité, la tragédie du *Cid* est la lutte du « point d'honneur » et de la « passion ». Mais le « point d'honneur » n'a rien de commun que par occasion avec le « devoir », et, pour s'en convaincre, il suffit de relire les romans picaresques, ainsi que nous l'avons dit, et de voir où les Lazarille de Tormes et les Gusman d'Alfarache mettent leur « point d'honneur ». Nous reviendrons, à propos de *Polyeucte*, sur cette question de la « moralité » du théâtre de Corneille.

HORACE

1640

PERSONNAGES

TULLE, roi de Rome.
LE VIEIL HORACE, chevalier romain.
HORACE, son fils.
CURIACE, gentilhomme d'Albe, amant de Camille.
VALÈRE, chevalier romain, amoureux de Camille.
SABINE, femme d'Horace et sœur de Curiace.
CAMILLE, amante de Curiace et sœur d'Horace.
JULIE, dame romaine, confidente de Sabine et de Camille.
FLAVIAN, soldat de l'armée d'Albe.
PROCULE, soldat de l'armée de Rome.

La scène est à Rome, dans une salle de la maison d'Horace.

ACTE PREMIER[1]

SCÈNE I. — SABINE, JULIE.

SABINE. — Approuvez ma faiblesse, et souffrez ma douleur :
Elle n'est que trop juste en un si grand malheur;
Si près de voir sur soi fondre de tels orages,
L'ébranlement sied bien aux plus fermes courages;
Et l'esprit le plus mâle et le moins abattu
Ne saurait sans désordre exercer sa vertu.
Quoique le mien s'étonne à ces rudes alarmes,
Le trouble de mon cœur ne peut rien sur mes larmes;
Et parmi les soupirs qu'il pousse vers les cieux,
Ma constance du moins règne encor sur mes yeux.
Quand on arrête là les déplaisirs d'une âme,
Si l'on fait moins qu'un homme, on fait plus qu'une [femme;
Commander à ses pleurs en cette extrémité,
C'est montrer pour le sexe assez de fermeté.

JULIE. — C'en est peut-être assez pour une âme commune
Qui du moindre péril se fait une infortune;
Mais de cette faiblesse un grand cœur est honteux;
Il ose espérer tout dans un succès douteux.
Les deux camps sont rangés au pied de nos murailles;

Mais Rome ignore encor comme on perd des batailles.
Loin de trembler pour elle, il lui faut applaudir;
Puisqu'elle va combattre, elle va s'agrandir :
Bannissez, bannissez une frayeur si vaine,
Et concevez des vœux dignes d'une Romaine.

SABINE. — Je suis Romaine, hélas! puisqu'Horace est Romain,
J'en ai reçu le titre en recevant sa main,
Mais ce nœud me tiendrait en esclave enchaînée,
S'il m'empêchait de voir en quels lieux je suis née.
Albe, où j'ai commencé de respirer le jour,
Albe, mon cher pays et mon premier amour,
Lorsqu'entre nous et toi je vois la guerre ouverte,
Je crains notre victoire autant que notre perte!
Rome, si tu te plains que c'est là te trahir,
Fais-toi des ennemis que je puisse haïr.
Quand je vois de tes murs leur armée et la nôtre,
Mes trois frères dans l'une, et mon mari dans l'autre,
Puis-je former des vœux, et sans impiété
Importuner le ciel pour ta félicité?
Je sais que ton État, encore en sa naissance,
Ne saurait sans la guerre affermir sa puissance;
Je sais qu'il doit s'accroître, et que tes grands destins
Ne le borneront pas chez les peuples latins;
Que les Dieux t'ont promis l'empire de la terre,
Et que tu n'en peux voir l'effet que par la guerre.
Bien loin de m'opposer à cette noble ardeur,
Qui suit l'arrêt des Dieux, et court à ta grandeur,
Je voudrais déjà voir tes troupes couronnées
D'un pas victorieux franchir les Pyrénées.
Va jusqu'en l'Orient pousser tes bataillons,
Va sur les bords du Rhin planter tes pavillons,
Fais trembler sous tes pas les colonnes d'Hercule (1),
Mais respecte une ville à qui tu dois Romule.
Ingrate, souviens-toi que du sang de ses rois
Tu tiens ton nom, tes murs, et tes premières lois!
Albe est ton origine : arrête, et considère

        Que tu portes le fer dans le sein de ta mère ;
        Tourne ailleurs les efforts de tes bras triomphants,
        Sa joie éclatera dans l'heur de ses enfants ;
        Et, se laissant ravir à l'amour maternelle,
        Ses vœux seront pour toi, si tu n'es plus contre elle.

JULIE.   — Ce discours me surprend, vu que depuis le temps
        Qu'on a contre son peuple armé nos combattants,
        Je vous ai vu pour elle autant d'indifférence
        Que si d'un sang romain vous aviez pris naissance.
        J'admirais la vertu qui réduisait en vous
        Vos plus chers intérêts à ceux de votre époux ;
        Et je vous consolais au milieu de vos plaintes,
        Comme si notre Rome eût fait toutes vos craintes.

SABINE.   — Tant qu'on ne s'est choqué qu'en de légers combats,
        Trop faibles pour jeter un des partis à bas,
        Tant qu'un espoir de paix a pu flatter ma peine,
        Oui, j'ai fait vanité d'être toute Romaine.
        Si j'ai vu Rome heureuse avec quelque regret,
        Soudain j'ai condamné ce mouvement secret ;
        Et si j'ai ressenti, dans ses destins contraires,
        Quelque maligne joie en faveur de mes frères,
        Soudain, pour l'étouffer rappelant ma raison,
        J'ai pleuré quand la gloire entrait dans leur maison.
        Mais aujourd'hui qu'il faut que l'une ou l'autre tombe,
        Qu'Albe devienne esclave, ou que Rome succombe,
        Et qu'après la bataille il ne demeure plus
        Ni d'obstacle aux vainqueurs, ni d'espoir aux vaincus,
        J'aurais pour mon pays une cruelle haine,
        Si je pouvais encore être toute Romaine,
        Et si je demandais votre triomphe aux Dieux
        Au prix de tant de sang qui m'est si précieux.
        Je m'attache un peu moins aux intérêts d'un homme,
        Je ne suis point pour Albe, et ne suis plus pour Rome,
        Je crains pour l'une et l'autre en ce dernier effort,
        Et serai du parti qu'affligera le sort.
        Égale à tous les deux jusques à la victoire,

	Je prendrai part aux maux sans en prendre à la gloire,
	Et je garde, au milieu de tant d'âpres rigueurs,
	Mes larmes aux vaincus, et ma haine aux vainqueurs.
JULIE.	— Qu'on voit naître souvent, de pareilles traverses,
	En des esprits divers des passions diverses,
	Et qu'à nos yeux Camille agit bien autrement !
	Son frère est votre époux, le vôtre est son amant,
	Mais elle voit d'un œil bien différent du vôtre
	Son sang dans une armée, et son amour dans l'autre.
	Lorsque vous conserviez un esprit tout romain,
	Le sien irrésolu, le sien tout incertain,
	De la moindre mêlée appréhendait l'orage,
	De tous les deux partis détestait l'avantage,
	Au malheur des vaincus donnait toujours ses pleurs,
	Et nourrissait ainsi d'éternelles douleurs.
	Mais hier, quand elle sut qu'on avait pris journée,
	Et qu'enfin la bataille allait être donnée,
	Une soudaine joie éclatant sur son front....
SABINE.	— Ah ! que je crains, Julie, un changement si prompt !
	Hier dans sa belle humeur elle entretint Valère :
	Pour ce rival, sans doute, elle quitte mon frère ;
	Son esprit, ébranlé par les objets présents,
	Ne trouve point d'absent aimable après deux ans.
	Mais excusez l'ardeur d'une amour fraternelle :
	Le soin que j'ai de lui me fait craindre tout d'elle,
	Je forme des soupçons d'un trop léger sujet,
	Près d'un jour si funeste on change peu d'objet,
	Les âmes rarement sont de nouveau blessées,
	Et dans un si grand trouble on a d'autres pensées :
	Mais on n'a pas aussi de si doux entretiens,
	Ni de contentements qui soient pareils aux siens.
JULIE.	— Les causes, comme à vous, m'en semblent fort obscures,
	Je ne me satisfais d'aucunes conjectures.
	C'est assez de constance en un si grand danger
	Que de le voir, l'attendre, et ne point s'affliger ;
	Mais certes c'en est trop d'aller jusqu'à la joie.

SABINE. — Voyez qu'un bon génie à propos nous l'envoie.
Essayez sur ce point à la faire parler,
Elle vous aime assez pour ne vous rien celer,
Je vous laisse.... Ma sœur, entretenez Julie,
J'ai honte de montrer tant de mélancolie,
Et mon cœur, accablé de mille déplaisirs,
Cherche la solitude à cacher ses soupirs.

SCÈNE II. — CAMILLE, JULIE.

CAMILLE. — Qu'elle a tort de vouloir que je vous entretienne!
Croit-elle ma douleur moins vive que la sienne;
Et que, plus insensible à de si grands malheurs,
A mes tristes discours je mêle moins de pleurs?
De pareilles frayeurs mon âme est alarmée;
Comme elle je perdrai dans l'une et l'autre armée;
Je verrai mon amant, mon plus unique bien,
Mourir pour son pays, ou détruire le mien,
Et cet objet d'amour devenir pour ma peine
Digne de mes soupirs, ou digne de ma haine.
Hélas!

JULIE. — Elle est pourtant plus à plaindre que vous :
On peut changer d'amant, mais non changer d'époux.
Oubliez Curiace, et recevez Valère,
Vous ne tremblerez plus pour le parti contraire;
Vous serez toute nôtre, et votre esprit remis
N'aura plus rien à perdre au camp des ennemis,

CAMILLE. — Donnez-moi des conseils qui soient plus légitimes,
Et plaignez mes malheurs sans m'ordonner des crimes.
Quoiqu'à peine à mes maux je puisse résister,
J'aime mieux les souffrir que de les mériter.

JULIE. — Quoi! vous appelez crime un change raisonnable?
CAMILLE. — Quoi! le manque de foi vous semble pardonnable?
JULIE. — Envers un ennemi qui peut nous obliger?
CAMILLE. — D'un serment solennel qui peut nous dégager?
JULIE. — Vous déguisez en vain une chose trop claire :

Je vous vis encor hier entretenir Valère ;
Et l'accueil gracieux qu'il recevoit de vous
Lui permet de nourrir un espoir assez doux.

CAMILLE. — Si je l'entretins hier et lui fis bon visage,
N'en imaginez rien qu'à son désavantage,
De mon contentement un autre était l'objet ;
Mais, pour sortir d'erreur, sachez-en le sujet.
Je garde à Curiace une amitié trop pure
Pour souffrir plus longtemps qu'on m'estime parjure.
Il vous souvient qu'à peine on voyait de sa sœur
Par un heureux hymen mon frère possesseur,
Quand, pour comble de joie, il obtint de mon père
Que de ses chastes feux je serais le salaire.
Ce jour nous fut propice et funeste à la fois,
Unissant nos maisons il désunit nos rois,
Un même instant conclut notre hymen et la guerre,
Fit naître notre espoir et le jeta par terre,
Nous ôta tout sitôt qu'il nous eut tout promis,
Et nous faisant amants, il nous fit ennemis.
Combien nos déplaisirs parurent lors extrêmes,
Combien contre le ciel il vomit de blasphèmes,
Et combien de ruisseaux coulèrent de mes yeux,
Je ne vous le dis point, — vous vîtes nos adieux !
Vous avez vu depuis les troubles de mon âme,
Vous savez pour la paix quels vœux a faits ma flamme,
Et quels pleurs j'ai versés à chaque événement,
Tantôt pour mon pays, tantôt pour mon amant.
Enfin mon désespoir, parmi ces longs obstacles,
M'a fait avoir recours à la voix des oracles :
Écoutez si celui qui me fut hier rendu
Eut droit de rassurer mon esprit éperdu.
Ce Grec si renommé qui depuis tant d'années
Au pied de l'Aventin prédit nos destinées ;
Lui qu'Apollon jamais n'a fait parler à faux,
Me promit par ces vers la fin de mes travaux :
« Albe et Rome demain prendront une autre face,

Tes vœux sont exaucés, elles auront la paix,
Et tu seras unie avec ton Curiace,
Sans qu'aucun mauvais sort t'en sépare jamais. »
Je pris sur cet oracle une entière assurance,
Et, comme le succès passait mon espérance,
J'abandonnai mon âme à des ravissements
Qui passaient les transports des plus heureux amants.
Jugez de leur excès : je rencontrai Valère,
Et, contre sa coutume, il ne put me déplaire !
Il me parla d'amour sans me donner d'ennui,
Je ne m'aperçus pas que je parlais à lui,
Je ne lui pus montrer de mépris ni de glace ;
Tout ce que je voyais me semblait Curiace,
Tout ce qu'on me disait me parlait de ses feux,
Tout ce que je disais l'assurait de mes vœux.
Le combat général aujourd'hui se hasarde,
J'en sus hier la nouvelle, et je n'y pris pas garde,
Mon esprit rejetait ces funestes objets
Charmé des doux pensers d'hymen et de la paix.
La nuit a dissipé des erreurs si charmantes :
Mille songes affreux, mille images sanglantes,
Ou plutôt mille amas de carnage et d'horreur,
M'ont arraché ma joie et rendu ma terreur.
J'ai vu du sang, des morts, et n'ai rien vu de suite ;
Un spectre, en paraissant, prenait soudain la fuite ;
Ils s'effaçaient l'un l'autre, et chaque illusion
Redoublait mon effroi par sa confusion,

JULIE. — C'est en contraire sens qu'un songe s'interprète.
CAMILLE. — Je le dois croire ainsi, puisque je le souhaite ;
Mais je me trouve enfin, malgré tous mes souhaits,
Au jour d'une bataille, et non pas d'une paix.
JULIE. — Par là finit la guerre, et la paix lui succède.
CAMILLE. — Dure à jamais le mal s'il y faut ce remède !
Soit que Rome y succombe, ou qu'Albe ait le dessous,
Cher amant, n'attends plus d'être un jour mon époux
Jamais, jamais ce nom ne sera pour un homme

Qui soit ou le vainqueur, ou l'esclave de Rome.
Mais quel objet nouveau se présente en ces lieux?
Est-ce toi, Curiace? en croirai-je mes yeux?

SCÈNE III. — CURIACE, CAMILLE, JULIE.

CURIACE. — N'en doutez point, Camille, et revoyez un homme
Qui n'est ni le vainqueur ni l'esclave de Rome.
Cessez d'appréhender de voir rougir mes mains
Du poids honteux des fers, ou du sang des Romains.
J'ai cru que vous aimiez assez Rome, et la gloire,
Pour mépriser ma chaîne, et haïr ma victoire ;
Et comme également, en cette extrémité,
Je craignais la victoire et la captivité....

CAMILLE. — Curiace, il suffit, je devine le reste :
Tu fuis une bataille à tes vœux si funeste,
Et ton cœur tout à moi, pour ne me perdre pas,
Dérobe à ton pays le secours de ton bras.
Qu'un autre considère ici la renommée,
Et te blâme, s'il veut, de m'avoir trop aimée ;
Ce n'est point à Camille à t'en mésestimer,
Plus ton amour paraît, plus elle doit t'aimer,
Et si tu dois beaucoup aux lieux qui l'ont vu naître,
Plus tu quittes pour moi, plus tu le fais paraître.
Mais as-tu vu mon père, et peut-il endurer
Qu'ainsi dans sa maison tu t'oses retirer?
Ne préfère-t-il point l'État à sa famille?
Ne regarde-t-il point Rome plus que sa fille?
Enfin notre bonheur est-il bien affermi?
T'a-t-il vu comme gendre, ou bien comme ennemi?

CURIACE. — Il m'a vu comme gendre, avec une tendresse
Qui témoignait assez une entière allégresse,
Mais il ne m'a point vu, par une trahison,
Indigne de l'honneur d'entrer dans sa maison.
Je n'abandonne point l'intérêt de ma ville,
J'aime encor mon honneur en adorant Camille ;

QUE FAISONS-NOUS, ROMAINS? (Page 87.)

Tant qu'a duré la guerre, on m'a vu constamment
Aussi bon citoyen que véritable amant;
D'Albe avec mon amour j'accordais la querelle,
Je soupirais pour vous en combattant pour elle;
Et s'il fallait encor que l'on en vînt aux coups,
Je combattrais pour elle en soupirant pour vous.
Oui, malgré les désirs de mon âme charmée,
Si la guerre durait, je serais dans l'armée :
C'est la paix qui chez vous me donne un libre accès,
La paix à qui nos feux doivent ce beau succès.

CAMILLE. — La paix! et le moyen de croire un tel miracle?
JULIE. — Camille, pour le moins, croyez-en votre oracle,
Et sachons pleinement par quels heureux effets
L'heure d'une bataille a produit cette paix.
CURIACE. — L'aurait-on jamais cru? Déjà les deux armées,
D'une égale chaleur au combat animées,
Se menaçaient des yeux, et marchant fièrement
N'attendaient pour donner que le commandement,
Quand notre dictateur devant les rangs s'avance,
Demande à votre prince un moment de silence,
Et l'ayant obtenu : « Que faisons-nous, Romains,
Dit-il, et quel démon nous fait venir aux mains?
Souffrons que la raison éclaire enfin nos âmes :
Nous sommes vos voisins, nos filles sont vos femmes,
Et l'hymen nous a joints par tant et tant de nœuds
Qu'il est peu de nos fils qui ne soient vos neveux.
Nous ne sommes qu'un sang, et qu'un peuple en deux [villes,
Pourquoi nous déchirer par des guerres civiles,
Où la mort des vaincus affaiblit les vainqueurs,
Et le plus beau triomphe est arrosé de pleurs?
Nos ennemis communs attendent avec joie
Qu'un des partis défait leur donne l'autre en proie,
Lassé, demi-rompu, vainqueur, mais pour tout fruit
Dénué d'un secours par lui-même détruit.
Ils ont assez longtemps joui de nos divorces,
Contre eux dorénavant joignons toutes nos forces,

Et noyons dans l'oubli ces petits différends
Qui de si bons guerriers font de mauvais parents.
Que si l'ambition de commander aux autres
Fait marcher aujourd'hui vos troupes et les nôtres,
Pourvu qu'à moins de sang nous voulions l'apaiser,
Elle nous unira, loin de nous diviser.
Nommons des combattants pour la cause commune,
Que chaque peuple aux siens attache sa fortune,
Et suivant ce que d'eux ordonnera le sort
Que le faible parti prenne loi du plus fort.
Mais sans indignité pour des guerriers si braves,
Qu'ils deviennent sujets sans devenir esclaves,
Sans honte, sans tribut, et sans autre rigueur
Que de suivre en tous lieux les drapeaux du vainqueur :
Ainsi nos deux États n'en feront qu'un empire. »
A ces mots il se tait, chacun d'aise soupire ;
Chacun, jetant les yeux dans un rang ennemi,
Reconnaît un beau-frère, un cousin, un ami ;
Ils s'étonnent comment leurs mains de sang avides
Volaient sans y penser à tant de parricides ;
Et font paraître un front couvert tout à la fois
D'horreur pour la bataille, et d'ardeur pour ce choix.
Enfin l'offre s'accepte, et la paix désirée
Sous ces conditions est aussitôt jurée,   [choisir,
Trois combattront pour tous, mais, pour les mieux
Nos chefs ont voulu prendre un peu plus de loisir ;
Le vôtre est au sénat, le nôtre dans sa tente.

CAMILLE. — O Dieux, que ce discours rend mon âme contente !

CURIACE. — Dans deux heures au plus, par un commun accord,
Le sort de nos guerriers réglera notre sort.
Cependant tout est libre, attendant qu'on les nomme,
Rome est dans notre camp, et notre camp dans Rome.
D'un et d'autre côté l'accès étant permis,
Chacun va renouer avec ses vieux amis.
Pour moi, ma passion m'a fait suivre vos frères,
Et mes désirs ont eu des succès si prospères,

	Que l'auteur de vos jours m'a promis à demain
	Le bonheur sans pareil de vous donner la main.
	Vous ne deviendrez pas rebelle à sa puissance ?
CAMILLE.	— Le devoir d'une fille est en l'obéissance.
CURIACE.	— Venez donc recevoir ce doux commandement
	Qui doit mettre le comble à mon contentement.
CAMILLE.	— Je vais suivre vos pas, mais pour revoir mes frères,
	Et savoir d'eux encor la fin de nos misères.
JULIE.	— Allez, et cependant au pied de nos autels
	J'irai rendre pour vous grâces aux Immortels (2).

ACTE DEUXIÈME

SCÈNE I. — HORACE, CURIACE.

CURIACE. — Ainsi Rome n'a point séparé son estime,
Elle eût cru faire ailleurs un choix illégitime,
Cette superbe ville en vos frères et vous
Trouve les trois guerriers qu'elle préfère à tous,
Et ne nous opposant d'autres bras que les vôtres,
D'une seule maison brave toutes les nôtres.
Nous croirons, à la voir tout entière en vos mains,
Que, hors les fils d'Horace, il n'est point de Romains.
Ce choix pouvait combler trois familles de gloire,
Consacrer hautement leurs noms à la mémoire ;
Oui, l'honneur que reçoit la vôtre par ce choix
En pouvait à bon titre immortaliser trois ;
Et, puisque c'est chez vous que mon heur et ma flamme
M'ont fait placer ma sœur, et choisir une femme,
Ce que je vais vous être et ce que je vous suis,
Me font y prendre part autant que je le puis.
Mais un autre intérêt tient ma joie en contrainte,
Et parmi ses douceurs mêle beaucoup de crainte.
La guerre en tel éclat a mis votre valeur

Que je tremble pour Albe, et prévois son malheur.
Puisque vous combattez, sa perte est assurée,
En vous faisant nommer, le destin l'a jurée,
Je vois trop dans ce choix ses funestes projets,
Et me compte déjà pour un de vos sujets.

HORACE. — Loin de trembler pour Albe, il vous faut plaindre Rome,
Voyant ceux qu'elle oublie, et les trois qu'elle nomme.
C'est un aveuglement pour elle bien fatal
D'avoir tant à choisir, et de choisir si mal.
Mille de ses enfants, beaucoup plus dignes d'elle,
Pouvaient bien mieux que nous soutenir sa querelle.
Mais quoique ce combat me promette un cercueil,
La gloire de ce choix m'enfle d'un juste orgueil,
Mon esprit en conçoit une mâle assurance,
J'ose espérer beaucoup de mon peu de vaillance,
Et du sort envieux quels que soient les projets,
Je ne me compte point pour un de vos sujets.
Rome a trop cru de moi, mais mon âme ravie
Remplira son attente, ou quittera la vie.
Qui veut mourir, ou vaincre, est vaincu rarement,
Ce noble désespoir périt malaisément :
Rome, quoi qu'il en soit, ne sera point sujette,
Que mes derniers soupirs n'assurent ma défaite.

CURIACE. — Hélas! c'est bien ici que je dois être plaint!
Ce que veut mon pays, mon amitié le craint.
Dures extrémités de voir Albe asservie,
Ou sa victoire au prix d'une si chère vie,
Et que l'unique bien où tendent ses désirs
S'achète seulement par vos derniers soupirs!
Quels vœux puis-je former, et quel bonheur attendre?
De tous les deux côtés j'ai des pleurs à répandre,
De tous les deux côtés mes désirs sont trahis.

HORACE. — Quoi! vous me pleureriez mourant pour mon pays!
Pour un cœur généreux ce trépas a des charmes,
La gloire qui le suit ne souffre point de larmes,
Et je le recevrais en bénissant mon sort,

Si Rome et tout l'État perdaient moins en ma mort.
CURIACE. — A vos amis pourtant permettez de le craindre :
Dans un si beau trépas ils sont les seuls à plaindre,
La gloire en est pour vous, et la perte pour eux,
Il vous fait immortel, et les rend malheureux,
On perd tout quand on perd un ami si fidèle....
Mais Flavian m'apporte ici quelque nouvelle.

SCÈNE II. — HORACE, CURIACE, FLAVIAN.

CURIACE. — Albe de trois guerriers a-t-elle fait le choix?
FLAVIAN. — Je viens pour vous l'apprendre.
CURIACE. —   Eh bien ! qui sont les trois?
FLAVIAN. — Vos deux frères et vous.
CURIACE. —   Qui?
FLAVIAN. —   Vous et vos deux frères.
Mais pourquoi ce front triste et ces regards sévères?
Ce choix vous déplaît-il?
CURIACE. —   Non, mais il me surprend,
Je m'estimais trop peu pour un honneur si grand.
FLAVIAN. — Dirai-je au dictateur, dont l'ordre ici m'envoie,
Que vous le recevez avec si peu de joie?
Ce morne et froid accueil me surprend à mon tour.
CURIACE. — Dis-lui que l'amitié, l'alliance, et l'amour
Ne pourront empêcher que les trois Curiaces
Ne servent leur pays contre les trois Horaces.
FLAVIAN. — Contre eux ! Ah, c'est beaucoup me dire en peu de mots.
CURIACE. — Porte-lui ma réponse et nous laisse en repos.

SCÈNE III. — HORACE, CURIACE.

CURIACE. — Que désormais le ciel, les enfers, et la terre
Unissent leurs fureurs à nous faire la guerre ;
Que les hommes, les Dieux, les démons et le sort
Préparent contre nous un général effort;
Je mets à faire pis, en l'état où nous sommes,

Le sort et les démons, et les Dieux et les hommes;
Ce qu'ils ont de cruel, et d'horrible, et d'affreux, [deux.
L'est bien moins que l'honneur qu'on nous fait à tous

HORACE. — Le sort, qui de l'honneur nous ouvre la barrière,
Offre à notre constance une illustre matière;
Il épuise sa force à former un malheur
Pour mieux se mesurer avec notre valeur,
Et comme il voit en nous des âmes peu communes,
Hors de l'ordre commun il nous fait des fortunes.
Combattre un ennemi pour le salut de tous,
Et contre un inconnu s'exposer seul aux coups,
D'une simple vertu c'est l'effet ordinaire !
Mille déjà l'ont fait, mille pourraient le faire !
Mourir pour le pays est un si digne sort,
Qu'on briguerait en foule une si belle mort.
Mais vouloir au public immoler ce qu'on aime,
S'attacher au combat contre un autre soi-même,
Attaquer un parti qui prend pour défenseur
Le frère d'une femme et l'amant d'une sœur,
Et, rompant tous ces nœuds, s'armer pour la patrie
Contre un sang qu'on voudrait racheter de sa vie;
Une telle vertu n'appartenait qu'à nous.
L'éclat de son grand nom lui fait peu de jaloux,
Et peu d'hommes au cœur l'ont assez imprimée
Pour oser aspirer à tant de renommée (1).

CURIACE. — Il est vrai que nos noms ne sauraient plus périr,
L'occasion est belle, il nous la faut chérir,
Nous serons les miroirs d'une vertu bien rare,
Mais votre fermeté tient un peu du barbare.
Peu, même des grands cœurs, tireraient vanité
D'aller par ce chemin à l'immortalité;
A quelque prix qu'on mette une telle fumée,
L'obscurité vaut mieux que tant de renommée.
Pour moi, je l'ose dire, et vous l'avez pu voir,
Je n'ai point consulté pour suivre mon devoir;
Notre longue amitié, l'amour, ni l'alliance,

N'ont pu mettre un moment mon esprit en balance ;
Et puisque par ce choix Albe montre en effet
Qu'elle m'estime autant que Rome vous a fait,
Je crois faire pour elle autant que vous pour Rome,
J'ai le cœur aussi bon, mais enfin je suis homme.
Je vois que votre honneur demande tout mon sang,
Que tout le mien consiste à vous percer le flanc,
Près d'épouser la sœur, qu'il faut tuer le frère,
Et que pour mon pays j'ai le sort si contraire ;
Encor qu'à mon devoir je coure sans terreur,
Mon cœur s'en effarouche, et j'en frémis d'horreur,
J'ai pitié de moi-même, et jette un œil d'envie
Sur ceux dont notre guerre a consumé la vie.
Sans souhait toutefois de pouvoir reculer,
Ce triste et fier honneur m'émeut sans m'ébranler ;
J'aime ce qu'il me donne, et je plains ce qu'il m'ôte ;
Et si Rome demande une vertu plus haute,
Je rends grâces aux Dieux de n'être pas Romain,
Pour conserver encor quelque chose d'humain.

HORACE. — Si vous n'êtes Romain, soyez digne de l'être,
Et si vous m'égalez, faites-le mieux paraître.
La solide vertu dont je fais vanité
N'admet point de faiblesse avec sa fermeté ;
Et c'est mal de l'honneur entrer dans la carrière,
Que dès le premier pas regarder en arrière.
Notre malheur est grand, il est au plus haut point ;
Je l'envisage entier, mais je n'en frémis point,
Contre qui que ce soit que mon pays m'emploie,
J'accepte aveuglément cette gloire avec joie :
Celle de recevoir de tels commandements
Doit étouffer en nous tous autres sentiments.
Qui, près de le servir, considère autre chose,
A faire ce qu'il doit lâchement se dispose ;
Ce droit saint et sacré rompt tout autre lien.
Rome a choisi mon bras, je n'examine rien :
Avec une allégresse aussi pleine et sincère

	Que j'épousai la sœur, je combattrai le frère,
	Et pour trancher enfin ces discours superflus,
	Albe vous a nommé, je ne vous connais plus.
CURIACE.	— Je vous connais encore, et c'est ce qui me tue!
	Mais cette âpre vertu ne m'était pas connue,
	Comme notre malheur, elle est au plus haut point;
	Souffrez que je l'admire et ne l'imite point.
HORACE.	— Non, non, n'embrassez pas de vertu par contrainte,
	Et puisque vous trouvez plus de charme à la plainte,
	En toute liberté goûtez un bien si doux.
	Voici venir ma sœur pour se plaindre avec vous;
	Je vais revoir la vôtre et résoudre son âme
	A se bien souvenir qu'elle est toujours ma femme,
	A vous aimer encor si je meurs par vos mains,
	Et prendre en son malheur des sentiments romains (2).

SCÈNE IV. — HORACE, CURIACE, CAMILLE.

HORACE.	— Avez-vous su l'état qu'on fait de Curiace,
	Ma sœur?
CAMILLE.	— Hélas! mon sort a bien changé de face.
CURIACE.	— Armez-vous de constance, et montrez-vous ma sœur,
	Et si par mon trépas il retourne vainqueur,
	Ne le recevez point en meurtrier d'un frère,
	Mais en homme d'honneur qui fait ce qu'il doit faire,
	Qui sert bien son pays, et sait montrer à tous
	Par sa haute vertu qu'il est digne de vous.
	Comme si je vivais, achevez l'hyménée.
	Mais si ce fer aussi tranche sa destinée,
	Faites à ma victoire un pareil traitement,
	Ne me reprochez point la mort de votre amant.
	Vos larmes vont couler, et votre cœur se presse,
	Consumez avec lui toute cette faiblesse,
	Querellez ciel et terre, et maudissez le sort,
	Mais après le combat ne pensez plus au mort.

(A Curiace.)

Je ne vous laisserai qu'un moment avec elle,
Puis nous irons ensemble où l'honneur nous appelle.

SCÈNE V. — CURIACE, CAMILLE.

CAMILLE. — Iras-tu, Curiace, et ce funeste honneur
Te plaît-il aux dépens de tout notre bonheur ?

CURIACE. — Hélas, je vois trop bien qu'il faut, quoi que je fasse,
Mourir, ou de douleur, ou de la main d'Horace !
Je vais comme au supplice à cet illustre emploi,
Je maudis mille fois l'état qu'on fait de moi,
Je hais cette valeur qui fait qu'Albe m'estime,
Ma flamme au désespoir passe jusques au crime,
Elle se prend au ciel et l'ose quereller,
Je vous plains, je me plains ; mais il y faut aller !

CAMILLE. — Non, je te connais mieux, tu veux que je te prie,
Et qu'ainsi mon pouvoir t'excuse à ta patrie ;
Tu n'es que trop fameux par tes autres exploits,
Albe a reçu par eux tout ce que tu lui dois,
Autre n'a mieux que toi soutenu cette guerre,
Autre de plus de morts n'a couvert notre terre,
Ton nom ne peut plus croître, il ne lui manque rien,
Souffre qu'un autre ici puisse ennoblir le sien.

CURIACE. — Que je souffre à mes yeux qu'on ceigne une autre tête
Des lauriers immortels que la gloire m'apprête ;
Ou que tout mon pays reproche à ma vertu
Qu'il aurait triomphé si j'avais combattu ;
Et que sous mon amour ma valeur endormie
Couronne tant d'exploits d'une telle infamie !
Non, Albe, après l'honneur que j'ai reçu de toi,
Tu ne succomberas ni vaincras que par moi ;
Tu m'as commis ton sort, je t'en rendrai bon compte,
Je vivrai sans reproche, ou périrai sans honte.

CAMILLE. — Quoi ! tu ne veux pas voir qu'ainsi tu me trahis !
CURIACE. — Avant que d'être à vous je suis à mon pays.
CAMILLE. — Mais te priver pour lui toi-même d'un beau-frère,

Ta sœur de son mari !
CURIACE. — Telle est notre misère !
Le choix d'Albe et de Rome ôte toute douceur
Aux noms jadis si doux de beau-frère et de sœur.
CAMILLE. — Tu pourras donc, cruel, me présenter sa tête,
Et demander ma main pour prix de ta conquête !
CURIACE. — Il n'y faut plus penser ! En l'état où je suis,
Vous aimer sans espoir, c'est tout ce que je puis.
Vous en pleurez, Camille !
CAMILLE. — Il faut bien que je pleure.
Mon insensible amant ordonne que je meure,
Et quand l'hymen pour nous allume son flambeau,
Il l'éteint de sa main pour m'ouvrir le tombeau ;
Ce cœur impitoyable à ma perte s'obstine,
Et dit qu'il m'aime encore alors qu'il m'assassine.
CURIACE — Que les pleurs d'une amante ont de puissants discours,
Et qu'un bel œil est fort avec de tels secours !
Que mon cœur s'attendrit à cette triste vue !
Ma constance à regret contre elle s'évertue.
N'attaquez plus ma gloire avec tant de douleurs,
Et laissez-moi sauver ma vertu de vos pleurs.
Je sens qu'elle chancelle, et défend mal la place,
Plus je suis votre amant, moins je suis Curiace :
Faible d'avoir déjà combattu l'amitié,
Vaincrait-elle à la fois l'amour et la pitié ?
Allez, ne m'aimez plus, ne versez plus de larmes,
Ou j'oppose l'offense à de si fortes armes,
Je me défendrai mieux contre votre courroux,
Et pour le mériter, je n'ai plus d'yeux pour vous.
Vengez-vous d'un ingrat, punissez un volage.
Vous ne vous montrez point sensible à cet outrage !
Je n'ai plus d'yeux pour vous, vous en avez pour moi !
En faut-il plus encore ? je renonce à ma foi.
Rigoureuse vertu dont je suis la victime,
Ne peux-tu résister sans le secours d'un crime !
CAMILLE. — Ne fais point d'autre crime, et j'atteste les dieux

Qu'au lieu de t'en haïr, je t'en aimerai mieux;
Oui, je te chérirai, tout ingrat et perfide,
Et cesse d'aspirer au nom de fratricide.
Pourquoi suis-je Romaine, ou que n'es-tu Romain?
Je te préparerais des lauriers de ma main,
Je t'encouragerais au lieu de te distraire,
Et je te traiterais comme j'ai fait mon frère.
Hélas! j'étais aveugle en mes vœux aujourd'hui,
J'en ai fait contre toi quand j'en ai fait pour lui.
Il revient. Quel malheur, si l'amour de sa femme
Ne peut non plus sur lui que le mien sur ton âme!

SCÈNE VI. — HORACE, SABINE, CURIACE, CAMILLE.

CURIACE. — Dieux! Sabine le suit! Pour ébranler mon cœur,
Est-ce peu de Camille, y joignez-vous ma sœur?
Et, laissant à ses pleurs vaincre ce grand courage,
L'amenez-vous ici chercher même avantage?

SABINE. — Non, non, mon frère, non. Je ne viens en ce lieu
Que pour vous embrasser et pour vous dire adieu;
Votre sang est trop bon, n'en craignez rien de lâche,
Rien dont la fermeté de ces grands cœurs se fâche;
Si ce malheur illustre ébranlait l'un de vous,
Je le désavouerais pour frère ou pour époux.
Pourrai-je toutefois vous faire une prière
Digne d'un tel époux et digne d'un tel frère?
Je veux d'un coup si noble ôter l'impiété,
A l'honneur qui l'attend rendre sa pureté,
La mettre en son éclat sans mélange de crimes,
Enfin je vous veux faire ennemis légitimes.
Du saint nœud qui vous joint je suis le seul lien,
Quand je ne serai plus, vous ne vous serez rien,
Brisez votre alliance, et rompez-en la chaîne,
Et, puisque votre honneur veut des effets de haine,
Achetez par ma mort le droit de vous haïr,
Albe le veut, et Rome, il faut leur obéir.

Qu'un de vous deux me tue, et que l'autre me venge :
Alors votre combat n'aura plus rien d'étrange,
Et du moins l'un des deux sera juste agresseur,
Ou pour venger sa femme, ou pour venger sa sœur.
Mais quoi! vous souilleriez une gloire si belle,
Si vous vous animiez par quelque autre querelle!
Le zèle du pays vous défend de tels soins,
Vous feriez peu pour lui si vous vous étiez moins!
Il lui faut, et sans haine, immoler un beau-frère.
Ne différez donc plus ce que vous devez faire :
Commencez par sa sœur à répandre son sang,
Commencez par sa femme à lui percer le flanc,
Commencez par Sabine à faire de vos vies
Un digne sacrifice à vos chères patries :
Vous êtes ennemis en ce combat fameux,
Vous d'Albe, vous de Rome, et moi de toutes deux.
Quoi! me réservez-vous à voir une victoire
Où, pour haut appareil d'une pompeuse gloire,
Je verrai les lauriers d'un frère ou d'un mari
Fumer encor d'un sang que j'aurai tant chéri?
Pourrai-je entre vous deux régler alors mon âme,
Satisfaire aux devoirs et de sœur et de femme,
Embrasser le vainqueur en pleurant le vaincu?
Non, non, avant ce coup Sabine aura vécu,
Ma mort le préviendra, de qui que je l'obtienne,
Le refus de vos mains y condamne la mienne.
Sus donc, qui vous retient? Allez, cœurs inhumains,
J'aurai trop de moyens pour y forcer vos mains :
Vous ne les aurez point au combat occupées,
Que ce corps au milieu n'arrête vos épées;
Et, malgré vos refus, il faudra que leurs coups
Se fassent jour ici pour aller jusqu'à vous.

HORACE. — O ma femme!
CURIACE. —   O ma sœur!
CAMILLE. —   Courage! ils s'amollissent.
SABINE. — Vous poussez des soupirs, vos visages pâlissent!

	Quelle peur vous saisit? sont-ce là ces grands cœurs,
	Ces héros qu'Albe et Rome ont pris pour défenseurs?
HORACE.	— Que t'ai-je fait, Sabine? et quelle est mon offense
	Qui t'oblige à chercher une telle vengeance?
	Que t'a fait mon honneur, et par quel droit viens-tu
	Avec toute ta force attaquer ma vertu?
	Du moins contente-toi de l'avoir étonnée,
	Et me laisse achever cette grande journée.
	Tu me viens de réduire en un étrange point,
	Aime assez ton mari pour n'en triompher point;
	Va-t'en, et ne rends plus la victoire douteuse,
	La dispute déjà m'en est assez honteuse,
	Souffre qu'avec honneur je termine mes jours (5).
SABINE.	— Va, cesse de me craindre, on vient à ton secours.

SCÈNE VII. — LE VIEIL HORACE, HORACE, CURIACE, SABINE, CAMILLE.

LE VIEIL HORACE.	- Qu'est-ce-ci, mes enfants? écoutez-vous vos flammes,
	Et perdez-vous encor le temps avec des femmes?
	Prêts à verser du sang, regardez-vous des pleurs?
	Fuyez, et laissez-les déplorer leurs malheurs :
	Leurs plaintes ont pour vous trop d'art et de tendresse,
	Elles vous feraient part enfin de leur faiblesse,
	Et ce n'est qu'en fuyant qu'on pare de tels coups.
SABINE.	— N'appréhendez rien d'eux, ils sont dignes de vous :
	Malgré tous nos efforts, vous en devez attendre
	Ce que vous souhaitez et d'un fils et d'un gendre,
	Et si notre faiblesse ébranlait leur honneur,
	Nous vous laissons ici pour leur rendre du cœur.
	Allons, ma sœur, allons, ne perdons plus de larmes,
	Contre tant de vertus ce sont de faibles armes,
	Ce n'est qu'au désespoir qu'il nous faut recourir;
	Tigres, allez combattre, et nous, allons mourir!

HORACE

ET PERDEZ-VOUS ENCOR LE TEMPS AVEC DES FEMMES ? (Page 100.)

SCÈNE VIII. — LE VIEIL HORACE, HORACE, CURIACE.

HORACE. — Mon père, retenez des femmes qui s'emportent,
Et, de grâce, empêchez surtout qu'elles ne sortent,
Leur amour importun viendrait avec éclat
Par des cris et des pleurs troubler notre combat,
Et ce qu'elles nous sont ferait qu'avec justice
On nous imputerait ce mauvais artifice.
L'honneur d'un si beau choix serait trop acheté,
Si l'on nous soupçonnait de quelque lâcheté.
LE VIEIL HORACE. — J'en aurai soin. Allez, vos frères vous attendent,
Ne pensez qu'aux devoirs que vos pays demandent.
CURIACE. — Quel adieu vous dirai-je, et par quels compliments....
LE VIEIL HORACE. — Ah! n'attendrissez point ici mes sentiments :
Pour vous encourager ma voix manque de termes,
Mon cœur ne forme point de pensers assez fermes,
Moi-même en cet adieu j'ai les larmes aux yeux;
Faites votre devoir, et laissez faire aux Dieux.

ACTE TROISIÈME

SCÈNE I. — SABINE.

SABINE. — Prenons parti, mon âme, en de telles disgrâces,
Soyons femme d'Horace, ou sœur des Curiaces ;
Cessons de partager nos inutiles soins,
Souhaitons quelque chose, et craignons un peu moins
Mais las ! quel parti prendre en un sort si contraire ?
Quel ennemi choisir, d'un époux. ou d'un frère ?
La nature, ou l'amour parle pour chacun d'eux,
Et la loi du devoir m'attache à tous les deux.
Sur leurs hauts sentiments réglons plutôt les nôtres :
Soyons femme de l'un ensemble et sœur des autres,
Regardons leur honneur comme un souverain bien,
Imitons leur constance, et ne craignons plus rien.
La mort qui les menace est une mort si belle,
Qu'il en faut sans frayeur attendre la nouvelle.
N'appelons point alors les destins inhumains,
Songeons pour quelle cause, et non par quelles mains;
Revoyons les vainqueurs, sans penser qu'à la gloire
Que toute leur maison reçoit de leur victoire ;

Et sans considérer aux dépens de quel sang
Leur vertu les élève en cet illustre rang.
Faisons nos intérêts de ceux de leur famille :
En l'une je suis femme, en l'autre je suis fille,
Et tiens à toutes deux par de si forts liens,
Qu'on ne peut triompher que par les bras des miens.
Fortune, quelques maux que ta rigueur m'envoie,
J'ai trouvé les moyens d'en tirer de la joie !
Et puis voir aujourd'hui le combat sans terreur,
Les morts sans désespoir, les vainqueurs sans honneur....
Flatteuse illusion, erreur douce et grossière,
Vain effort de mon âme, impuissante lumière
De qui le faux brillant prend droit de m'éblouir,
Que tu sais peu durer, et tôt t'évanouir !
Pareille à ces éclairs qui dans le fort des ombres
Poussent un jour qui fuit et rend les nuits plus sombres,
Tu n'as frappé mes yeux d'un moment de clarté
Que pour les abîmer dans plus d'obscurité.
Tu charmais trop ma peine, et le ciel qui s'en fâche
Me vend déjà bien cher ce moment de relâche :
Je sens mon triste cœur percé de tous les coups
Qui m'ôtent maintenant un frère, ou mon époux.
Quand je songe à leur mort, quoi que je me propose,
Je songe par quels bras, et non pour quelle cause ;
Et ne vois les vainqueurs en leur illustre rang,
Que pour considérer aux dépens de quel sang.
La maison des vaincus touche seule mon âme :
En l'une je suis fille, en l'autre je suis femme,
Et tiens à toutes deux par de si forts liens,
Qu'on ne peut triompher que par la mort des miens.
C'est là donc cette paix que j'ai tant souhaitée !
Trop favorables Dieux, vous m'avez écoutée !
Quels foudres lancez-vous quand vous vous irritez,
Si même vos faveurs ont tant de cruautés ?
Et de quelle façon punissez-vous l'offense,
Si vous traitez ainsi les vœux de l'innocence ? (1)

SCÈNE II. — SABINE, JULIE.

SABINE. — En est-ce fait, Julie, et que m'apportez-vous?
Est-ce la mort d'un frère, ou celle d'un époux?
Le funeste succès de leurs armes impies
De tous les combattants fait-il autant d'hosties,
Et m'enviant l'horreur que j'aurais des vainqueurs,
Pour tous tant qu'ils étaient demande-t-il mes pleurs?

JULIE. — Quoi! ce qui s'est passé, vous l'ignorez encore?

SABINE. — Vous faut-il étonner de ce que je l'ignore,
Et ne savez-vous pas que de cette maison
Pour Camille et pour moi l'on fait une prison?
Julie, on nous renferme, on a peur de nos larmes,
Sans cela nous serions au milieu de leurs armes,
Et par les désespoirs d'une chaste amitié,
Nous aurions des deux camps tiré quelque pitié.

JULIE. — Il n'était pas besoin d'un si tendre spectacle,
Leur vue à leur combat apporte assez d'obstacle.
Sitôt qu'ils ont paru prêts à se mesurer,
On a dans les deux camps entendu murmurer.
A voir de tels amis, des personnes si proches,
Venir pour leur patrie aux mortelles approches,
L'un s'émeut de pitié, l'autre est saisi d'horreur,
L'autre d'un si grand zèle admire la fureur,
Tel porte jusqu'aux cieux leur vertu sans égale,
Et tel l'ose nommer sacrilège et brutale.
Ces divers sentiments n'ont pourtant qu'une voix :
Tous accusent leurs chefs, tous détestent leur choix,
Et ne pouvant souffrir un combat si barbare,
On s'écrie, on s'avance, enfin on les sépare.

SABINE. — Que je vous dois d'encens, grands Dieux, qui m'exaucez.

JULIE. — Vous n'êtes pas, Sabine, encore où vous pensez :
Vous pouvez espérer, vous avez moins à craindre,
Mais il vous reste encore assez de quoi vous plaindre
En vain d'un sort si triste on les veut garantir,
Ces cruels généreux n'y peuvent consentir,

ON S'ÉCRIE, ON S'AVANCE, ENFIN ON LES SÉPARE. (Page 104.)

La gloire de ce choix leur est si précieuse,
Et charme tellement leur âme ambitieuse,
Qu'alors qu'on les déplore ils s'estiment heureux,
Et prennent pour affront la pitié qu'on a d'eux.
Le trouble des deux camps souille leur renommée,
Ils combattront plutôt et l'une et l'autre armée,
Et mourront par les mains qui leur font d'autres lois,
Que pas un d'eux renonce aux honneurs d'un tel choix.

SABINE. — Quoi! dans leur dureté ces cœurs d'acier s'obstinent?

JULIE. — Ils le font, mais d'ailleurs les deux camps se mutinent,
Et leurs cris des deux parts poussés en même temps
Demandent la bataille, ou d'autres combattants.
La présence des chefs à peine est respectée,
Leur pouvoir est douteux, leur voix mal écoutée,
Le roi même s'étonne, et pour dernier effort :
« Puisque chacun, dit-il, s'échauffe en ce discord,
Consultons des grands Dieux la majesté sacrée,
Et voyons si ce change à leur bonté agrée.
Quel impie osera se prendre à leur vouloir,
Lorsqu'en un sacrifice ils nous l'auront fait voir? »
Il se tait, et ces mots semblent être des charmes,
Même aux six combattants ils arrachent les armes,
Et ce désir d'honneur qui leur ferme les yeux,
Tout aveugle qu'il est, respecte encor les Dieux.
Leur plus bouillante ardeur cède à l'avis de Tulle,
Et soit par déférence, ou par un prompt scrupule,
Dans l'une et l'autre armée on s'en fait une loi,
Comme si toutes deux le connaissaient pour roi.
Le reste s'apprendra par la mort des victimes.

SABINE. — Les Dieux n'avoueront point un combat plein de crimes :
J'en espère beaucoup, puisqu'il est différé,
Et je commence à voir ce que j'ai désiré.

SCÈNE III. — SABINE, CAMILLE, JULIE.

SABINE. — Ma sœur, que je vous die une bonne nouvelle.

CAMILLE. — Je pense la savoir, s'il faut la nommer telle ;
On l'a dite à mon père, et j'étais avec lui ;
Mais je n'en conçois rien qui flatte mon ennui :
Ce délai de nos maux rendra leurs coups plus rudes
Ce n'est qu'un plus long terme à nos inquiétudes.
Et tout l'allégement qu'il en faut espérer,
C'est de pleurer plus tard ceux qu'il faudra pleurer.

SABINE. — Les Dieux n'ont pas en vain inspiré ce tumulte.

CAMILLE. — Disons plutôt, ma sœur, qu'en vain on les consulte :
Ces mêmes Dieux à Tulle ont inspiré ce choix,
Et la voix du public n'est pas toujours leur voix.
Ils descendent bien moins dans de si bas étages,
Que dans l'âme des rois, leurs vivantes images,
De qui l'indépendante et sainte autorité
Est un rayon secret de leur divinité.

JULIE. — C'est vouloir sans raison vous former des obstacles,
Que de chercher leur voix ailleurs qu'en leurs oracles
Et vous ne vous pouvez figurer tout perdu,
Sans démentir celui qui vous fut hier rendu.

CAMILLE. — Un oracle jamais ne se laisse comprendre,
On l'entend d'autant moins que plus on croit l'entendre
Et loin de s'assurer sur un pareil arrêt,
Qui n'y voit rien d'obscur, doit croire que tout l'est.

SABINE. — Sur ce qu'il fait pour nous prenons plus d'assurance,
Et souffrons les douceurs d'une juste espérance.
Quand la faveur du ciel ouvre à demi ses bras,
Qui ne s'en promet rien ne la mérite pas,
Il empêche souvent qu'elle ne se déploie,
Et lorsqu'elle descend son refus la renvoie.

CAMILLE. — Le ciel agit sans nous en ces événements
Et ne les règle point dessus nos sentiments.

JULIE. — Il ne vous a fait peur que pour vous faire grâce.
Adieu, je vais savoir comme enfin tout se passe ;
Modérez vos frayeurs, j'espère à mon retour
Ne vous entretenir que de propos d'amour ;
Et que nous n'emploierons la fin de la journée

Qu'aux doux préparatifs d'un heureux hyménée.
SABINE. — J'ose encor l'espérer.
CAMILLE. —   Moi, je n'espère rien.
JULIE. — L'effet vous fera voir que nous en jugeons bien.

SCÈNE IV. — SABINE, CAMILLE.

SABINE. — Parmi nos déplaisirs souffrez que je vous blâme :
Je ne puis approuver tant de trouble en votre âme,
Que feriez-vous, ma sœur, au point où je me vois,
Si vous aviez à craindre autant que je le dois,
Et si vous attendiez de leurs armes fatales
Des maux pareils aux miens et des pertes égales?
CAMILLE. — Parlez plus sainement de vos maux et des miens.
Chacun voit ceux d'autrui d'un autre œil que les siens,
Mais à bien regarder ceux où le ciel me plonge,
Les vôtres auprès d'eux vous sembleront un songe.
La seule mort d'Horace est à craindre pour vous :
Des frères ne sont rien à l'égal d'un époux ;
L'hymen qui nous attache en une autre famille
Nous détache de celle où l'on a vécu fille ;
On voit d'un œil divers des nœuds si différents,
Et pour suivre un mari l'on quitte ses parents.
Mais si près d'un hymen l'amant que donne un père
Nous est moins qu'un époux, et non pas moins qu'un [frère,
Nos sentiments entre eux demeurent suspendus,
Notre choix impossible, et nos vœux confondus.
Ainsi, ma sœur, du moins vous avez dans vos plaintes
Où porter vos souhaits, et terminer vos craintes ;
Mais si le ciel s'obstine à nous persécuter,
Pour moi, j'ai tout à craindre, et rien à souhaiter !
SABINE. — Quand il faut que l'on meure, et par les mains de l'autre,
C'est un raisonnement bien mauvais que le vôtre :
Quoique ce soient, ma sœur, des nœuds bien différents,
C'est sans les oublier qu'on quitte ses parents ;
L'hymen n'efface point ces profonds caractères ;

Pour aimer un mari l'on ne hait pas ses frères,
La nature en tout temps garde ses premiers droits,
Aux dépens de leur vie on ne fait point de choix,
Aussi bien qu'un époux ils sont d'autres nous-mêm[es]
Et tous maux sont pareils alors qu'ils sont extrêmes
Mais l'amant qui vous charme et pour qui vous br[û]
Ne vous est, après tout, que ce que vous voulez ;
Une mauvaise humeur, un peu de jalousie,
En fait assez souvent passer la fantaisie.
Ce que peut le caprice, osez-le par raison,
Et laissez votre sang hors de comparaison :
C'est crime qu'opposer des liens volontaires
A ceux que la naissance a rendus nécessaires.
Si donc le ciel s'obstine à nous persécuter,
Seule j'ai tout à craindre, et rien à souhaiter ;
Mais, pour vous, le devoir vous donne dans vos plai[sirs]
Où porter vos souhaits et terminer vos craintes.

CAMILLE. — Je le vois bien, ma sœur, vous n'aimâtes jamais,
Vous ne connaissez point ni l'amour, ni ses traits :
On peut lui résister quand il commence à naître,
Mais non pas le bannir quand il s'est rendu maître.
Et que l'aveu d'un père, engageant notre foi,
A fait de ce tyran un légitime roi.
Il entre avec douceur, mais il règne par force ;
Et quand l'âme parfois a goûté son amorce,
Vouloir ne plus aimer c'est ce qu'elle ne peut,
Puisqu'elle ne peut plus vouloir que ce qu'il veut :
Ses chaînes sont pour nous aussi fortes que belles.

SCÈNE V. — LE VIEIL HORACE, SABINE, CAMILLE.

LE VIEIL HORACE. — Je viens vous apporter de fâcheuses nouvell[es]
Mes filles, mais en vain je voudrais vous celer
Ce qu'on ne vous saurait longtemps dissimuler :
Vos frères sont aux mains, les Dieux ainsi l'ordonn[ent]

SABINE. — Je veux bien l'avouer, ces nouvelles m'étonnent,

Et je m'imaginais dans la divinité
Beaucoup moins d'injustice, et bien plus de bonté.
Ne nous consolez point : contre tant d'infortune
La pitié parle en vain, la raison importune,
Nous avons en nos mains la fin de nos douleurs,
Et qui veut bien mourir peut braver les malheurs.
Nous pourrions aisément faire en votre présence
De notre désespoir une fausse constance,
Mais quand on peut sans honte être sans fermeté,
L'affecter au dehors, c'est une lâcheté :
L'usage d'un tel art nous le laissons aux hommes,
Et ne voulons passer que pour ce que nous sommes.
Nous ne demandons point qu'un courage si fort
S'abaisse, à notre exemple, à se plaindre du sort :
Recevez sans frémir ces mortelles alarmes,
Voyez couler nos pleurs sans y mêler vos larmes,
Enfin, pour toute grâce, en de tels déplaisirs,
Gardez votre constance, et souffrez nos soupirs.

LE VIEIL HORACE. — Loin de blâmer les pleurs que je vous vois répandre,
Je crois faire beaucoup de m'en pouvoir défendre,
Et céderais peut-être à de si rudes coups,
Si je prenais ici même intérêt que vous.
Non qu'Albe par son choix m'ait fait haïr vos frères :
Tous trois me sont encor des personnes bien chères !
Mais enfin l'amitié n'est pas du même rang,
Et n'a point les effets de l'amour, ni du sang ;
Je ne sens point pour eux la douleur qui tourmente
Sabine comme sœur, Camille comme amante ;
Je puis les regarder comme nos ennemis,
Et donne sans regret mes souhaits à mes fils.
Ils sont, grâces aux Dieux, dignes de leur patrie,
Aucun étonnement n'a leur gloire flétrie,
Et j'ai vu leur honneur croître de la moitié,
Quand ils ont des deux camps refusé la pitié.
Si par quelque faiblesse ils l'avaient mendiée,
Si leur haute vertu ne l'eût répudiée,

Ma main bientôt sur eux m'eût vengé hautement
De l'affront que m'eût fait ce mol consentement.
Mais lorsqu'en dépit d'eux on en a voulu d'autres,
Je ne le cèle point, j'ai joint mes vœux aux vôtres :
Si le ciel pitoyable eût écouté ma voix,
Albe serait réduite à faire un autre choix ;
Nous pourrions voir tantôt triompher nos Horaces
Sans voir leurs bras souillés du sang des Curiaces ;
Et de l'événement d'un combat plus humain
Dépendrait maintenant l'honneur du nom romain.
La prudence des Dieux autrement en dispose,
Sur leur ordre éternel mon esprit se repose,
Il s'arme en ce besoin de générosité,
Et du bonheur public fait sa félicité.
Tâchez d'en faire autant pour soulager vos peines,
Et songez toutes deux que vous êtes Romaines.
Vous l'êtes devenue, et vous l'êtes encor,
Un si glorieux titre est un digne trésor :
Un jour, un jour viendra que par toute la terre
Rome se fera craindre à l'égal du tonnerre,
Et que, tout l'univers tremblant dessous ses lois,
Ce grand nom deviendra l'ambition des rois.
Les Dieux à notre Énée ont promis cette gloire.

SCÈNE VI. — LE VIEIL HORACE, SABINE, CAMILLE, JULIE.

LE VIEIL HORACE. — Nous venez-vous, Julie, apprendre la victoire ?
JULIE. — Mais plutôt du combat les funestes effets,
Rome est sujette d'Albe, et vos fils sont défaits,
Des trois les deux sont morts, son époux seul vous reste.
LE VIEIL HORACE. — O d'un triste combat effet vraiment funeste !
Rome est sujette d'Albe, et, pour l'en garantir,
Il n'a pas employé jusqu'au dernier soupir !
Non, non, cela n'est point, on vous trompe, Julie,
Rome n'est point sujette, ou mon fils est sans vie,
Je connais mieux mon sang, il sait mieux son devoir.
JULIE. — Mille, de nos remparts comme moi l'ont pu voir :

Il s'est fait admirer tant qu'ont duré ses frères,
Mais, comme il s'est vu seul contre trois adversaires,
Près d'être enfermé d'eux, sa fuite l'a sauvé.

LE VIEIL HORACE. — Et nos soldats trahis ne l'ont point achevé !
Dans leurs rangs à ce lâche ils ont donné retraite !

JULIE. — Je n'ai rien voulu voir après cette défaite.

CAMILLE. — O mes frères !

LE VIEIL HORACE. —   Tout beau, ne les pleurez pas tous !
Deux jouissent d'un sort dont leur père est jaloux.
Que des plus nobles fleurs leur tombe soit couverte,
La gloire de leur mort m'a payé de leur perte ;
Ce bonheur a suivi leur courage invaincu,
Qu'ils ont vu Rome libre autant qu'ils ont vécu ;
Et ne l'auront point vue obéir qu'à son prince,
Ni d'un État voisin devenir la province.
Pleurez l'autre, pleurez l'irréparable affront
Que sa fuite honteuse imprime à notre front,
Pleurez le déshonneur de toute notre race,
Et l'opprobre éternel qu'il laisse au nom d'Horace.

JULIE. — Que vouliez-vous qu'il fît contre trois ?

LE VIEIL HORACE. —   Qu'il mourût ;
Ou qu'un beau désespoir alors le secourût.
N'eût-il que d'un moment reculé sa défaite,
Rome eût été du moins un peu plus tard sujette,
Il eût avec honneur laissé mes cheveux gris,
Et c'était de sa vie un assez digne prix !
Il est de tout son sang comptable à sa patrie,
Chaque goutte épargnée a sa gloire flétrie,
Chaque instant de sa vie, après ce lâche tour,
Met d'autant plus ma honte avec la sienne au jour.
J'en romprai bien le cours, et ma juste colère,
Contre un indigne fils, usant des droits d'un père,
Saura bien faire voir dans sa punition
L'éclatant désaveu d'une telle action.

SABINE. — Écoutez un peu moins ces ardeurs généreuses,
Et ne nous rendez point tout à fait malheureuses.

LE VIEIL HORACE. — Sabine, votre cœur se console aisément.
Nos malheurs jusqu'ici vous touchent faiblement,
Vous n'avez point encor de part à nos misères :
Le ciel vous a sauvé votre époux et vos frères,
Si nous sommes sujets, c'est de votre pays,
Vos frères sont vainqueurs quand nous sommes trahis ;
Et voyant le haut point où leur gloire se monte,
Vous regardez fort peu ce qui nous vient de honte.
Mais votre trop d'amour pour cet infâme époux
Vous donnera bientôt à plaindre comme à nous.
Vos pleurs en sa faveur sont de faibles défenses.
J'atteste des grands Dieux les suprêmes puissances,
Qu'avant ce jour fini, ces mains, ces propres mains
Laveront dans mon sang la honte des Romains.

SABINE. — Suivons-le promptement, la colère l'emporte.
Dieux! verrons-nous toujours des malheurs de la sorte?
Nous faudra-t-il toujours en craindre de plus grands
Et toujours redouter la main de nos parents?

ACTE QUATRIÈME

SCÈNE I. — LE VIEIL HORACE, CAMILLE.

LE VIEIL HORACE. — Ne me parlez jamais en faveur d'un infâme,
Qu'il me fuie à l'égal des frères de sa femme,
Pour conserver un sang qu'il tient si précieux,
Il n'a rien fait encor s'il n'évite mes yeux.
Sabine y peut mettre ordre, ou derechef j'atteste
Le souverain pouvoir de la troupe céleste....

CAMILLE. — Ah! mon père, prenez un plus doux sentiment :
Vous verrez Rome même en user autrement,
Et de quelque malheur que le ciel l'ait comblée,
Excuser la vertu sous le nombre accablée.

LE VIEIL HORACE. — Le jugement de Rome est peu pour mon regard
Camille; je suis père, et j'ai mes droits à part.
Je sais trop comme agit la vertu véritable :
C'est sans en triompher que le nombre l'accable,
Et sa mâle vigueur, toujours en même point,
Succombe sous la force, et ne lui cède point.
Taisez-vous, et sachons ce que nous veut Valère (1).

SCÈNE II. — LE VIEIL HORACE, VALÈRE, CAMILLE.

VALÈRE. — Envoyé par le roi pour consoler un père
Et pour lui témoigner....
LE VIEIL HORACE. — N'en prenez aucun soin,
C'est un soulagement dont je n'ai pas besoin,
Et j'aime mieux voir morts que couverts d'infamie
Ceux que vient de m'ôter une main ennemie :
Tous deux pour leur pays sont morts en gens d'honneur,
Il me suffit.
VALÈRE. — Mais l'autre est un rare bonheur,
De tous les trois chez vous il doit tenir la place.
LE VIEIL HORACE. — Que n'a-t-on vu périr en lui le nom d'Horace !
VALÈRE. — Seul vous le maltraitez après ce qu'il a fait.
LE VIEIL HORACE. — C'est à moi seul aussi de punir son forfait.
VALÈRE. — Quel forfait trouvez-vous en sa bonne conduite ?
LE VIEIL HORACE. — Quel éclat de vertu trouvez-vous en sa fuite ?
VALÈRE. — La fuite est glorieuse en cette occasion.
LE VIEIL HORACE. — Vous redoublez ma honte et ma confusion :
Certes l'exemple est rare, et digne de mémoire,
De trouver dans la fuite un chemin à la gloire.
VALÈRE. — Quelle confusion, et quelle honte à vous
D'avoir produit un fils qui nous conserve tous,
Qui fait triompher Rome, et lui gagne un empire ?
A quels plus grands honneurs faut-il qu'un père aspire ?
LE VIEIL HORACE. — Quels honneurs, quel triomphe, et quel empire enfin,
Lorsque Albe sous ses lois range notre destin ?
VALÈRE. — Que parlez-vous ici d'Albe, et de sa victoire ?
Ignorez-vous encor la moitié de l'histoire (2) ?
LE VIEIL HORACE. — Je sais que par sa fuite il a trahi l'État.
VALÈRE. — Oui, s'il eût en fuyant terminé le combat ;
Mais on a bientôt vu qu'il ne fuyait qu'en homme
Qui savait ménager l'avantage de Rome.
LE VIEIL HORACE. — Quoi ! Rome donc triomphe ?

VALÈRE — Apprenez, apprenez
La valeur de ce fils qu'à tort vous condamnez.
Resté seul contre trois, mais en cette aventure,
Tous trois étant blessés, et lui seul sans blessure,
Trop faible pour eux tous, trop fort pour chacun d'eux,
Il sait bien se tirer d'un pas si hasardeux :
Il fuit pour mieux combattre, et cette prompte ruse
Divise adroitement trois frères qu'elle abuse ;
Chacun le suit d'un pas ou plus ou moins pressé,
Selon qu'il se rencontre ou plus ou moins blessé ;
Leur ardeur est égale à poursuivre sa fuite.
Mais leurs coups inégaux séparent leur poursuite.
Horace, les voyant l'un de l'autre écartés,
Se retourne, et déjà les croit demi-domptés ;
Il attend le premier, et c'était votre gendre.
L'autre, tout indigné qu'il ait osé l'attendre,
En vain en l'attaquant fait paraître un grand cœur,
Le sang qu'il a perdu ralentit sa vigueur.
Albe à son tour commence à craindre un sort contraire :
Elle crie au second qu'il secoure son frère,
Il se hâte et s'épuise en efforts superflus,
Il trouve en les joignant que son frère n'est plus.

CAMILLE. — Hélas!

VALÈRE. Tout hors d'haleine il prend pourtant sa place
Et redouble bientôt la victoire d'Horace,
Son courage sans force est un débile appui,
Voulant venger son frère, il tombe auprès de lui.
L'air résonne des cris qu'au ciel chacun envoie,
Albe en jette d'angoisse, et les Romains de joie.
Comme notre héros se voit près d'achever,
C'est peu pour lui de vaincre, il veut encor braver :
« J'en viens d'immoler deux aux mânes de mes frères,
Rome aura le dernier de mes trois adversaires,
C'est à ses intérêts que je vais l'immoler, »
Dit-il, et tout d'un temps on le voit y voler.
La victoire entre eux deux n'était pas incertaine,

L'Albain, percé de coups, ne se traînait qu'à peine,
Et, comme une victime aux marches de l'autel,
Il semblait présenter sa gorge au coup mortel :
Aussi le reçoit-il, peu s'en faut, sans défense,
Et son trépas de Rome établit la puissance.

LE VIEIL HORACE. — O mon fils! ô ma joie! ô l'honneur de nos jours!
O d'un État penchant l'inespéré secours!
Vertu digne de Rome, et sang digne d'Horace,
Appui de ton pays, et gloire de ta race!
Quand pourrai-je étouffer dans tes embrassements
L'erreur dont j'ai formé de si faux sentiments!
Quand pourra mon amour baigner avec tendresse
Ton front victorieux de larmes d'allégresse!

VALÈRE. — Vos caresses bientôt pourront se déployer,
Le roi dans un moment vous le va renvoyer,
Et remet à demain la pompe qu'il prépare
D'un sacrifice aux Dieux pour un bonheur si rare.
Aujourd'hui seulement on s'acquitte vers eux
Par des chants de victoire, et par de simples vœux.
C'est où le roi le mène, et tandis il m'envoie
Faire office vers vous de douleur et de joie.
Mais cet office encor n'est pas assez pour lui,
Il y viendra lui-même et peut-être aujourd'hui ;
Il croit mal reconnaître une vertu si pure
Si de sa propre bouche il ne vous en assure,
S'il ne vous dit chez vous combien vous doit l'État.

LE VIEIL HORACE. — De tels remercîments ont pour moi trop d'éclat,
Et je me tiens déjà trop payé par les vôtres
Du service d'un fils et du sang des deux autres.

VALÈRE. — Il ne sait ce que c'est d'honorer à demi,
Et son sceptre arraché des mains de l'ennemi
Fait qu'il tient cet honneur qu'il lui plaît de vous
[faire
Au-dessous du mérite, et du fils, et du père.
Je vais lui témoigner quels nobles sentiments
La vertu vous inspire en tous vos mouvements,

L'ALBAIN, PERCÉ DE COUPS, NE SE TRAINAIT QU'A PEINE. (Page 116.)

Et combien vous montrez d'ardeur pour son service.
LE VIEIL HORACE. — Je vous devrai beaucoup pour un si bon office (3).

SCÈNE III. — LE VIEIL HORACE, CAMILLE.

LE VIEIL HORACE. — Ma fille, il n'est plus temps de répandre des pleurs :
Il sied mal d'en verser où l'on voit tant d'honneurs,
On pleure injustement des pertes domestiques
Quand on en voit sortir des victoires publiques.
Rome triomphe d'Albe, et c'est assez pour nous,
Tous nos maux à ce prix doivent nous être doux.
En la mort d'un amant vous ne perdez qu'un homme
Dont la perte est aisée à réparer dans Rome ;
Après cette victoire, il n'est point de Romain
Qui ne soit glorieux de vous donner la main.
Il me faut à Sabine en porter la nouvelle :
Ce coup sera sans doute assez rude pour elle,
Et ses trois frères morts par la main d'un époux
Lui donneront des pleurs bien plus justes qu'à vous.
Mais j'espère aisément en dissiper l'orage ;
Et qu'un peu de prudence aidant son grand courage
Fera bientôt régner sur un si noble cœur
Le généreux amour qu'elle doit au vainqueur.
Cependant étouffez cette lâche tristesse ;
Recevez-le, s'il vient, avec moins de faiblesse,
Faites-vous voir sa sœur, et qu'en un même flanc
Le ciel vous a tous deux formés d'un même sang.

SCÈNE IV. — CAMILLE.

CAMILLE. — Oui, je lui ferai voir par d'infaillibles marques
Qu'un véritable amour brave la main des Parques,
Et ne prend point de lois de ces cruels tyrans
Qu'un astre injurieux nous donne pour parents.
Tu blâmes ma douleur, tu l'oses nommer lâche,

Je l'aime d'autant plus que plus elle te fâche,
Impitoyable père! et par un juste effort
Je la veux rendre égale aux rigueurs de mon sort.
En vit-on jamais un dont les rudes traverses
Prissent en moins de rien tant de faces diverses,
Qui fût doux tant de fois, et tant de fois cruel ;
Et portât tant de coups avant le coup mortel?
Vit-on jamais une âme en un jour plus atteinte
De joie et de douleur, d'espérance et de crainte,
Asservie en esclave à plus d'événements,
Et le piteux jouet de plus de changements?
Un oracle m'assure, un songe me travaille ;
La paix calme l'effroi que me fait la bataille ;
Mon hymen se prépare; et, presque en un moment,
Pour combattre mon frère on choisit mon amant.
Ce choix me désespère, et tous le désavouent ;
La partie est rompue, et les Dieux la renouent ;
Rome semble vaincue, et seul des trois Albains,
Curiace en mon sang n'a point trempé ses mains.
O Dieux! sentais-je alors des douleurs trop légères
Pour le malheur de Rome et la mort de deux frères,
Et me flattais-je trop quand je croyais pouvoir
L'aimer encor sans crime et nourrir quelque espoir ?
Sa mort m'en punit bien, et la façon cruelle
Dont mon âme éperdue en reçoit la nouvelle.
Son rival me l'apprend, et faisant à mes yeux
D'un si triste succès le récit odieux,
Il porte sur le front une allégresse ouverte,
Que le bonheur public fait bien moins que ma perte;
Et bâtissant en l'air sur le malheur d'autrui,
Aussi bien que mon frère il triomphe de lui.
Mais ce n'est rien encore au prix de ce qui reste :
On demande ma joie en un jour si funeste ;
Il me faut applaudir aux exploits du vainqueur,
Et baiser une main qui me perce le cœur ;
En un sujet de pleurs si grand, si légitime,

Se plaindre est une honte, et soupirer, un crime ;
Leur brutale vertu veut qu'on s'estime heureux,
Et si l'on n'est barbare on n'est point généreux.
Dégénérons, mon cœur, d'un si vertueux père !
Soyons indigne sœur d'un si généreux frère !
C'est gloire de passer pour un cœur abattu,
Quand la brutalité fait la haute vertu.
Éclatez, mes douleurs, à quoi bon vous contraindre ?
Quand on a tout perdu, que saurait-on plus craindre ?
Pour ce cruel vainqueur n'ayez point de respect,
Loin d'éviter ses yeux, croissez à son aspect,
Offensez sa victoire, irritez sa colère,
Et prenez, s'il se peut, plaisir à lui déplaire.
Il vient, préparons-nous à montrer constamment
Ce que doit une amante à la mort d'un amant (4).

SCÈNE V. — HORACE, CAMILLE ; PROCULE, portant en main les trois épées des Curiaces.

HORACE. — Ma sœur, voici le bras qui venge nos deux frères,
Le bras qui rompt le cours de nos destins contraires,
Qui nous rend maîtres d'Albe, enfin voici le bras
Qui seul fait aujourd'hui le sort de deux États.
Vois ces marques d'honneur, ces témoins de ma gloire,
Et rends ce que tu dois à l'heur de ma victoire.
CAMILLE. — Recevez donc mes pleurs, c'est ce que je lui dois.
HORACE. — Rome n'en veut point voir après de tels exploits,
Et nos deux frères morts dans le malheur des armes
Sont trop payés de sang pour exiger des larmes.
Quand la perte est vengée, on n'a plus rien perdu.
CAMILLE. — Puisqu'ils sont satisfaits par le sang épandu,
Je cesserai pour eux de paraître affligée,
Et j'oublierai leur mort que vous avez vengée.
Mais qui me vengera de celle d'un amant,
Pour me faire oublier sa perte en un moment ?

HORACE. — Que dis-tu, malheureuse?
CAMILLE. — O mon cher Curiace!
HORACE. — O d'une indigne sœur insupportable audace!
D'un ennemi public dont je reviens vainqueur,
Le nom est dans ta bouche, et l'amour dans ton cœur!
Ton ardeur criminelle à la vengeance aspire!
Ta bouche la demande, et ton cœur la respire!
Suis moins ta passion, règle mieux tes désirs,
Ne me fais plus rougir d'entendre tes soupirs,
Tes flammes désormais doivent être étouffées,
Bannis-les de ton âme, et songe à mes trophées :
Qu'ils soient dorénavant ton unique entretien.
CAMILLE. — Donne-moi donc, barbare, un cœur comme le tien ;
Et, si tu veux enfin que je t'ouvre mon âme,
Rends-moi mon Curiace, ou laisse agir ma flamme.
Ma joie et mes douleurs dépendaient de son sort,
Je l'adorais vivant, et je le pleure mort.
Ne cherche plus ta sœur où tu l'avais laissée,
Tu ne revois en moi qu'une amante offensée,
Qui comme une furie attachée à tes pas
Te veut incessamment reprocher son trépas.
Tigre altéré de sang, qui me défends les larmes ;
Qui veux que dans sa mort je trouve encor des charmes ;
Et que jusques au ciel élevant tes exploits,
Moi-même je le tue une seconde fois!
Puissent tant de malheurs accompagner ta vie,
Que tu tombes au point de me porter envie ;
Et toi bientôt souiller par quelque lâcheté
Cette gloire si chère à ta brutalité.
HORACE. — O ciel! qui vit jamais une pareille rage!
Crois-tu donc que je sois insensible à l'outrage,
Que je souffre en mon sang ce mortel déshonneur?
Aime, aime cette mort qui fait notre bonheur,
Et préfère du moins au souvenir d'un homme
Ce que doit ta naissance aux intérêts de Rome.
CAMILLE. — Rome, l'unique objet de mon ressentiment!

Rome, à qui vient ton bras d'immoler mon amant !
Rome, qui t'a vu naître, et que ton cœur adore !
Rome enfin que je hais parce qu'elle t'honore !
Puissent tous ses voisins ensemble conjurés
Saper ses fondements encor mal assurés ;
Et, si ce n'est assez de toute l'Italie,
Que l'Orient contre elle à l'Occident s'allie ;
Que cent peuples unis des bouts de l'univers
Passent pour la détruire et les monts et les mers ;
Qu'elle-même sur soi renverse ses murailles,
Et de ses propres mains déchire ses entrailles ;
Que le courroux du ciel allumé par mes vœux
Fasse pleuvoir sur elle un déluge de feux ;
Puissé-je de mes yeux y voir tomber ce foudre,
Voir ses maisons en cendre, et tes lauriers en poudre,
Voir le dernier Romain à son dernier soupir ;
Moi seule en être cause, et mourir de plaisir (5) !

HORACE, mettant l'épée à la main et poursuivant sa sœur qui s'enfuit.

C'est trop, ma patience à la raison fait place :
Va dedans les enfers plaindre ton Curiace !

CAMILLE, blessée, derrière le théâtre.

Ah ! traître !

HORACE, revenant sur le théâtre.

Ainsi reçoive un châtiment soudain
Quiconque ose pleurer un ennemi romain !

SCÈNE VI. — HORACE, PROCULE.

PROCULE. — Que venez-vous de faire ?
HORACE. —   Un acte de justice :
Un semblable forfait veut un pareil supplice.
PROCULE. — Vous deviez la traiter avec moins de rigueur.
HORACE. — Ne me dis point qu'elle est, et mon sang, et ma sœur.
Mon père ne peut plus l'avouer pour sa fille,
Qui maudit son pays renonce à sa famille,

Des noms si pleins d'amour ne lui sont plus permis,
De ses plus chers parents il fait ses ennemis,
Le sang même les arme en haine de son crime,
La plus prompte vengeance en est plus légitime,
Et ce souhait impie, encore qu'impuissant,
Est un monstre qu'il faut étouffer en naissant.

SCÈNE VII. — SABINE, HORACE, PROCULE.

SABINE. — A quoi s'arrête ici ton illustre colère?
Viens voir mourir ta sœur dans les bras de ton père,
Viens repaître tes yeux d'un spectacle si doux;
Ou si tu n'es point las de ces généreux coups,
Immole au cher pays des vertueux Horaces
Ce reste malheureux du sang des Curiaces;
Si prodigue du tien, n'épargne pas le leur,
Joins Sabine à Camille, et ta femme à ta sœur.
Nos crimes sont pareils ainsi que nos misères,
Je soupire comme elle et déplore mes frères,
Plus coupable en ce point contre tes dures lois,
Qu'elle n'en pleurait qu'un, et que j'en pleure trois :
Qu'après son châtiment ma faute continue.

HORACE. — Sèche tes pleurs, Sabine, ou les cache à ma vue,
Rends-toi digne du nom de ma chaste moitié;
Et ne m'accable point d'une indigne pitié.
Si l'absolu pouvoir d'une pudique flamme
Ne nous laisse à tous deux qu'un penser et qu'une âme,
C'est à toi d'élever tes sentiments aux miens,
Non à moi de descendre à la honte des tiens.
Je t'aime, et je connais la douleur qui te presse,
Embrasse ma vertu pour vaincre ta faiblesse,
Participe à ma gloire, au lieu de la souiller,
Tâche à t'en revêtir, non à m'en dépouiller.
Es-tu de mon honneur si mortelle ennemie,
Que je te plaise mieux couvert d'une infamie?

Sois plus femme que sœur, et, te réglant sur moi,
Fais-toi de mon exemple une immuable loi.

SABINE. — Cherche pour t'imiter des âmes plus parfaites :
Je ne t'impute point les pertes que j'ai faites,
J'en ai les sentiments que je dois en avoir,
Et je m'en prends au sort plutôt qu'à ton devoir.
Mais enfin je renonce à la vertu romaine,
Si pour la posséder je dois être inhumaine,
Et ne puis voir en moi la femme du vainqueur
Sans y voir des vaincus la déplorable sœur.
Prenons part en public aux victoires publiques,
Pleurons dans la maison nos malheurs domestiques,
Et ne regardons point des biens communs à tous,
Quand nous voyons des maux qui ne sont que pour nous.
Pourquoi veux-tu, cruel, agir d'une autre sorte ?
Laisse en entrant ici tes lauriers à la porte,
Mêle tes pleurs aux miens. Quoi ! ces lâches discours
N'arment point ta vertu contre mes tristes jours ?
Mon crime redoublé n'émeut point ta colère ?
Que Camille est heureuse ! elle a pu te déplaire ;
Elle a reçu de toi ce qu'elle a prétendu ;
Et recouvre là-bas tout ce qu'elle a perdu.
Cher époux, cher auteur du tourment qui me presse,
Écoute la pitié, si ta colère cesse.
Exerce l'une ou l'autre après de tels malheurs
A punir ma faiblesse, ou finir mes douleurs.
Je demande la mort pour grâce, ou pour supplice :
Qu'elle soit un effet d'amour ou de justice,
N'importe, tous ses traits n'auront rien que de doux
Si je les vois partir de la main d'un époux.

HORACE. — Quelle injustice aux Dieux d'abandonner aux femmes
Un empire si grand sur les plus belles âmes,
Et de se plaire à voir de si faibles vainqueurs
Régner si puissamment sur les plus nobles cœurs !
A quel point ma vertu devient-elle réduite !
Rien ne la saurait plus garantir que la fuite.

124 CORNEILLE.

Adieu, ne me suis point, ou retiens tes soupirs.
SABINE, seule.- O colère, ô pitié, sourdes à mes désirs,
Vous négligez mon crime, et ma douleur vous lasse,
Et je n'obtiens de vous ni supplice ni grâce !
Allons-y par nos pleurs faire encore un effort ;
Et n'employons après que nous à notre mort (6).

ACTE CINQUIÈME

SCÈNE I. — LE VIEIL HORACE, HORACE.

LE VIEIL HORACE. — Retirons nos regards de cet objet funeste
Pour admirer ici le jugement céleste.
Quand la gloire nous enfle, il sait bien comme il faut
Confondre notre orgueil qui s'élève trop haut ;
Nos plaisirs les plus doux ne vont pas sans tristesse ;
Il mêle à nos vertus des marques de faiblesse,
Et rarement accorde à notre ambition
L'entier et pur honneur d'une bonne action.
Je ne plains point Camille, elle était criminelle,
Je me tiens plus à plaindre, et je te plains plus qu'elle,
Moi, d'avoir mis au monde un cœur si peu romain ;
Toi, d'avoir par sa mort déshonoré ta main.
Je ne la trouve point injuste, ni trop prompte,
Mais tu pouvais, mon fils, t'en épargner la honte.
Son crime, quoique énorme et digne du trépas,
Était mieux impuni que puni par ton bras.

HORACE. — Disposez de mon sang, les lois vous en font maître,

J'ai cru devoir le sien aux lieux qui m'ont vu naître :
Si dans vos sentiments mon zèle est criminel,
S'il me faut recevoir un reproche éternel,
Si ma main en devient honteuse et profanée,
Vous pouvez d'un seul mot trancher ma destinée.
Reprenez tout ce sang de qui ma lâcheté
A si brutalement souillé la pureté.
Ma main n'a pu souffrir de crime en votre race,
Ne souffrez point de tache en la maison d'Horace.
C'est en ces actions dont l'honneur est blessé
Qu'un père tel que vous se montre intéressé ;
Son amour doit se taire où toute excuse est nulle,
Lui-même il y prend part lorsqu'il les dissimule ;
Et de sa propre gloire il fait trop peu de cas
Quand il ne punit point ce qu'il n'approuve pas.

LE VIEIL HORACE. — Il n'use pas toujours d'une rigueur extrême,
Il épargne ses fils bien souvent pour soi-même,
Sa vieillesse sur eux aime à se soutenir,
Et ne les punit point, de peur de se punir.
Je te vois d'un autre œil que tu ne te regardes.
Je sais.... Mais le roi vient, je vois entrer ses gardes.

SCÈNE II. — TULLE, VALÈRE, LE VIEIL HORACE, HORACE,
TROUPE DE GARDES.

LE VIEIL HORACE. — Ah ! Sire, un tel honneur a trop d'excès pour moi,
Ce n'est point en ce lieu que je dois voir mon roi,
Permettez qu'à genoux....

TULLE. —   Non, levez-vous, mon père,
Je fais ce qu'en ma place un bon prince doit faire :
Un si rare service, et si fort important,
Veut l'honneur le plus rare et le plus éclatant.
(Montrant Valère.)
Vous en aviez déjà sa parole pour gage,
Je ne l'ai pas voulu différer davantage.
J'ai su par son rapport, et je n'en doutais pas,

NON, LEVEZ-VOUS, MON PÈRE. (Page 126.)

Comme de vos deux fils vous portez le trépas ;
Et que déjà votre âme étant trop résolue,
Ma consolation vous serait superflue ;
Mais je viens de savoir quel étrange malheur
D'un fils victorieux a suivi la valeur ;
Et que son trop d'amour pour la cause publique
Par ses mains à son père ôte une fille unique.
Ce coup est un peu rude à l'esprit le plus fort,
Et je doute comment vous portez cette mort.

LE VIEIL HORACE. — Sire, avec déplaisir, mais avec patience.

TULLE. — C'est l'effet vertueux de votre expérience :
Beaucoup par un long âge ont appris comme vous
Que le malheur succède au bonheur le plus doux,
Peu savent comme vous s'appliquer ce remède,
Et dans leur intérêt toute leur vertu cède.
Si vous pouvez trouver dans ma compassion
Quelque soulagement pour votre affliction,
Ainsi que votre mal sachez qu'elle est extrême,
Et que je vous en plains autant que je vous aime.

VALÈRE. — Sire, puisque le ciel entre la main des rois
Dépose sa justice et la force des lois,
Et que l'État demande aux princes légitimes
Des prix pour les vertus, des peines pour les crimes,
Souffrez qu'un bon sujet vous fasse souvenir
Que vous plaignez beaucoup ce qu'il vous faut punir,
Souffrez....

LE VIEIL HORACE. — Quoi ! qu'on envoie un vainqueur au supplice ?

TULLE. — Permettez qu'il achève, et je ferai justice.
J'aime à la rendre à tous, à toute heure, en tout lieu,
C'est par elle qu'un roi se fait un demi-dieu ;
Et c'est dont je vous plains, qu'après un tel service
On puisse contre lui me demander justice.

VALÈRE. — Souffrez donc, ô grand roi, le plus juste des rois,
Que tous les gens de bien vous parlent par ma voix.
Non que nos cœurs jaloux de ses honneurs s'irritent !
S'il en reçoit beaucoup, ses hauts faits le méritent

Ajoutez-y plutôt que d'en diminuer,
Nous sommes tous encor prêts d'y contribuer.
Mais puisque d'un tel crime il s'est montré capable.
Qu'il triomphe en vainqueur et périsse en coupable.
Arrêtez sa fureur et sauvez de ses mains,
Si vous voulez régner, le reste des Romains.
Il y va de la perte, ou du salut du reste.
La guerre avait un cours si sanglant, si funeste,
Et les nœuds de l'hymen durant nos bons destins
Ont tant de fois uni des peuples si voisins,
Qu'il est peu de Romains que le parti contraire
N'intéresse en la mort d'un gendre, ou d'un beau-frère,
Et qui ne soient forcés de donner quelques pleurs
Dans le bonheur public à leurs propres malheurs.
Si c'est offenser Rome, et que l'heur de ses armes
L'autorise à punir ce crime de nos larmes,
Quel sang épargnera ce barbare vainqueur,
Qui ne pardonne pas à celui de sa sœur?
Et ne peut excuser cette douleur pressante
Que la mort d'un amant jette au cœur d'une amante,
Quand, près d'être éclairés du nuptial flambeau,
Elle voit avec lui son espoir au tombeau ?
Faisant triompher Rome, il se l'est asservie,
Il a sur nous un droit et de mort et de vie,
Et nos jours criminels ne pourront plus durer
Qu'autant qu'à sa clémence il plaira l'endurer.
Je pourrais ajouter aux intérêts de Rome
Combien un pareil coup est indigne d'un homme;
Je pourrais demander qu'on mît devant vos yeux
Ce grand et rare exploit d'un bras victorieux ;
Vous verriez un beau sang, pour accuser sa rage,
D'un frère si cruel rejaillir au visage;
Vous verriez des horreurs qu'on ne peut concevoir;
Son âge et sa beauté vous pourraient émouvoir...
Mais je hais ces moyens qui sentent l'artifice.
Vous avez à demain remis le sacrifice :

Pensez-vous que les Dieux, vengeurs des innocens,
D'une main parricide acceptent de l'encens?
Sur vous ce sacrilége attirerait sa peine,
Ne le considérez qu'en objet de leur haine,
Et croyez avec nous qu'en tous ces trois combats
Le bon destin de Rome a plus fait que son bras,
Puisque ces mêmes Dieux auteurs de sa victoire
Ont permis qu'aussitôt il en souillât la gloire ;
Et qu'un si grand courage après ce noble effort
Fût digne en même jour de triomphe et de mort.
Sire, c'est ce qu'il faut que votre arrêt décide.
En ce lieu Rome a vu le premier parricide :
La suite en est à craindre, et la haine des cieux.
Sauvez-nous de sa main, et redoutez les Dieux.

TULLE. — Défendez-vous, Horace.
HORACE. — A quoi bon me défendre?
Vous savez l'action, vous la venez d'entendre.
Ce que vous en croyez me doit être une loi.
Sire, on se défend mal contre l'avis d'un roi,
Et le plus innocent devient soudain coupable
Quand aux yeux de son prince il paraît condamnable.
C'est crime qu'envers lui se vouloir excuser,
Notre sang est son bien, il en peut disposer,
Et c'est à nous de croire alors qu'il en dispose
Qu'il ne s'en prive point sans une juste cause.
Sire, prononcez donc, je suis prêt d'obéir,
D'autres aiment la vie, et je la dois haïr.
Je ne reproche point à l'ardeur de Valère
Qu'en amant de la sœur il accuse le frère!
Mes vœux avec les siens conspirent aujourd'hui :
Il demande ma mort, je la veux comme lui.
Un seul point entre nous met cette différence,
Que mon honneur par là cherche son assurance,
Et qu'à ce même but nous voulons arriver,
Lui, pour flétrir ma gloire, et moi, pour la sauver.
Sire, c'est rarement qu'il s'offre une matière

A montrer d'un grand cœur la vertu tout entière :
Suivant l'occasion elle agit plus, ou moins,
Et paraît forte, ou faible, aux yeux de ces témoins.
Le peuple qui voit tout seulement par l'écorce
S'attache à son effet pour juger de sa force ;
Il veut que ces dehors gardent un même cours,
Qu'ayant fait un miracle, elle en fasse toujours.
Après une action pleine, haute, éclatante,
Tout ce qui brille moins remplit mal son attente ;
Il veut qu'on soit égal en tout temps, en tous lieux,
Il n'examine point si lors on pouvait mieux,
Ni que s'il ne voit pas sans cesse une merveille,
L'occasion est moindre, et la vertu pareille.
Son injustice accable et détruit les grands noms,
L'honneur des premiers faits se perd par les seconds ;
Et quand la renommée a passé l'ordinaire,
Si l'on n'en veut déchoir il faut ne plus rien faire.
Je ne vanterai point les exploits de mon bras,
Votre majesté, Sire, a vu mes trois combats :
Il est bien malaisé qu'un pareil les seconde,
Qu'une autre occasion à celle-ci réponde,
Et que tout mon courage, après de si grands coups,
Parvienne à des succès qui n'aillent au-dessous,
Si bien que, pour laisser une illustre mémoire,
La mort seule aujourd'hui peut conserver ma gloire.
Encor la fallait-il sitôt que j'eus vaincu,
Puisque pour mon honneur j'ai déjà trop vécu.
Un homme tel que moi voit sa gloire ternie,
Quand il tombe en péril de quelque ignominie,
Et ma main aurait su déjà m'en garantir,
Mais sans votre congé, mon sang n'ose sortir :
Comme il vous appartient, votre aveu doit se prendre ;
C'est vous le dérober qu'autrement le répandre.
Rome ne manque point de généreux guerriers,
Assez d'autres sans moi soutiendront vos lauriers ;
Que votre majesté désormais m'en dispense ;

Et si ce que j'ai fait vaut quelque récompense,
Permettez, ô grand roi, que de ce bras vainqueur
Je m'immole à ma gloire, et non pas à ma sœur (1).

SCÈNE III. — TULLE, VALÈRE, LE VIEIL HORACE, HORACE, SABINE.

SABINE. — Sire, écoutez Sabine, et voyez dans son âme
Les douleurs d'une sœur, et celles d'une femme,
Qui toute désolée à vos sacrés genoux
Pleure pour sa famille, et craint pour son époux.
Ce n'est pas que je veuille avec cet artifice
Dérober un coupable aux bras de la justice,
Quoi qu'il ait fait pour vous, traitez-le comme tel,
Et punissez en moi ce noble criminel;
De mon sang malheureux expiez tout son crime,
Vous ne changerez point pour cela de victime;
Ce n'en sera point prendre une injuste pitié,
Mais en sacrifier la plus chère moitié.
Les nœuds de l'hyménée et son amour extrême
Font qu'il vit plus en moi qu'il ne vit en lui-même,
Et si vous m'accordez de mourir aujourd'hui,
Il mourra plus en moi, qu'il ne mourrait en lui :
La mort que je demande, et qu'il faut que j'obtienne,
Augmentera sa peine et finira la mienne.
Sire, voyez l'excès de mes tristes ennuis,
Et l'effroyable état où mes jours sont réduits!
Quelle horreur d'embrasser un homme dont l'épée
De toute ma famille a la trame coupée!
Et quelle impiété de haïr un époux
Pour avoir bien servi les siens, l'État, et vous!
Aimer un bras souillé du sang de tous mes frères!
N'aimer pas un mari qui finit nos misères!
Sire, délivrez-moi, par un heureux trépas,
Des crimes de l'aimer et de ne l'aimer pas :
J'en nommerai l'arrêt une faveur bien grande.

Ma main peut me donner ce que je vous demande :
Mais ce trépas enfin me sera bien plus doux,
Si je puis de sa honte affranchir mon époux ;
Si je puis par mon sang apaiser la colère
Des Dieux qu'a pu fâcher sa vertu trop sévère ;
Satisfaire en mourant aux mânes de sa sœur ;
Et conserver à Rome un si bon défenseur.

LE VIEIL HORACE. — Sire, c'est donc à moi de répondre à Valère :
Mes enfants avec lui conspirent contre un père,
Tous trois veulent me perdre, et s'arment sans raison
Contre si peu de sang qui reste en ma maison.

(A Sabine.)

Toi, qui par des douleurs à ton devoir contraires,
Veux quitter un mari pour rejoindre tes frères,
Va plutôt consulter leurs mânes généreux ;
Ils sont morts, mais pour Albe, et s'en tiennent heureux.
Puisque le ciel voulait qu'elle fût asservie,
Si quelque sentiment demeure après la vie,
Ce malheur semble moindre, et moins rudes ses coups,
Voyant que tout l'honneur en retombe sur nous.
Tous trois désavoueront la douleur qui te touche,
Les larmes de tes yeux, les soupirs de ta bouche,
L'horreur que tu fais voir d'un mari vertueux.
Sabine, sois leur sœur, suis ton devoir comme eux.

(Au Roi.)

Contre ce cher époux Valère en vain s'anime :
Un premier mouvement ne fut jamais un crime,
Et la louange est due au lieu du châtiment
Quand la vertu produit ce premier mouvement.
Aimer nos ennemis avec idolâtrie,
De rage en leur trépas maudire la patrie,
Souhaiter à l'État un malheur infini,
C'est ce qu'on nomme crime, et ce qu'il a puni.
Le seul amour de Rome a sa main animée.
Il serait innocent s'il l'avait moins aimée.
Qu'ai-je dit, Sire? il l'est, et ce bras paternel

L'aurait déjà puni s'il était criminel;
J'aurais su mieux user de l'entière puissance
Que me donnent sur lui les droits de la naissance :
J'aime trop l'honneur, Sire, et ne suis point de rang
A souffrir ni d'affront, ni de crime en mon sang.
C'est dont je ne veux point de témoin que Valère :
Il a vu quel accueil lui gardait ma colère,
Lorsque ignorant encor la moitié du combat
Je croyais que sa fuite avait trahi l'État.
Qui le fait se charger des soins de ma famille?
Qui le fait, malgré moi, vouloir venger ma fille?
Et par quelle raison dans son juste trépas
Prend-il un intérêt qu'un père ne prend pas?
On craint qu'après sa sœur il n'en maltraite d'autres!
Sire, nous n'avons part qu'à la honte des nôtres,
Et de quelque façon qu'un autre puisse agir,
Qui ne nous touche point ne nous fait point rougir.

(à Valère.)

Tu peux pleurer, Valère, et même aux yeux d'Horace,
Il ne prend intérêt qu'aux crimes de sa race :
Qui n'est point de son sang ne peut faire d'affront
Aux lauriers immortels qui lui ceignent le front.
Lauriers, sacrés rameaux qu'on veut réduire en poudre,
Vous qui mettez sa tête à couvert de la foudre,
L'abandonnerez-vous à l'infâme couteau
Qui fait choir les méchants sous la main d'un bourreau!
Romains, souffrirez-vous qu'on vous immole un homme
Sans qui Rome aujourd'hui cesserait d'être Rome,
Et qu'un Romain s'efforce à tacher le renom
D'un guerrier à qui tous doivent un si beau nom?
Dis, Valère, dis-nous, si tu veux qu'il périsse,
Où tu penses choisir un lieu pour son supplice?
Sera-ce entre ces murs, que mille et mille voix
Font résonner encor du bruit de ses exploits?
Sera-ce hors des murs, au milieu de ces places
Qu'on voit fumer encor du sang des Curiaces,

Entre leurs trois tombeaux, et dans ce champ d'honneur,
Témoin de sa vaillance et de notre bonheur?
Tu ne saurais cacher sa peine à sa victoire!
Dans les murs, hors des murs, tout parle de sa gloire;
Tout s'oppose à l'effort de ton injuste amour,
Qui veut d'un si beau sang souiller un si beau jour :
Albe ne pourra pas souffrir un tel spectacle,
Et Rome par ses pleurs y mettra trop d'obstacle.
Vous les préviendrez, Sire, et par un juste arrêt
Vous saurez embrasser bien mieux son intérêt.
Ce qu'il a fait pour elle il peut encor le faire,
Il peut la garantir encor d'un sort contraire.
Sire, ne donnez rien à mes débiles ans,
Rome aujourd'hui m'a vu père de quatre enfants,
Trois en ce même jour sont morts pour sa querelle.
Il m'en reste encore un, conservez-le pour elle!
N'ôtez pas à ses murs un si puissant appui,
Et souffrez, pour finir, que je m'adresse à lui.
Horace, ne crois pas que le peuple stupide
Soit le maître absolu d'un renom bien solide;
Sa voix tumultueuse assez souvent fait bruit,
Mais un moment l'élève, un moment le détruit;
Et ce qu'il contribue à notre renommée
Toujours en moins de rien se dissipe en fumée.
C'est aux rois, c'est aux grands, c'est aux esprits bien faits,
A voir la vertu pleine en ses moindres effets;
C'est d'eux seuls qu'on reçoit la véritable gloire;
Eux seuls des vrais héros assurent la mémoire :
Vis toujours en Horace, et toujours auprès d'eux
Ton nom demeurera grand, illustre, fameux,
Bien que l'occasion moins haute ou moins brillante
D'un vulgaire ignorant trompe l'injuste attente.
Ne hais donc plus la vie, et du moins vis pour moi,
Et pour servir encor ton pays et ton roi.
Sire, j'en ai trop dit : mais l'affaire vous touche;
Et Rome tout entière a parlé par ma bouche.

VALÈRE.	— Sire, permettez-moi.....
TULLE.	— Valère, c'est assez :

Vos discours par les leurs ne sont pas effacés,
J'en garde en mon esprit les forces plus pressantes,
Et toutes vos raisons me sont encor présentes.
Cette énorme action faite presque à nos yeux
Outrage la nature, et blesse jusqu'aux Dieux ;
Un premier mouvement qui produit un tel crime
Ne saurait leur servir d'excuse légitime ;
Les moins sévères lois en ce point sont d'accord,
Et si nous les suivons, il est digne de mort.
Si d'ailleurs nous voulons regarder le coupable,
Ce crime, quoique grand, énorme, inexcusable,
Vient de la même épée, et part du même bras
Qui me fait aujourd'hui maître de deux États.
Deux sceptres en ma main, Albe à Rome asservie,
Parlent bien hautement en faveur de sa vie :
Sans lui j'obéirais où je donne la loi,
Et je serais sujet où je suis deux fois roi.
Assez de bons sujets dans toutes les provinces
Par des vœux impuissants s'acquittent vers leurs princes ;
Tous le peuvent aimer, mais tous ne peuvent pas
Par d'illustres effets assurer leurs États ;
Et l'art et le pouvoir d'affermir des couronnes
Sont des dons que le ciel fait à peu de personnes ;
De pareils serviteurs sont les forces des rois,
Et de pareils aussi sont au-dessus des lois.
Qu'elles se taisent donc ! Que Rome dissimule
Ce que dès sa naissance elle vit en Romule !
Elle peut bien souffrir en son libérateur
Ce qu'elle a bien souffert en son premier auteur.
Vis donc, Horace, vis, guerrier trop magnanime.
Ta vertu met ta gloire au-dessus de ton crime,
Sa chaleur généreuse a produit ton forfait,
D'une cause si belle il faut souffrir l'effet.
Vis pour servir l'État, vis, mais aime Valère,

Qu'il ne reste entre vous ni haine ni colère,
Et, soit qu'il ait suivi l'amour ou le devoir,
Sans aucun sentiment résous-toi de le voir.
Sabine, écoutez moins la douleur qui vous presse,
Chassez de ce grand cœur ces marques de faiblesse,
C'est en séchant vos pleurs que vous vous montrerez
La véritable sœur de ceux que vous pleurez.
Mais nous devons aux Dieux demain un sacrifice,
Et nous aurions le ciel à nos vœux mal propice
Si nos prêtres, avant que de sacrifier,
Ne trouvaient les moyens de le purifier.
Son père en prendra soin. Il lui sera facile
D'apaiser tout d'un temps les mânes de Camille.
Je la plains, et pour rendre à son sort rigoureux
Ce que peut souhaiter son esprit amoureux,
Puisqu'en un même jour l'ardeur d'un même zèle
Achève le destin de son amant et d'elle,
Je veux qu'un même jour, témoin de leurs deux morts,
En un même tombeau voie enfermer leurs corps (2).

NOTES POUR HORACE

1. En passant du sujet du *Cid* à celui d'*Horace*, nous savons aujourd'hui que nous passons de l'histoire à la légende, — ou plutôt à la fable, si ce que l'on peut affirmer de plus certain des Horaces, c'est qu'ils n'ont jamais existé; — mais, au xviie siècle, on ne croyait pas moins fermement à Tite Live qu'à Denys d'Halicarnasse, de qui nous avons un récit, en grec, de ce combat fameux; et tout au contraire de nous, Corneille, lui, n'a pas douté qu'il passât de la fable ou de la légende à l'histoire. Son *Horace* a pour lui la même authenticité de fond que son *Cinna* par exemple, ou que son *Pompée*: c'est la première en date de ses « tragédies historiques »; et c'est à ce point de vue qu'il faut se placer pour la bien comprendre.

Au reste, l'influence du *Cid* y est sensible encore, et, une fois averti, rien n'est plus aisé que de l'y reconnaître. Mêmes « moyens » et mêmes sentiments, même facture et même « phraséologie ». Les vers du *Cid* flottaient pour ainsi dire encore dans la mémoire de Corneille, ils obsédaient encore son imagination quand il écrivait *Horace*. Ainsi, la méprise du vieil Horace, au quatrième acte, quand il maudit le fils dont Valère vient lui annoncer le triomphe, est tout à fait analogue à celle de Chimène, quand, au cinquième acte du *Cid*, elle croit voir en don Sanche le vainqueur de Rodrigue; et de même que dans *le Cid*, cette méprise procure le dénouement du drame, en arrachant à Chimène l'aveu public de son amour, la méprise du vieillard, ici, dans *Horace*, est aussi comme le pivot sur lequel tourne l'action. D'autres analogies ne sont pas moins curieuses, et nous en signalerons quelques-unes dans les notes qui suivent. Elles nous feraient incliner à dater la composition d'*Horace*, de 1638, plutôt que de 1639, ou pour mieux dire, à le rapprocher du *Cid*, et à l'éloigner de *Cinna*, que l'on date de 1640. Il n'y a certes plus rien de très « chevaleresque » dans *Horace*; mais je n'y vois rien non plus de très « romain ».

Comment maintenant, dans ce sujet, Corneille a reconnu pour la première fois l'emploi qu'il allait faire désormais de l'histoire dans la tragédie : — pour « authentiquer » en quelque sorte l'extraordinaire ou même l'invraisemblable, — c'est ce que nous avons dit dans la *Notice*. A la vérité, le choix n'était pas très heureux. Un combat peut bien être un événement tragique : il ne saurait suffire à faire la matière d'une tragédie. Aussi, pour remplir ces cinq actes, Corneille a-t-il été dans l'obligation d'ajouter d'abord aux personnages de Tite Live le personnage de Sabine, dont on a discuté quelquefois l'utilité, mais sans lequel on peut bien dire qu'il n'y aurait même pas d'apparence de pièce. On remarquera là-dessus que l'Infante du *Cid* n'était pas de son invention, et non seulement qu'elle figure dans le drame espagnol, mais qu'elle y tient un rôle plus important que dans la tragédie française. Il a ensuite, pendant quatre actes, enchevêtré deux actions au moins l'une dans l'autre, si l'intérêt de ces quatre actes se divise entre la curiosité de connaître l'issue du combat, et celle qu'excite l'amour de Camille pour Curiace. Enfin cette action déjà double est suivie d'une troisième « par le second péril où tombe Horace après être sorti du premier », selon l'expression de Corneille lui-même dans l'*Examen* de sa pièce, où les grandes beautés qu'il y reconnaît lui permettent, sans péril pour son amour-propre, d'avouer quelques défauts. Et malgré tant d' « action » la tragédie paraît vide ; et quelque « artificieux » que soit le troisième acte, qui devrait être l'acte capital, « la seule narration de la moitié du combat des Horaces » n'y dissimule pas l'interminable longueur des conversations. Au point de vue de l'art, il s'en faut donc de beaucoup, ou même du tout, qu'*Horace* marque un progrès sur *le Cid*, et l'emploi de l'histoire n'a pas pour la première fois porté bonheur au dramaturge.

Mais le poète ou l'orateur y a, au contraire, trouvé quelques-unes assurément de ses plus belles inspirations. Non pas du tout que nous admirions plus qu'il ne convient le patriotisme farouche du jeune Horace, et plutôt, nous croirions volontiers, avec l'honnête Daunou, « qu'on calomnie la vraie bravoure, le patriotisme, l'amour de la liberté quand on suppose qu'ils inspirent une si honteuse frénésie ; qu'ils donnent des mœurs si farouches ; qu'ils éteignent dans les âmes les sentimens que la vertu y a gravés ». Si l'expression a, comme on dit, quelque chose d'un peu « prudhommesque », on ne saurait penser plus raisonnablement. Mais ce qui n'est pas moins certain, c'est que, pour traduire la férocité de ce patriotisme, Corneille a trouvé d'incomparables accents, et, d'ailleurs, la dureté des discours qu'il prête au jeune Horace est corrigée par la modération douloureuse de ceux qu'il a mis dans la bouche de Curiace et de Sabine. Ce n'est donc pas à tort que l'on a nommé *Horace* la tragédie du patriotisme; et tel est bien le mérite qui la soutient encore au théâtre contre tant de raisons qu'elle aurait d'y déplaire.

L'une de ces raisons qu'il faut bien qu'on signale, c'est la raideur « épique » des principaux caractères. Ils y sont tout d'une pièce, et à moins que ce ne soit tout à fait dans ses dernières tragédies, Corneille en a rarement mis à la scène de plus conformes à eux-mêmes, et partant, de moins « nuancés ». Le jeune Horace, en particulier, n'est qu'une brute héroïque. « Meurs ou tue », c'est tout ce qu'il sait dire; et vraiment il est trop convaincu, dans l'intransigeance de son héroïsme, que le sacrifice que nous faisons de notre vie à une idée nous donne un droit absolu d'y sacrifier aussi celle des autres. Je consens, d'ailleurs, en terminant, que cette raideur même ne laisse pas de concourir à l'impression générale, et que ce que l'on pourrait imputer à une insuffisance d'analyse psychologique produise ici l'effet du « sublime ». Mais nous aimons mieux aujourd'hui moins de « sublime » et plus d' « humanité ».

ACTE PREMIER

1. Pour être contemporaines de Tullus Hostilius, lequel, s'il avait existé, n'aurait pu régner qu'aux environs de 670 avant J.-C., les connaissances géographiques de Sabine ne paraissent-elles pas bien étendues et bien précises?

2. Ce ton de galanterie, qui rappelle celui du *Cid*, est ici bien étrange, et, dans ce sujet romain quasi préhistorique, aussi déplacé qu'au contraire il était naturel dans un sujet espagnol. Était-ce peut-être qu'il fallait plaire à l'hôtel de Rambouillet? Oui, sans doute, mais surtout, on ne saurait trop le redire, c'est que Corneille est naturellement « précieux », et quand la mode sera passée depuis longtemps de l'être, il le sera, lui, toujours, dans son *Attila*, par exemple, et dans sa *Bérénice*. La préciosité n'est pas seulement un vice ou un caractère du style : elle est aussi une forme d'esprit, que la mode ou les circonstances favorisent d'ailleurs plus ou moins.

ACTE DEUXIÈME

> Le sort qui de l'honneur nous ouvre la barrière,
> Offre à notre constance *une illustre matière*;
> *Il épuise sa force* à former un malheur
> Pour mieux se mesurer avec notre valeur;
> Et comme il voit en nous *des âmes non communes*,
> *Hors de l'ordre commun il nous fait des fortunes.*

Ces quelques vers sont peut-être la meilleure définition qu'on ait jamais donnée de l'idéal dramatique de Corneille, et nous-même, en essayant de le caractériser, nous n'avons fait que les paraphraser. *Une illustre matière* : voilà ce que Corneille, à partir de son *Horace*, va d'abord chercher dans l'histoire ou dans la légende héroïque, pour en former le sujet de ses pièces, — *Cinna*, *Polyeucte*, *Théodore*, *Pompée*, *Rodogune*, *Héraclius*, *Don Sanche d'Aragon*, *Pertharite*, — c'est-à-dire, une matière qui ne soit pas ordinaire, à plus forte raison commune, et dont la seule exposition sur le théâtre suffise d'abord à éveiller non point du tout la « terreur, » ou la « pitié, » lesquelles ne sont qu'accessoirement les ressorts de son drame, mais l'admiration. *Il épuisera sa force* alors à en disposer, à en combiner, ou pour mieux dire à en compliquer les parties d'une manière qui *mesure sa valeur* en la rapportant à notre étonnement; et, — comme dans *Horace*, comme dans *Polyeucte*, dans *Théodore*, dans *Rodogune*, dans *Héraclius*, — ses « entreprises sur l'histoire » consisteront à l'enrichir elle-même du romanesque de ses inventions. Il inventera Sabine pour en faire la belle-sœur de Camille, et ainsi nouer entre les Curiaces et les Horaces un lien de plus que ne lui donnait l'histoire. Et à tous ces personnages, il prêtera de parti pris, systématiquement, *des âmes non communes*, c'est-à-dire dont les sentiments diffèrent non seulement en degré, mais en nature, s'il est possible, des sentiments du vulgaire. Aussi lui reprocherait-on en vain que son Horace n'est pas « naturel, » ou que dans *Rodogune* sa Cléopâtre sort du « bon caractère » et de l'humanité : il répondrait qu'il en est bien aise, et qu'il l'a fait justement exprès !

> Hors de l'ordre commun il lui faut des fortunes,

et pour soutenir ces fortunes « extraordinaires » il lui faut donc des âmes extraordinaires, et au besoin monstrueuses comme elles. C'est en cela surtout, si l'on y tient absolument, qu'il sera « romantique », ou plutôt c'est encore un trait de commun qu'il aura par avance avec les Dumas et les Hugo de notre siècle. Eux aussi, c'est en effet de l'admiration ou de l'étonnement qu'ils ont fait le principal ressort de leur théâtre; et, comme Corneille, c'est par confondre le « rare » ou « l'extraordinaire » avec le « monstrueux » qu'ils ont terminé leur carrière dramatique.

2. Ce jeune Horace est parfaitement odieux; nous l'avons déjà dit, et nous le répétons. Mais ce qu'il y a de bien plus odieux en lui que la brutalité naturelle de son caractère, ce sont les sophismes par lesquels il essaye non seulement de la justifier, mais encore de la transformer en vertu.

Nous voyons poindre ici quelque chose de ce que l'on a justement appelé le *machiavélisme* de Corneille.

C'est au surplus une conséquence naturelle de son goût pour la casuistique, et, comme les bons pères des *Provinciales*, c'est en suivant sa pente qu'il en arrive à formuler naïvement quelques-unes des maximes les plus immorales qu'il y ait. On conçoit d'ailleurs qu'elles ne fussent pas pour déplaire au grand cardinal.

> Contre qui que ce soit que mon pays m'emploie
> J'accepte aveuglément cette gloire avec joie,
> Celle de recevoir de tels commandemens
> Doit étouffer en nous tous autres sentimens.

Napoléon lui-même n'en eût pas demandé davantage, et le jeune Horace eût assassiné le duc d'Enghien « avec joie ».

3. Notez dans cette réplique, tout au commencement, le seul accent d'humanité qui échappe à Horace.

ACTE TROISIÈME

1. Comparez, dans une situation qui ne laisse pas d'avoir quelque analogie, ce monologue de Sabine avec les « stances » du *Cid*, ou plus loin avec le monologue d'Auguste dans *Cinna*. Si les « stances » du *Cid* étaient encore un hors-d'œuvre purement lyrique, la déclamation de Sabine, entièrement inutile au progrès de l'action, n'a pas beaucoup plus de valeur dramatique, et le lyrisme s'y retrouve toujours, sous l'uniformité de l'alexandrin, dans la disposition symétrique des parties du développement. Sabine fait cependant effort pour s'éclairer elle-même sur la nature de ses vrais sentimens, et cela déjà

est dramatique. Mais c'est Auguste seulement dont le monologue le sera tout à fait, parce que, dans l'analyse de ses sentiments il ne cherchera plus que les motifs capables de le déterminer à l'action, et c'est une des raisons pour lesquelles nous trouvons *Horace* plus voisin du *Cid* que de *Cinna*.

ACTE QUATRIÈME

1. Cette intervention de Camille est heureusement trouvée, comme ayant le double effet de nous faire mieux connaître l'ardeur de son amour pour Curiace, et de rendre plus odieux le frère qui l'assassinera. Il lui importe peu que Rome soit vaincue, si « son Curiace » lui est conservé ; et on la trouve ainsi plus digne de pitié d'être frappée mortellement par l'homme même pour lequel elle intercédait.

2. Nous avons déjà signalé l'analogie de ce « moyen » avec celui dont Corneille s'est servi dans le *Cid*.

3. On raconte un peu partout que Corneille reprochait à Racine ce que nous appellerions aujourd'hui l'insuffisance ou l'anachronisme de sa « couleur locale » et il semble qu'en général on l'en ait cru trop aisément. Si donc les Espagnols du *Cid* ressemblent eux-mêmes bien moins à ceux du *Romancero* qu'à des gentilshommes français de la cour de Louis XIII, c'est le moment d'observer ici que son « vieil Horace », avec toute son affectation de férocité romaine, n'est après tout qu'un courtisan de la royauté du XVIIe siècle. En réalité, il n'y a de « romain » dans *Horace* qu'une certaine emphase déclamatoire, dont il faudrait d'ailleurs prouver qu'elle est romaine, exclusivement romaine, ce qui serait peut-être assez difficile ; et comme on retrouve d'ailleurs les mêmes traits dans *Rodogune*, il faudrait ensuite établir que rien ne ressemblait plus à un Romain qu'un Parthe ou qu'un Grec de Syrie, ce qui serait assez nouveau.

4. Pourquoi Camille ne nous touche-t-elle pas ?

Vit-on jamais une âme en un jour plus atteinte
De joie et de douleur, d'espérance et de crainte ?

Elle a raison de le dire. Mais cependant elle ne nous touche pas ! C'est en vain qu'elle énumère, dans ce long monologue, tous les motifs qu'elle aurait d'exciter notre pitié ; nous ne sentons point d'émotion; et pour la plaindre, il faudra tout à l'heure qu'elle périsse de la main de son frère. Encore ne nous sentirons-nous émus que physiquement, si l'on peut ainsi dire, frappés nous-mêmes plutôt qu'émus, et surpris d'une espèce d'horreur, mais non pas du tout pénétrés d'aucune sympathie. Camille nous est presque indifférente. L'une des raisons en est qu'en son genre elle n'est pas plus « humaine » que son boucher de frère. Nous ne la connaissons pas davantage. Et sa manière même de s'exalter à froid pour se donner le courage d'insulter le vainqueur des Curiaces nous met comme en défiance de la sincérité de ses sentiments.

5. Ces « imprécations » célèbres, qui ont tenté tant d'actrices, et qui ne leur sont qu'une occasion de donner de la voix, sont visiblement imitées de celles de Massinissa dans la *Sophonisbe* de Mairet :

> Cependant en mourant, ô peuple ambitieux,
> J'appellerai sur toi la colère des Cieux !
> Puisses-tu rencontrer, soit en paix, soit en guerre,
> Toute chose contraire et sur mer et sur terre,
> Que le Tage et le Pô contre toi rebellés
> Te reprennent les biens que tu leur as volés !
> Que Mars, faisant de Rome une seconde Troie,
> Donne aux Carthaginois tes richesses en proie,
> Et que dans peu de temps le dernier des Romains
> En finisse sa rage avec ses propres mains !

6. C'est lui-même ici que Corneille imite ; et il est difficile de ne pas reconnaître, dans l'insistance de Sabine à demander la mort, celle de Rodrigue à vouloir périr de la main de Chimène. Il semble même que l'on puisse dire à quel moment précis du discours de Sabine Corneille s'est tout à coup ressouvenu du *Cid*. Sabine avait commencé par dire :

> Joins Sabine à Camille et ta femme à ta sœur,

mais ce n'était là qu'une manière de reprocher à Horace l'atrocité de son crime. En effet, elle disait plus loin :

> Prenons part en public aux victoires publiques
> Pleurons dans la maison nos malheurs domestiques ;

et, puisqu'elle continue de parler, c'était le thème que l'on s'attendait qu'elle développât. C'était aussi celui qu'indiquaient le bon sens et l'humanité.

> Laisse en entrant ici tes lauriers à la porte

disait-elle encore, ce qui est d'ailleurs un vers de comédie,

> Mêle tes pleurs aux miens...

quand la voilà brusquement qui s'écrie :

> Quoi, ces lâches discours
> N'arment point ta vertu contre mes tristes jours!

On ne se doutait point qu'elle parlât tout à l'heure ironiquement, et ce « retournement » produit d'abord un effet singulier. C'est Corneille, comme nous le disions, qui s'est tout à coup souvenu de Rodrigue; et, ce qui avait une fois réussi dans *le Cid*, il a pensé qu'on l'applaudirait également dans *Horace*.

ACTE CINQUIÈME

1. On fouillerait en vain le théâtre, — je ne dis pas de Racine, mais de Voltaire même, — on n'y trouverait pas une scène qui fût moins « romaine » que celle-ci, et surtout moins contemporaine de l'époque où le poète a placé son action. Je sais bien ce que l'on dit : qu'il a Tite-Live pour lui ! Mais, d'abord, l'historien latin ne sait guère bien non plus distinguer les époques, et chez lui déjà les anachronismes de couleur abondent. « J'ai regret à voir Tite-Live, dit Montesquieu, jeter des fleurs sur ces colosses de l'antiquité. » En second lieu, ce que l'on ne trouve pas dans Tite-Live, ce sont quelques traits du discours du jeune Horace, les plus inattendus. Et enfin le vieil Horace n'y a point pour « le roi Tulle » cet excès de déférence :

> Ah! Sire, un tel honneur a trop d'excès pour moi,
> Ce n'est point en ce lieu que je dois voir mon roi!

Le bourgeois monarchique de Rouen — qui dédiait intrépidement son *Horace* à ce même cardinal dont il sortait à peine d'essuyer la persécution littéraire — se retrouve ici tout entier. Mais que veut-on de moins conforme à tout ce que nous savons de Rome, et j'ose dire à ce que Corneille en savait comme nous?

2. Dans les premières éditions, la pièce se termine par ces vers de Julie :

> Camille, ainsi le ciel t'avait bien avertie
> Des tragiques succès qu'il t'avait préparés,
> Mais toujours du secret il cache une partie
> Aux esprits les plus nets et les plus éclairés.

> Il semblait nous parler de ton proche hyménée,
> Il semblait tout promettre à tes vœux innocens,
> Et nous cachant ainsi ta mort inopinée,
> Sa voix n'est que trop vraie en trompant notre sens.
>
> Albe et Rome aujourd'hui prennent une autre face,
> Tes vœux sont exaucés, elles goûtent la paix,
> Et tu vas être unie avec ton Curiace,
> Sans qu'aucun mauvais sort t'en sépare jamais.

Ai-je besoin de montrer maintenant que le dénouement d'*Horace*, pas plus que celui du *Cid*, n'est le triomphe d'aucun devoir sur la passion? Prenons le personnage de Sabine ou celui de Camille, et demandons-nous quel est leur devoir? Car, en supposant que celui de Sabine soit de préférer la cause de son époux à celle de son frère, elle ne le remplit certes point. Mais si le devoir de Camille est d'être « romaine » avant d'aimer Curiace, elle le transgresse tout le long de la pièce, et il est vrai qu'elle en est punie, mais dans des conditions qui changent en pitié l'indignation qu'elle devrait inspirer. Quant au jeune Horace, sa passion est son devoir et son devoir est sa passion, quand il tient à Curiace le discours « sublime » si l'on veut, mais encore plus « barbare » que l'on sait :

> Rome vous a nommé, je ne vous connois plus!...

Et lorsque sa sœur l'accueille avec des larmes et des injures, si son devoir serait assurément de ne pas l'assassiner, en ce cas c'est sa passion qui l'emporte sur son devoir. On ne voit donc que le vieil Horace de qui le caractère ait quelque chose de la définition qu'on donne ordinairement du drame cornélien. Si nous y insistons, ce n'est point d'ailleurs pour diminuer ce que nous avons nous-même appelé la « moralité » d'une part au moins du théâtre de Corneille, mais c'est qu'il serait temps d'en finir avec la plus inexacte et la moins justifiée des formules. La passion n'est pas plus « vaincue » par le devoir dans le théâtre de Corneille que dans celui de Racine, et c'est pour l'avoir cru, c'est pour le redire trop souvent encore sans prendre la peine d'y regarder de plus près que l'on s'est trompé, sur le caractère du théâtre de Corneille, sur la nature du génie de Corneille, et sur l'évolution de la tragédie classique.

CINNA

ou

LA CLÉMENCE D'AUGUSTE

1640

PERSONNAGES

OCTAVE CÉSAR AUGUSTE, empereur de Rome.
LIVIE, impératrice.
CINNA, fils d'une fille de Pompée, chef de la conjuration con
   Auguste.
MAXIME, autre chef de la conjuration.
ÉMILIE, fille de C. Toranius, tuteur d'Auguste, et proscrit
   lui durant le triumvirat.
FULVIE, confidente d'Émilie.
POLYCLÈTE, affranchi d'Auguste.
ÉVANDRE, affranchi de Cinna.
EUPHORBE, affranchi de Maxime.

La scène est à Rome.

ACTE PREMIER[1]

SCÈNE I. — ÉMILIE.

ÉMILIE. — Impatients désirs d'une illustre vengeance
Dont la mort de mon père a formé la naissance,
Enfants impétueux de mon ressentiment,
Que ma douleur séduite embrasse aveuglément,
Vous prenez sur mon âme un trop puissant empire :
Durant quelques moments souffrez que je respire,
Et que je considère, en l'état où je suis,
Et ce que je hasarde, et ce que je poursuis.
Quand je regarde Auguste au milieu de sa gloire,
Et que vous reprochez à ma triste mémoire
Que par sa propre main mon père massacré
Du trône où je le vois fait mon premier degré ;
Quand vous me présentez cette sanglante image,
La cause de ma haine, et l'effet de sa rage,
Je m'abandonne toute à vos ardents transports,
Et crois pour une mort lui devoir mille morts.
Au milieu toutefois d'une fureur si juste,
J'aime encor plus Cinna que je ne hais Auguste,

Et je sens refroidir ce bouillant mouvement,
Quand il faut, pour le suivre, exposer mon amant.
Oui, Cinna, contre moi moi-même je m'irrite,
Quand je songe aux dangers où je te précipite.
Quoique pour me servir tu n'appréhendes rien,
Te demander du sang, c'est exposer le tien.
D'une si haute place on n'abat point de têtes
Sans attirer sur soi mille et mille tempêtes.
L'issue en est douteuse, et le péril certain :
Un ami déloyal peut trahir ton dessein ;
L'ordre mal concerté, l'occasion mal prise,
Peuvent sur son auteur renverser l'entreprise,
Tourner sur toi les coups dont tu le veux frapper ;
Dans sa ruine même il peut t'envelopper,
Et, quoi qu'en ma faveur ton amour exécute,
Il te peut en tombant écraser sous sa chute.
Ah! cesse de courir à ce mortel danger.
Te perdre en me vengeant, ce n'est pas me venger.
Un cœur est trop cruel quand il trouve des charmes
Aux douceurs que corrompt l'amertume des larmes,
Et l'on doit mettre au rang des plus cuisants malheurs
La mort d'un ennemi qui coûte tant de pleurs.
Mais peut-on en verser alors qu'on venge un père?
Est-il perte à ce prix qui ne semble légère?
Et quand son assassin tombe sous notre effort,
Doit-on considérer ce que coûte sa mort?
Cessez, vaines frayeurs, cessez, lâches tendresses.
De jeter dans mon cœur vos indignes faiblesses ;
Et toi qui les produis par tes soins superflus,
Amour, sers mon devoir, et ne le combats plus!
Lui céder, c'est ta gloire, et le vaincre, ta honte,
Montre-toi généreux souffrant qu'il te surmonte.
Plus tu lui donneras, plus il te va donner,
Et ne triomphera que pour te couronner.

SCÈNE II. — ÉMILIE, FULVIE.

ÉMILIE. — Je l'ai juré, Fulvie, et je le jure encore,
Quoique j'aime Cinna, quoique mon cœur l'adore,
S'il me veut posséder, Auguste doit périr,
Sa tête est le seul prix dont il peut m'acquérir,
Je lui prescris la loi que mon devoir m'impose.

FULVIE. — Elle a pour la blâmer une trop juste cause :
Par un si grand dessein vous vous faites juger
Digne sang de celui que vous voulez venger.
Mais encor une fois souffrez que je vous die
Qu'une si juste ardeur devrait être attiédie :
Auguste chaque jour, à force de bienfaits,
Semble assez réparer les maux qu'il vous a faits :
Sa faveur envers vous paraît si déclarée,
Que vous êtes chez lui la plus considérée ;
Et de ses courtisans souvent les plus heureux
Vous pressent à genoux de lui parler pour eux.

ÉMILIE. — Toute cette faveur ne me rend pas mon père,
Et de quelque façon que l'on me considère,
Abondante en richesse, ou puissante en crédit,
Je demeure toujours la fille d'un proscrit.
Les bienfaits ne font pas toujours ce que tu penses :
D'une main odieuse ils tiennent lieu d'offenses ;
Plus nous en prodiguons à qui nous peut haïr,
Plus d'armes nous donnons à qui nous veut trahir.
Il m'en fait chaque jour sans changer mon courage,
Je suis ce que j'étais, et je puis davantage,
Et des mêmes présents qu'il verse dans mes mains
J'achète contre lui les esprits des Romains.
Je recevrais de lui la place de Livie
Comme un moyen plus sûr d'attenter à sa vie,
Pour qui venge son père il n'est point de forfaits,
Et c'est vendre son sang que se rendre aux bienfaits.

FULVIE. — Quel besoin toutefois de passer pour ingrate ?

Ne pouvez-vous haïr sans que la haine éclate?
Assez d'autres sans vous n'ont pas mis en oubli
Par quelles cruautés son trône est établi.
Tant de braves Romains, tant d'illustres victimes,
Qu'à son ambition ont immolé ses crimes,
Laissent à leurs enfants d'assez vives douleurs
Pour venger votre perte en vengeant leurs malheurs.
Beaucoup l'ont entrepris, mille autres vont les suivre;
Qui vit haï de tous ne saurait longtemps vivre :
Remettez à leurs bras les communs intérêts,
Et n'aidez leurs desseins que par des vœux secrets.

ÉMILIE. — Quoi! je le haïrai sans tâcher de lui nuire!
J'attendrai du hasard qu'il ose le détruire!
Et je satisferai des devoirs si pressants
Par une haine obscure, et des vœux impuissants!
Sa perte que je veux me deviendrait amère,
Si quelqu'un l'immolait à d'autres qu'à mon père,
Et tu verrais mes pleurs couler pour son trépas,
Qui le faisant périr ne me vengerait pas.
C'est une lâcheté que de remettre à d'autres
Les intérêts publics qui s'attachent aux nôtres.
Joignons à la douceur de venger nos parents
La gloire qu'on remporte à punir les tyrans,
Et faisons publier par toute l'Italie :
« La liberté de Rome est l'œuvre d'Émilie,
On a touché son âme, et son cœur s'est épris,
Mais elle n'a donné son amour qu'à ce prix. »

FULVIE. — Votre amour à ce prix n'est qu'un présent funeste
Qui porte à votre amant sa perte manifeste :
Pensez mieux, Émilie, à quoi vous l'exposez,
Combien à cet écueil se sont déjà brisés,
Ne vous aveuglez point quand sa mort est visible.

ÉMILIE. — Ah! tu sais me frapper par où je suis sensible.
Quand je songe aux dangers que je lui fais courir,
La crainte de sa mort me fait déjà mourir;
Mon esprit en désordre à soi-même s'oppose,

Je veux, et ne veux pas, je m'emporte, et je n'ose ;
Et mon devoir confus, languissant, étonné,
Cède aux rebellions de mon cœur mutiné.
Tout beau, ma passion, deviens un peu moins forte :
Tu vois bien des hasards, ils sont grands, mais n'importe !
Cinna n'est pas perdu pour être hasardé ;
De quelques légions qu'Auguste soit gardé,
Quelque soin qu'il se donne, et quelque ordre qu'il tienne,
Qui méprise la vie est maître de la sienne ;
Plus le péril est grand, plus doux en est le fruit,
La vertu nous y jette, et la gloire le suit.
Quoi qu'il en soit, qu'Auguste, ou que Cinna périsse,
Aux mânes paternels je dois ce sacrifice :
Cinna me l'a promis en recevant ma foi,
Et ce coup seul aussi le rend digne de moi.
Il est tard, après tout, de m'en vouloir dédire.
Aujourd'hui l'on s'assemble, aujourd'hui l'on conspire,
L'heure, le lieu, le bras se choisit aujourd'hui,
Et c'est à faire enfin à mourir après lui (1).

SCÈNE III. — CINNA, ÉMILIE, FULVIE.

ÉMILIE. — Mais le voici qui vient. Cinna, votre assemblée
Par l'effroi du péril n'est-elle point troublée ?
Et reconnaissez-vous au front de vos amis
Qu'ils soient prêts à tenir ce qu'ils vous ont promis ?

CINNA. — Jamais contre un tyran entreprise conçue
Ne permit d'espérer une si belle issue,
Jamais de telle ardeur on n'en jura la mort,
Et jamais conjurés ne furent mieux d'accord.
Tous s'y montrent portés avec tant d'allégresse,
Qu'ils semblent, comme moi, servir une maîtresse,
Et tous font éclater un si puissant courroux,
Qu'ils semblent tous venger un père, comme vous.

ÉMILIE. — Je l'avais bien prévu, que pour un tel ouvrage
Cinna saurait choisir des hommes de courage,

CORNEILLE.

Et ne remettrait pas en de mauvaises mains
L'intérêt d'Émilie, et celui des Romains.

CINNA. — Plût aux Dieux que vous-même eussiez vu de quel zèle
Cette troupe entreprend une action si belle!
Au seul nom de César, d'Auguste, et d'empereur,
Vous eussiez vu leurs yeux s'enflammer de fureur,
Et, dans un même instant par un effet contraire,
Leur front pâlir d'horreur et rougir de colère.
« Amis, leur ai-je dit, voici le jour heureux
Qui doit conclure enfin nos desseins généreux :
Le ciel entre nos mains a mis le sort de Rome,
Et son salut dépend de la perte d'un homme,
Si l'on doit le nom d'homme à qui n'a rien d'humain,
A ce tigre altéré de tout le sang romain.
Combien pour le répandre a-t-il formé de brigues?
Combien de fois changé de partis et de ligues,
Tantôt ami d'Antoine, et tantôt ennemi,
Et jamais insolent ni cruel à demi! »
Là, par un long récit de toutes les misères
Que durant notre enfance ont enduré nos pères,
Renouvelant leur haine avec leur souvenir,
Je redouble en leurs cœurs l'ardeur de le punir.
Je leur fais des tableaux de ces tristes batailles
Où Rome par ses mains déchirait ses entrailles,
Où l'aigle abattait l'aigle, et de chaque côté
Nos légions s'armaient contre leur liberté;
Où les meilleurs soldats et les chefs les plus braves
Mettaient toute leur gloire à devenir esclaves;
Où, pour mieux assurer la honte de leurs fers,
Tous voulaient à leur chaîne attacher l'univers;
Et l'exécrable honneur de lui donner un maître
Faisant aimer à tous l'infâme nom de traître,
Romains contre Romains, parents contre parents,
Combattaient seulement pour le choix des tyrans.
J'ajoute à ces tableaux la peinture effroyable
De leur concorde impie, affreuse, inexorable,

Funeste aux gens de bien, aux riches, au sénat,
Et, pour tout dire enfin, de leur Triumvirat.
Mais je ne trouve point de couleurs assez noires
Pour en représenter les tragiques histoires :
Je les peins dans le meurtre à l'envi triomphants,
Rome entière noyée au sang de ses enfants,
Les uns assassinés dans les places publiques,
Les autres dans le sein de leurs Dieux domestiques,
Le méchant par le prix au crime encouragé,
Le mari par sa femme en son lit égorgé,
Le fils tout dégouttant du meurtre de son père,
Et sa tête à la main demandant son salaire,
Sans pouvoir exprimer par tant d'horribles traits,
Qu'un crayon imparfait de leur sanglante paix.
Vous dirai-je les noms de ces grands personnages
Dont j'ai dépeint les morts pour aigrir les courages,
De ces fameux proscrits, ces demi-dieux mortels,
Qu'on a sacrifiés jusque sur les autels?
Mais pourrais-je vous dire à quelle impatience,
A quels frémissements, à quelle violence,
Ces indignes trépas, quoique mal figurés,
Ont porté les esprits de tous nos conjurés?
Je n'ai point perdu temps, et voyant leur colère
Au point de ne rien craindre, en état de tout faire,
J'ajoute en peu de mots : « Toutes ces cruautés,
La perte de nos biens et de nos libertés,
Le ravage des champs, le pillage des villes,
Et les proscriptions, et les guerres civiles
Sont les degrés sanglants dont Auguste a fait choix
Pour monter sur le trône et nous donner des lois :
Mais nous pouvons changer un destin si funeste,
Puisque de trois tyrans c'est le seul qui nous reste,
Et que juste une fois il s'est privé d'appui,
Perdant, pour régner seul, deux méchants comme lui.
Lui mort, nous n'avons point de vengeur, ni de maître,
Avec la liberté Rome s'en va renaître ;

Et nous mériterons le nom de vrais Romains,
Si le joug qui l'accable est brisé par nos mains.
Prenons l'occasion tandis qu'elle est propice :
Demain au Capitole il fait un sacrifice,
Qu'il en soit la victime, et faisons en ces lieux
Justice à tout le monde à la face des Dieux.
Là presque pour sa suite il n'a que notre troupe,
C'est de ma main qu'il prend, et l'encens, et la coupe,
Et je veux pour signal que cette même main
Lui donne au lieu d'encens d'un poignard dans le sein :
Ainsi d'un coup mortel la victime frappée
Fera voir si je suis du sang du grand Pompée,
Faites voir après moi si vous vous souvenez
Des illustres aïeux de qui vous êtes nés. »
A peine ai-je achevé que chacun renouvelle
Par un noble serment le vœu d'être fidèle.
L'occasion leur plaît, mais chacun veut pour soi
L'honneur du premier coup que j'ai choisi pour moi.
La raison règle enfin l'ardeur qui les emporte :
Maxime et la moitié s'assurent de la porte,
L'autre moitié me suit et doit l'environner,
Prête au premier signal que je voudrai donner.
Voilà, belle Émilie, à quel point nous en sommes :
Demain j'attends la haine ou la faveur des hommes,
Le nom de parricide ou de libérateur,
César celui de prince, ou d'un usurpateur.
Du succès qu'on obtient contre la tyrannie
Dépend, ou notre gloire, ou notre ignominie,
Et le peuple inégal à l'endroit des tyrans,
S'il les déteste morts, les adore vivants.
Pour moi, soit que le ciel me soit dur, ou propice,
Qu'il m'élève à la gloire, ou me livre au supplice,
Que Rome se déclare, ou pour, ou contre nous,
Mourant pour vous servir, tout me semblera doux.

ÉMILIE. — Ne crains point de succès qui souille ta mémoire,
Le bon et le mauvais sont égaux pour ta gloire,

CINNA

PAR UN NOBLE SERMENT, LE VOEU D'ÊTRE FIDÈLE. (Page 156.)

dans un tel dessein le manque de bonheur
Met en péril ta vie, et non pas ton honneur.
Regarde le malheur de Brute et de Cassie :
La splendeur de leurs noms en est-elle obscurcie?
Sont-ils morts tout entiers avec leurs grands desseins?
Ne les compte-t-on plus pour les derniers Romains?
Leur mémoire dans Rome est encor précieuse,
Autant que de César la vie est odieuse;
Si leur vainqueur y règne, ils y sont regrettés,
Et par les vœux de tous leurs pareils souhaités.
Va marcher sur leurs pas où l'honneur te convie.
Mais ne perds pas le soin de conserver ta vie,
Souviens-toi du beau feu dont nous sommes épris,
Qu'aussi bien que la gloire Émilie est ton prix,
Que tu me dois ton cœur, que mes faveurs t'attendent,
Que tes jours me sont chers, que les miens en dépendent.
Mais quelle occasion mène Évandre vers nous?

SCÈNE IV. — CINNA, ÉMILIE, ÉVANDRE, FULVIE.

ÉVANDRE. — Seigneur, César vous mande, et Maxime avec vous.
CINNA. — Et Maxime avec moi! le sais-tu bien, Évandre?
ÉVANDRE. — Polyclète est encor chez vous à vous attendre,
Et fût venu lui-même avec moi vous chercher,
Si ma dextérité n'eût su l'en empêcher.
Je vous en donne avis, de peur d'une surprise.
Il presse fort.
ÉMILIE. — Mander les chefs de l'entreprise,
Tous deux! en même temps! vous êtes découverts.
CINNA. — Espérons mieux, de grâce.
ÉMILIE. — Ah! Cinna, je te perds,
Et les Dieux, obstinés à nous donner un maître,
Parmi tes vrais amis ont mêlé quelque traître.
Il n'en faut point douter, Auguste a tout appris.
Quoi, tous deux! et sitôt que le conseil est pris!
CINNA. — Je ne vous puis celer que son ordre m'étonne;

              Mais souvent il m'appelle auprès de sa personne,
              Maxime est comme moi de ses plus confidents,
              Et nous nous alarmons peut-être en imprudents.

ÉMILIE. — Sois moins ingénieux à te tromper toi-même,
              Cinna; ne porte point mes maux jusqu'à l'extrême;
              Et puisque désormais tu ne peux me venger,
              Dérobe au moins ta tête à ce mortel danger.
              Fuis d'Auguste irrité l'implacable colère.
              Je verse assez de pleurs pour la mort de mon père,
              N'aigris point ma douleur par un nouveau tourment
              Et ne me réduis point à pleurer mon amant.

CINNA. — Quoi! sur l'illusion d'une terreur panique,
              Trahir vos intérêts et la cause publique!
              Par cette lâcheté moi-même m'accuser,
              Et tout abandonner quand il faut tout oser!
              Que feront nos amis, si vous êtes déçue?

ÉMILIE. — Mais que deviendras-tu si l'entreprise est sue?

CINNA. — S'il est pour me trahir des esprits assez bas,
              Ma vertu pour le moins ne me trahira pas.
              Vous la verrez, brillante au bord des précipices,
              Se couronner de gloire en bravant les supplices,
              Rendre Auguste jaloux du sang qu'il répandra,
              Et le faire trembler alors qu'il me perdra.
              Je deviendrais suspect à tarder davantage.
              Adieu, raffermissez ce généreux courage :
              S'il faut subir le coup d'un destin rigoureux,
              Je mourrai tout ensemble heureux et malheureux.
              Heureux, pour vous servir de perdre ainsi la vie,
              Malheureux, de mourir sans vous avoir servie.

ÉMILIE. — Oui, va, n'écoute plus ma voix qui te retient.
              Mon trouble se dissipe et ma raison revient.
              Pardonne à mon amour cette indigne faiblesse :
              Tu voudrais fuir en vain, Cinna, je le confesse,
              Si tout est découvert, Auguste a su pourvoir
              A ne te laisser pas la fuite en ton pouvoir.
              Porte, porte chez lui cette mâle assurance,

Digne de notre amour, digne de ta naissance ;
Meurs, s'il y faut mourir, en citoyen romain ;
Et par un beau trépas couronne un beau dessein.
Ne crains pas qu'après toi rien ici me retienne,
Ta mort emportera mon âme vers la tienne,
Et mon cœur aussitôt, percé des mêmes coups....

CINNA. — Ah ! souffrez que tout mort je vive encore en vous,
Et du moins en mourant permettez que j'espère
Que vous saurez venger l'amant avec le père.
Rien n'est pour vous à craindre : aucun de nos amis
Ne sait ni vos desseins, ni ce qui m'est promis ;
Et leur parlant tantôt des misères romaines,
Je leur ai tu la mort qui fait naître nos haines,
De peur que mon ardeur, touchant vos intérêts,
D'un si parfait amour ne trahît les secrets.
Il n'est su que d'Évandre et de votre Fulvie.

ÉMILIE. — Avec moins de frayeur je vais donc chez Livie,
Puisque dans ton péril il me reste un moyen
De faire agir pour toi son crédit et le mien.
Mais si mon amitié par là ne te délivre,
N'espère pas qu'enfin je veuille te survivre ;
Je fais de ton destin des règles à mon sort,
Et j'obtiendrai ta vie, ou je suivrai ta mort.

CINNA. — Soyez en ma faveur moins cruelle à vous-même.

ÉMILIE. — Va-t'en, et souviens-toi seulement que je t'aime (3).

ACTE DEUXIÈME

SCÈNE I. — AUGUSTE, CINNA, MAXIME, TROUPE DE COURTISANS.

AUGUSTE. — Que chacun se retire, et qu'aucun n'entre ici.
Vous, Cinna, demeurez, et vous, Maxime, aussi.
(Tous se retirent, à la réserve de Cinna et de Maxime.)
Cet empire absolu sur la terre et sur l'onde,
Ce pouvoir souverain que j'ai sur tout le monde,
Cette grandeur sans borne, et cet illustre rang
Qui m'a jadis coûté tant de peine et de sang,
Enfin tout ce qu'adore en ma haute fortune
D'un courtisan flatteur la présence importune,
N'est que de ces beautés dont l'éclat éblouit,
Et qu'on cesse d'aimer sitôt qu'on en jouit.
L'ambition déplaît quand elle est assouvie.
D'une contraire ardeur son ardeur est suivie,
Et comme notre esprit, jusqu'au dernier soupir,
Toujours vers quelque objet pousse quelque désir,
Il se ramène en soi, n'ayant plus où se prendre,
Et monté sur le faîte il aspire à descendre.

J'ai souhaité l'empire, et j'y suis parvenu,
Mais, en le souhaitant, je ne l'ai pas connu !
Dans sa possession j'ai trouvé pour tous charmes
D'effroyables soucis, d'éternelles alarmes,
Mille ennemis secrets, la mort à tous propos,
Point de plaisir sans trouble, et jamais de repos.
Sylla m'a précédé dans ce pouvoir suprême,
Le grand César mon père en a joui de même;
D'un œil si différent tous deux l'ont regardé,
Que l'un s'en est démis, et l'autre l'a gardé :
Mais l'un, cruel, barbare, est mort aimé, tranquille,
Comme un bon citoyen dans le sein de sa ville;
L'autre, tout débonnaire, au milieu du Sénat,
A vu trancher ses jours par un assassinat.
Ces exemples récents suffiraient pour m'instruire,
Si par l'exemple seul on se devait conduire,
L'un m'invite à le suivre, et l'autre me fait peur :
Mais l'exemple souvent n'est qu'un miroir trompeur,
Et l'ordre du destin qui gêne nos pensées
N'est pas toujours écrit dans les choses passées.
Quelquefois l'un se brise où l'autre s'est sauvé,
Et par où l'un périt un autre est conservé.
Voilà, mes chers amis, ce qui me met en peine.
Vous, qui me tenez lieu d'Agrippe et de Mécène,
Pour résoudre ce point avec eux débattu,
Prenez sur mon esprit le pouvoir qu'ils ont eu.
Ne considérez point cette grandeur suprême,
Odieuse aux Romains, et pesante à moi-même,
Traitez-moi comme ami, non comme souverain;
Rome, Auguste, l'État, tout est en votre main.
Vous mettrez, et l'Europe, et l'Asie, et l'Afrique,
Sous les lois d'un monarque, ou d'une république,
Votre avis est ma règle, et par ce seul moyen
Je veux être empereur, ou simple citoyen.

CINNA. — Malgré notre surprise, et mon insuffisance,
Je vous obéirai, Seigneur, sans complaisance,

Et mets bas le respect qui pourrait m'empêcher
De combattre un avis où vous semblez pencher.
Souffrez-le d'un esprit jaloux de votre gloire,
Que vous allez souiller d'une tache trop noire,
Si vous ouvrez votre âme à ces impressions
Jusques à condamner toutes vos actions.
On ne renonce point aux grandeurs légitimes,
On garde sans remords ce qu'on acquiert sans crime
Et plus le bien qu'on quitte est noble, grand, exquis,
Plus qui l'ose quitter le juge mal acquis.
N'imprimez pas, Seigneur, cette honteuse marque
A ces rares vertus qui vous ont fait monarque :
Vous l'êtes justement, et c'est sans attentat
Que vous avez changé la forme de l'État.
Rome est dessous vos lois par le droit de la guerre,
Qui sous les lois de Rome a mis toute la terre;
Vos armes l'ont conquise, et tous les conquérants
Pour être usurpateurs ne sont pas des tyrans;
Quand ils ont sous leurs lois asservi des provinces,
Gouvernant justement, ils s'en font justes princes;
C'est ce que fit César : il vous faut aujourd'hui
Condamner sa mémoire, ou faire comme lui.
Si le pouvoir suprême est blâmé par Auguste,
César fut un tyran, et son trépas fut juste,
Et vous devez aux Dieux compte de tout le sang
Dont vous l'avez vengé pour monter à son rang.
N'en craignez point, Seigneur, les tristes destinées.
Un plus puissant démon veille sur vos années,
On a dix fois sur vous attenté sans effet,
Et qui l'a voulu perdre au même instant l'a fait.
On entreprend assez, mais aucun n'exécute,
Il est des assassins, mais il n'est plus de Brute.
Enfin, s'il faut attendre un semblable revers,
Il est beau de mourir maître de l'univers.
C'est ce qu'en peu de mots j'ose dire, et j'estime
Que ce peu que j'ai dit est l'avis de Maxime.

MAXIME. — Oui, j'accorde qu'Auguste a droit de conserver
L'empire où sa vertu l'a fait seule arriver,
Et qu'au prix de son sang, au péril de sa tête,
Il a fait de l'État une juste conquête :
Mais que sans se noircir il ne puisse quitter
Le fardeau que sa main est lasse de porter ;
Qu'il accuse par là César de tyrannie ;
Qu'il approuve sa mort ; c'est ce que je dénie.
Rome est à vous, Seigneur, l'empire est votre bien :
Chacun en liberté peut disposer du sien,
Il le peut à son choix garder, ou s'en défaire,
Vous seul ne pourriez pas ce que peut le vulgaire,
Et seriez devenu, pour avoir tout dompté,
Esclave des grandeurs où vous êtes monté !
Possédez-les, Seigneur, sans qu'elles vous possèdent.
Loin de vous captiver, souffrez qu'elles vous cèdent,
Et faites hautement connaître enfin à tous
Que tout ce qu'elles ont est au-dessous de vous.
Votre Rome autrefois vous donna la naissance,
Vous lui voulez donner votre toute-puissance,
Et Cinna vous impute à crime capital
La libéralité vers le pays natal !
Il appelle remords l'amour de la patrie !
Par la haute vertu la gloire est donc flétrie,
Et ce n'est qu'un objet digne de nos mépris,
Si de ses pleins effets l'infamie est le prix !
Je veux bien avouer qu'une action si belle
Donne à Rome bien plus que vous ne tenez d'elle,
Mais commet-on un crime indigne de pardon,
Quand la reconnaissance est au-dessus du don ?
Suivez, suivez, Seigneur, le ciel qui vous inspire.
Votre gloire redouble à mépriser l'empire,
Et vous serez fameux chez la postérité,
Moins pour l'avoir conquis que pour l'avoir quitté.
Le bonheur peut conduire à la grandeur suprême,
Mais pour y renoncer il faut la vertu même,

Et peu de généreux vont jusqu'à dédaigner,
Après un sceptre acquis, la douceur de régner.
Considérez d'ailleurs que vous régnez dans Rome,
Où de quelque façon que votre cour vous nomme
On hait la monarchie, et le nom d'empereur,
Cachant celui de roi, ne fait pas moins d'horreur.
Ils passent pour tyran quiconque s'y fait maître,
Qui le sert, pour esclave, et qui l'aime, pour traître ;
Qui le souffre a le cœur lâche, mol, abattu,
Et pour s'en affranchir tout s'appelle vertu.
Vous en avez, Seigneur, des preuves trop certaines :
On a fait contre vous dix entreprises vaines,
Peut-être que l'onzième est prête d'éclater,
Et que ce mouvement qui vous vient d'agiter
N'est qu'un avis secret que le ciel vous envoie,
Qui pour vous conserver n'a plus que cette voie.
Ne vous exposez plus à ces fameux revers :
Il est beau de mourir maître de l'univers,
Mais la plus belle mort souille notre mémoire,
Quand nous avons pu vivre et croître notre gloire,

CINNA — Si l'amour du pays doit ici prévaloir,
C'est son bien seulement que vous devez vouloir,
Et cette liberté, qui lui semble si chère,
N'est pour Rome, Seigneur, qu'un bien imaginaire,
Plus nuisible qu'utile, et qui n'approche pas
De celui qu'un bon prince apporte à ses États.
Avec ordre et raison les honneurs il dispense,
Avec discernement punit et récompense,
Et dispose de tout en juste possesseur,
Sans rien précipiter, de peur d'un successeur.
Mais quand le peuple est maître, on n'agit qu'en tumult
La voix de la raison jamais ne se consulte,
Les honneurs sont vendus aux plus ambitieux,
L'autorité livrée aux plus séditieux ;
Ces petits souverains qu'il fait pour une année,
Voyant d'un temps si court leur puissance bornée,

Des plus heureux desseins font avorter le fruit,
De peur de le laisser à celui qui les suit ;
Comme ils ont peu de part aux biens dont ils ordonnent,
Dans le champ du public largement ils moissonnent,
Assurés que chacun leur pardonne aisément,
Espérant à son tour un pareil traitement :
Le pire des États, c'est l'État populaire !

AUGUSTE. — Et toutefois le seul qui dans Rome peut plaire !
Cette haine des rois que depuis cinq cents ans
Avec le premier lait sucent tous ses enfants,
Pour l'arracher des cœurs, est trop enracinée.

MAXIME. — Oui, Seigneur, dans son mal Rome est trop obstinée ;
Son peuple, qui s'y plaît, en fuit la guérison ;
Et cette vieille erreur que Cinna veut abattre,
Est une heureuse erreur dont il est idolâtre,
Par qui le monde entier, asservi sous ses lois,
L'a vu cent fois marcher sur la tête des rois,
Son épargne s'enfler du sac de leurs provinces ; (1)
Que lui pouvaient de plus donner les meilleurs princes?
J'ose dire, Seigneur, que par tous les climats
Ne sont pas bien reçus toutes sortes d'États,
Chaque peuple a le sien conforme à sa nature,
Qu'on ne saurait changer sans lui faire une injure :
Telle est la loi du ciel, dont la sage équité
Sème dans l'univers cette diversité.
Les Macédoniens aiment le monarchique,
Et le reste des Grecs la liberté publique ;
Les Parthes, les Persans veulent des souverains ;
Et le seul Consulat est bon pour les Romains.

CINNA. — Il est vrai que du ciel la prudence infinie
Départ à chaque peuple un différent génie ;
Mais il n'est pas moins vrai que cet ordre des Cieux
Change selon les temps comme selon les lieux.
Rome a reçu des rois ses murs et sa naissance,
Elle tient des consuls sa gloire et sa puissance
Et reçoit maintenant de vos rares bontés

                    Le comble souverain de ses prospérités.
                    Sous vous, l'État n'est plus en pillage aux armées;
                    Les portes de Janus par vos mains sont fermées,
                    Ce que sous ses consuls on n'a vu qu'une fois,
                    Et qu'a fait voir comme eux le second de ses rois.
MAXIME. — Les changements d'État que fait l'ordre céleste
                    Ne coûtent point de sang, n'ont rien qui soit funeste.
CINNA. — C'est un ordre des Dieux qui jamais ne se rompt,
                    De nous vendre un peu cher les grands biens qu'ils nous font.
                    L'exil des Tarquins même ensanglanta nos terres,
                    Et nos premiers consuls nous ont coûté des guerres.
MAXIME. — Donc votre aïeul Pompée au Ciel a résisté
                    Quand il a combattu pour notre liberté?
CINNA. — Si le Ciel n'eût voulu que Rome l'eût perdue,
                    Par les mains de Pompée il l'aurait défendue!
                    Il a choisi sa mort pour servir dignement
                    D'une marque éternelle à ce grand changement,
                    Et devait cette gloire aux mânes d'un tel homme,
                    D'emporter avec eux la liberté de Rome.
                    Ce nom depuis longtemps ne sert qu'à l'éblouir,
                    Et sa propre grandeur l'empêche d'en jouir.
                    Depuis qu'elle se voit la maîtresse du monde,
                    Depuis que la richesse entre ses murs abonde,
                    Et que son sein, fécond en glorieux exploits,
                    Produit des citoyens plus puissants que des rois,
                    Les grands, pour s'affermir achetant des suffrages,
                    Tiennent pompeusement leurs maîtres à leurs gages,
                    Qui, par des fers dorés se laissant enchaîner,
                    Reçoivent d'eux les lois qu'ils pensent leur donner.
                    Envieux l'un de l'autre, ils mènent tout par brigues,
                    Que leur ambition tourne en sanglantes ligues :
                    Ainsi de Marius Sylla devint jaloux,
                    César, de mon aïeul, Marc-Antoine, de vous;
                    Ainsi la liberté ne peut plus être utile
                    Qu'à former les fureurs d'une guerre civile,
                    Lorsque, par un désordre à l'univers fatal,

CINNA

IL A CHOISI SA MORT!... (Page 166.)

L'un ne veut point de maître, et l'autre point d'égal.
Seigneur, pour sauver Rome, il faut qu'elle s'unisse
En la main d'un bon chef à qui tout obéisse.
Si vous aimez encore à la favoriser,
Otez-lui les moyens de se plus diviser.
Sylla, quittant la place enfin bien usurpée,
N'a fait qu'ouvrir le champ à César et Pompée,
Que le malheur des temps ne nous eût pas fait voir,
S'il eût dans sa famille assuré son pouvoir.
Qu'a fait du grand César le cruel parricide,
Qu'élever contre vous Antoine avec Lépide,
Qui n'eussent pas détruit Rome par les Romains,
Si César eût laissé l'empire entre vos mains?
Vous la replongerez, en quittant cet empire,
Dans les maux dont à peine encore elle respire,
Et de ce peu, Seigneur, qui lui reste de sang,
Une guerre nouvelle épuisera son flanc.
Que l'amour du pays, que la pitié vous touche!
Votre Rome à genoux vous parle par ma bouche :
Considérez le prix que vous avez coûté,
Non pas qu'elle vous croie avoir trop acheté!
Des maux qu'elle a soufferts elle est trop bien payée;
Mais une juste peur tient son âme effrayée.
Si, jaloux de son heur et las de commander,
Vous lui rendez un bien qu'elle ne peut garder;
S'il lui faut à ce prix en acheter un autre;
Si vous ne préférez son intérêt au vôtre;
Si ce funeste don la met au désespoir,
Je n'ose dire ici ce que j'ose prévoir.
Conservez-vous, Seigneur, en lui laissant un maître
Sous qui son vrai bonheur commence de renaître,
Et pour mieux assurer le bien commun de tous,
Donnez un successeur qui soit digne de vous.

AUGUSTE. — N'en délibérons plus : cette pitié l'emporte,
Mon repos m'est bien cher, mais Rome est la plus forte;
Et quelque grand malheur qui m'en puisse arriver,

Je consens à me perdre afin de la sauver.
Pour ma tranquillité mon cœur en vain soupire,
Cinna, par vos conseils je retiendrai l'empire,
Mais je le retiendrai pour vous en faire part.
Je vois trop que vos cœurs n'ont point pour moi de fard,
Et que chacun de vous dans l'avis qu'il me donne
Regarde seulement l'État et ma personne.
Votre amour en tous deux fait ce combat d'esprits,
Et vous allez tous deux en recevoir le prix.
Maxime, je vous fais gouverneur de Sicile,
Allez donner mes lois à ce terroir fertile ;
Songez que c'est pour moi que vous gouvernerez,
Et que je répondrai de ce que vous ferez.
Pour épouse, Cinna, je vous donne Émilie :
Vous savez qu'elle tient la place de Julie,
Et que si nos malheurs et la nécessité
M'ont fait traiter son père avec sévérité,
Mon épargne depuis en sa faveur ouverte
Doit avoir adouci l'aigreur de cette perte.
Voyez-la de ma part, tâchez de la gagner ;
Vous n'êtes point pour elle un homme à dédaigner ;
De l'offre de vos vœux elle sera ravie.
Adieu, j'en veux porter la nouvelle à Livie (2).

SCÈNE II. — CINNA, MAXIME.

MAXIME. — Quel est votre dessein après ces beaux discours ?
CINNA. — Le même que j'avais, et que j'aurai toujours.
MAXIME. — Un chef de conjurés flatte la tyrannie !
CINNA. — Un chef de conjurés la veut voir impunie !
MAXIME. — Je veux voir Rome libre.
CINNA. —   Et vous pouvez juger
Que je veux l'affranchir ensemble, et la venger.
Octave aura donc vu ses fureurs assouvies,
Pillé jusqu'aux autels, sacrifié nos vies,
Rempli les champs d'horreur, comblé Rome de morts,

Et sera quitte après pour l'effet d'un remords !
Quand le Ciel par nos mains à le punir s'apprête,
Un lâche repentir garantira sa tête !
C'est trop semer d'appâts, et c'est trop inviter
Par son impunité quelque autre à l'imiter.
Vengeons nos citoyens, et que sa peine étonne
Quiconque après sa mort aspire à la couronne :
Que le peuple aux tyrans ne soit plus exposé :
S'il eût puni Sylla, César eût moins osé.

MAXIME. — Mais la mort de César, que vous trouvez si juste,
A servi de prétexte aux cruautés d'Auguste,
Voulant nous affranchir, Brute s'est abusé :
S'il n'eût puni César, Auguste eût moins osé.

CINNA. — La faute de Cassie, et ses terreurs paniques,
Ont fait rentrer l'État sous des lois tyranniques ;
Mais nous ne verrons point de pareils accidents,
Lorsque Rome suivra des chefs moins imprudents.

MAXIME. — Nous sommes encor loin de mettre en évidence
Si nous nous conduirons avec plus de prudence.
Cependant, c'en est peu que de n'accepter pas
Le bonheur qu'on recherche au péril du trépas

CINNA. — C'en est encor bien moins, alors qu'on s'imagine
Guérir un mal si grand sans couper la racine :
Employer la douceur à cette guérison,
C'est en fermant la plaie y verser du poison.

MAXIME. — Vous la voulez sanglante, et la rendez douteuse.
CINNA. — Vous la voulez sans peine, et la rendez honteuse.
MAXIME. — Pour sortir de ses fers jamais on ne rougit.
CINNA. — On en sort lâchement si la vertu n'agit.
MAXIME. — Jamais la liberté ne cesse d'être aimable,
Et c'est toujours pour Rome un bien inestimable.

CINNA. — Ce ne peut être un bien qu'elle daigne estimer
Quand il vient d'une main lasse de l'opprimer.
Elle a le cœur trop bon pour se voir avec joie
Le rebut du tyran dont elle fut la proie ;
Et tout ce que la gloire a de vrais partisans

	Le hait trop puissamment pour aimer ses présents.
MAXIME.	— Donc pour vous Émilie est un objet de haine ?
CINNA.	— La recevoir de lui me serait une gêne.
	Mais quand j'aurai vengé Rome des maux soufferts,
	Je saurai le braver jusque dans les enfers.
	Oui, quand par son trépas je l'aurai méritée,
	Je veux joindre à sa main ma main ensanglantée,
	L'épouser sur sa cendre, et qu'après notre effort
	Les présents du tyran soient le prix de sa mort.
MAXIME.	— Mais l'apparence, ami, que vous puissiez lui plaire
	Teint du sang de celui qu'elle aime comme un père ?
	Car vous n'êtes pas homme à la violenter.
CINNA.	— Ami, dans ce palais on peut nous écouter,
	Et nous parlons peut-être avec trop d'imprudence
	Dans un lieu si mal propre à notre confidence.
	Sortons, qu'en sûreté j'examine avec vous,
	Pour en venir à bout, les moyens les plus doux (3).

ACTE TROISIÈME

SCÈNE I. — MAXIME, EUPHORBE.

MAXIME. — Lui-même il m'a tout dit, leur flamme est mutuelle,
Il adore Émilie, il est adoré d'elle,
Mais sans venger son père il n'y peut aspirer,
Et c'est pour l'acquérir qu'il nous fait conspirer.

EUPHORBE. — Je ne m'étonne plus de cette violence
Dont il contraint Auguste à garder sa puissance :
La ligue se romprait s'il en était démis,
Et tous vos conjurés deviendraient ses amis.

MAXIME. — Ils servent à l'envi la passion d'un homme
Qui n'agit que pour soi, feignant d'agir pour Rome ;
Et moi, par un malheur qui n'eut jamais d'égal,
Je pense servir Rome, et je sers mon rival !

EUPHORBE. — Vous êtes son rival ?

MAXIME. — Oui, j'aime sa maîtresse,
Et l'ai caché toujours avec assez d'adresse (1).
Mon ardeur inconnue, avant que d'éclater,
Par quelque grand exploit la voulait mériter.
Cependant par mes mains je vois qu'il me l'enlève,

Son dessein fait ma perte, et c'est moi qui l'achève ;
J'avance des succès dont j'attends le trépas,
Et pour m'assassiner je lui prête mon bras.
Que l'amitié me plonge en un malheur extrême !

EUPHORBE. — L'issue en est aisée, agissez pour vous-même !
D'un dessein qui vous perd rompez le coup fatal,
Gagnez une maîtresse, accusant un rival ;
Auguste, à qui par là vous sauverez la vie,
Ne vous pourra jamais refuser Émilie.

MAXIME. — Quoi, trahir mon ami !

EUPHORBE. — L'amour rend tout permis :
Un véritable amant ne connaît point d'amis,
Et même avec justice on peut trahir un traître
Qui pour une maîtresse ose trahir son maître.
Oubliez l'amitié, comme lui les bienfaits. (2)

MAXIME. — C'est un exemple à fuir que celui des forfaits.

EUPHORBE. — Contre un si noir dessein tout devient légitime :
On n'est point criminel quand on punit un crime.

MAXIME. — Un crime par qui Rome obtient sa liberté !

EUPHORBE. — Craignez tout d'un esprit si plein de lâcheté.
L'intérêt du pays n'est point ce qui l'engage,
Le sien, et non la gloire, anime son courage.
Il aimerait César, s'il n'était amoureux,
Et n'est enfin qu'ingrat, et non pas généreux.
Pensez-vous avoir lu jusqu'au fond de son âme ?
Sous la cause publique il vous cachait sa flamme,
Et peut cacher encor sous cette passion
Les détestables feux de son ambition.
Peut-être qu'il prétend, après la mort d'Octave,
Au lieu d'affranchir Rome, en faire son esclave ;
Qu'il vous compte déjà pour un de ses sujets ;
Ou que sur votre perte il fonde ses projets.

MAXIME. — Mais comment l'accuser sans nommer tout le reste ?
A tous nos conjurés l'avis serait funeste,
Et par là nous verrions indignement trahis
Ceux qu'engage avec nous le seul bien du pays.

>   D'un si lâche dessein mon âme est incapable,
>   Il perd trop d'innocents pour punir un coupable :
>   J'ose tout contre lui, mais je crains tout pour eux.
> EUPHORBE. — Auguste s'est lassé d'être si rigoureux.
>   En ces occasions, ennuyé de supplices,
>   Ayant puni les chefs, il pardonne aux complices.
>   Si toutefois pour eux vous craignez son courroux,
>   Quand vous lui parlerez, parlez au nom de tous.
> MAXIME.   — Nous disputons en vain, et ce n'est que folie
>   De vouloir par sa perte acquérir Émilie;
>   Ce n'est pas le moyen de plaire à ses beaux yeux
>   Que de priver du jour ce qu'elle aime le mieux.
>   Pour moi, j'estime peu qu'Auguste me la donne;
>   Je veux gagner son cœur plutôt que sa personne;
>   Et ne fais point d'état de sa possession,
>   Si je n'ai point de part à son affection.
>   Puis-je la mériter par une triple offense?
>   Je trahis son amant, je détruis sa vengeance,
>   Je conserve le sang qu'elle veut voir périr,
>   Et j'aurais quelque espoir qu'elle me pût chérir!
> EUPHORBE. — C'est ce qu'à dire vrai je vois fort difficile.
>   L'artifice pourtant vous y peut être utile :
>   Il en faut trouver un qui la puisse abuser,
>   Et du reste, le temps en pourra disposer.
> MAXIME.   — Mais si pour s'excuser il nomme sa complice,
>   S'il arrive qu'Auguste avec lui la punisse,
>   Puis-je lui demander, pour prix de mon rapport,
>   Celle qui nous oblige à conspirer sa mort?
> EUPHORBE. — Vous pourriez m'opposer tant et de tels obstacles,
>   Que pour les surmonter il faudrait des miracles,
>   J'espère, toutefois, qu'à force d'y rêver....
> MAXIME.   — Éloigne-toi, dans peu j'irai te retrouver,
>   Cinna vient, et je veux en tirer quelque chose,
>   Pour mieux résoudre après ce que je me propose.

SCÈNE II. — CINNA, MAXIME.

MAXIME. — Vous me semblez pensif.
CINNA. — Ce n'est pas sans sujet
MAXIME. — Puis-je d'un tel chagrin savoir quel est l'objet?
CINNA. — Émilie, et César. L'un et l'autre me gêne :
L'un me semble trop bon, l'autre trop inhumaine.
Plût aux Dieux que César employât mieux ses soins,
Et s'en fît plus aimer, ou m'aimât un peu moins ;
Que sa bonté touchât la beauté qui me charme,
Et la pût adoucir comme elle me désarme !
Je sens au fond du cœur mille remords cuisants
Qui rendent à mes yeux tous ses bienfaits présents.
Cette faveur si pleine, et si mal reconnue,
Par un mortel reproche à tous moments me tue.
Il me semble surtout incessamment le voir
Déposer en nos mains son absolu pouvoir,
Écouter nos avis, m'applaudir, et me dire :
« Cinna, par vos conseils je retiendrai l'empire,
Mais je le retiendrai pour vous en faire part. »
Et je puis dans son sein enfoncer un poignard !
Ah ! plutôt.... Mais, hélas ! j'idolâtre Émilie,
Un serment exécrable à sa haine me lie,
L'horreur qu'elle a de lui me le rend odieux !
Des deux côtés j'offense et ma gloire et les Dieux,
Je deviens sacrilège, ou je suis parricide,
Et vers l'un ou vers l'autre il faut être perfide.
MAXIME. — Vous n'aviez point tantôt ces agitations,
Vous paraissiez plus ferme en vos intentions,
Vous ne sentiez au cœur ni remords, ni reproche,
CINNA. — On ne les sent aussi que quand le coup approche,
Et l'on ne reconnaît de semblables forfaits
Que quand la main s'apprête à venir aux effets.
L'âme, de son dessein jusque-là possédée,
S'attache aveuglément à sa première idée.

              Mais alors quel esprit n'en devient point troublé?
              Ou plutôt quel esprit n'en est point accablé?
              Je crois que Brute même, à tel point qu'on le prise,
              Voulut plus d'une fois rompre son entreprise,
              Qu'avant que de frapper elle lui fit sentir
              Plus d'un remords en l'âme, et plus d'un repentir.
MAXIME.   — Il eut trop de vertu pour tant d'inquiétude :
              Il ne soupçonna point sa main d'ingratitude,
              Et fut contre un tyran d'autant plus animé
              Qu'il en reçut de biens et qu'il s'en vit aimé.
              Comme vous l'imitez, faites la même chose,
              Et formez vos remords d'une plus juste cause,
              De vos lâches conseils, qui seuls ont arrêté
              Le bonheur renaissant de notre liberté.
              C'est vous seul aujourd'hui qui nous l'avez ôtée !
              De la main de César Brute l'eût acceptée,
              Et n'eût jamais souffert qu'un intérêt léger
              De vengeance ou d'amour l'eût remise en danger.
              N'écoutez plus la voix d'un tyran qui vous aime,
              Et vous veut faire part de son pouvoir suprême,
              Mais entendez crier Rome à votre côté :
              « Rends-moi, rends-moi, Cinna, ce que tu m'as ôté ;
              Et, si tu m'as tantôt préféré ta maîtresse,
              Ne me préfère pas le tyran qui m'oppresse! »
CINNA.   — Ami, n'accable plus un esprit malheureux
              Qui ne forme qu'en lâche un dessein généreux.
              Envers nos citoyens je sais quelle est ma faute,
              Et leur rendrai bientôt tout ce que je leur ôte.
              Mais pardonne aux abois d'une vieille amitié
              Qui ne peut expirer sans me faire pitié ;
              Et laisse-moi, de grâce, attendant Émilie,
              Donner un libre cours à ma mélancolie :
              Mon chagrin t'importune, et le trouble où je suis
              Veut de la solitude à calmer tant d'ennuis.
MAXIME.   — Vous voulez rendre compte à l'objet qui vous blesse
              De la bonté d'Octave, et de votre faiblesse.

L'entretien des amants veut un entier secret.
Adieu, je me retire en confident discret. (3)

SCÈNE III. — CINNA.

Donne un plus digne nom au glorieux empire
Du noble sentiment que la vertu m'inspire,
Et que l'honneur oppose au coup précipité
De mon ingratitude et de ma lâcheté....
Mais plutôt continue à le nommer faiblesse,
Puisqu'il devient si faible auprès d'une maîtresse,
Qu'il respecte un amour qu'il devrait étouffer,
Ou que, s'il le combat, il n'ose en triompher.
En ces extrémités quel conseil dois-je prendre?
De quel côté pencher? A quel parti me rendre?
Qu'une âme généreuse a de peine à faillir!
Quelque fruit que par là j'espère de cueillir,
Les douceurs de l'amour, celles de la vengeance,
La gloire d'affranchir le lieu de ma naissance,
N'ont point assez d'appas pour flatter ma raison,
S'il les faut acquérir par une trahison;
S'il faut percer le flanc d'un prince magnanime
Qui du peu que je suis fait une telle estime;
Qui me comble d'honneurs, qui m'accable de biens;
Qui ne prend pour régner de conseils que les miens.
O coup! ô trahison trop indigne d'un homme!
Dure, dure à jamais l'esclavage de Rome!
Périsse mon amour, périsse mon espoir,
Plutôt que de ma main parte un crime si noir!
Quoi! ne m'offre-t-il pas tout ce que je souhaite,
Et qu'au prix de son sang ma passion achète!
Pour jouir de ses dons faut-il l'assassiner?
Et faut-il lui ravir ce qu'il me veut donner?
Mais je dépens de vous, ô serment téméraire!
O haine d'Émilie, ô souvenir d'un père,
Ma foi, mon cœur, mon bras, tout vous est engagé,

Et je ne puis plus rien que par votre congé.
C'est à vous à régler ce qu'il faut que je fasse,
C'est à vous, Émilie, à lui donner sa grâce :
Vos seules volontés président à son sort,
Et tiennent en mes mains et sa vie et sa mort.
O Dieux, qui, comme vous, la rendez adorable,
Rendez-la, comme vous, à mes vœux exorable ;
Et, puisque de ses lois je ne puis m'affranchir,
Faites qu'à mes désirs je la puisse fléchir.
Mais voici de retour cette aimable inhumaine.

SCÈNE IV. — ÉMILIE, CINNA, FULVIE.

ÉMILIE. — Grâces aux Dieux, Cinna, ma frayeur était vaine,
Aucun de tes amis ne t'a manqué de foi,
Et je n'ai point eu lieu de m'employer pour toi :
Octave en ma présence a tout dit à Livie,
Et par cette nouvelle il m'a rendu la vie.

CINNA. — Le désavouerez-vous, et du don qu'il me fait
Voudrez-vous retarder le bienheureux effet ?

ÉMILIE. — L'effet est en ta main.

CINNA. — Mais plutôt en la vôtre.

ÉMILIE. — Je suis toujours moi-même, et mon cœur n'est point autre,
Me donner à Cinna, c'est ne lui donner rien,
C'est seulement lui faire un présent de son bien.

CINNA. — Vous pouvez toutefois.... ô ciel ! l'osai-je dire ?

ÉMILIE. — Que puis-je, et que crains-tu ?

CINNA. — Je tremble, je soupire,
Et vois que, si nos cœurs avaient mêmes désirs,
Je n'aurais pas besoin d'expliquer mes soupirs.
Ainsi je suis trop sûr que je vais vous déplaire,
Mais je n'ose parler, et je ne puis me taire.

ÉMILIE. — C'est trop me gêner, parle.

CINNA. — Il faut vous obéir,
Je vais donc vous déplaire, et vous m'allez haïr.
Je vous aime, Émilie, et le ciel me foudroie

Si cette passion ne fait toute ma joie,
Et si je ne vous aime avec toute l'ardeur
Que peut un digne objet attendre d'un grand cœur.
Mais voyez à quel prix vous me donnez votre âme ;
En me rendant heureux vous me rendez infâme ;
Cette bonté d'Auguste....

ÉMILIE — Il suffit, je t'entends,
Je vois ton repentir et tes vœux inconstants.
Les faveurs du tyran emportent tes promesses,
Tes feux et tes serments cèdent à ses caresses,
Et ton esprit crédule ose s'imaginer
Qu'Auguste, pouvant tout, peut aussi me donner.
Tu me veux de sa main plutôt que de la mienne !
Mais ne crois pas qu'ainsi jamais je t'appartienne :
Il peut faire trembler la terre sous ses pas,
Mettre un roi hors du trône, et donner ses États,
De ses proscriptions rougir la terre et l'onde,
Et changer à son gré l'ordre de tout le monde,
Mais le cœur d'Émilie est hors de son pouvoir.

CINNA. — Aussi n'est-ce qu'à vous que je veux le devoir.
Je suis toujours moi-même, et ma foi toujours pure,
La pitié que je sens ne me rend point parjure,
J'obéis sans réserve à tous vos sentiments,
Et prends vos intérêts par delà mes serments.
J'ai pu, vous le savez, sans parjure et sans crime,
Vous laisser échapper cette illustre victime ;
César se dépouillant du pouvoir souverain
Nous ôtait tout prétexte à lui percer le sein ;
La conjuration s'en allait dissipée,
Vos desseins avortés, votre haine trompée ;
Moi seul j'ai raffermi son esprit étonné,
Et pour vous l'immoler ma main l'a couronné.

ÉMILIE. — Pour me l'immoler, traître ! et tu veux que moi-même
Je retienne ta main ! qu'il vive, et que je l'aime !
Que je sois le butin de qui l'ose épargner,
Et le prix du conseil qui le force à régner !

MAIS LE COEUR D'ÉMILIE EST HORS DE SON POUVOIR. (Page 178.)

CINNA. — Ne me condamnez point quand je vous ai servie.
Sans moi, vous n'auriez plus de pouvoir sur sa vie,
Et malgré ses bienfaits, je rends tout à l'amour,
Quand je veux qu'il périsse, ou vous doive le jour.
Avec les premiers vœux de mon obéissance
Souffrez ce faible effort de ma reconnaissance,
Que je tâche de vaincre un indigne courroux,
Et vous donner pour lui l'amour qu'il a pour vous.
Une âme généreuse, et que la vertu guide,
Fuit la honte des noms d'ingrate et de perfide,
Elle en hait l'infamie attachée au bonheur,
Et n'accepte aucun bien aux dépens de l'honneur.

ÉMILIE. — Je fais gloire, pour moi, de cette ignominie.
La perfidie est noble envers la tyrannie,
Et quand on rompt le cours d'un sort si malheureux,
Les cœurs les plus ingrats sont les plus généreux.

CINNA. — Vous faites des vertus au gré de votre haine.

ÉMILIE. — Je me fais des vertus dignes d'une Romaine.

CINNA. — Un cœur vraiment romain....

ÉMILIE. —   Ose tout pour ravir
Une odieuse vie à qui le fait servir.
Il fuit plus que la mort la honte d'être esclave.

CINNA. — C'est l'être avec honneur que de l'être d'Octave,
Et nous voyons souvent des rois à nos genoux
Demander pour appui tels esclaves que nous :
Il abaisse à nos pieds l'orgueil des diadèmes,
Il nous fait souverains sur leurs grandeurs suprêmes,
Il prend d'eux les tributs dont il nous enrichit,
Et leur impose un joug dont il nous affranchit.

ÉMILIE. — L'indigne ambition que ton cœur se propose !
Pour être plus qu'un roi, tu te crois quelque chose !
Aux deux bouts de la terre en est-il un si vain
Qu'il prétende égaler un citoyen romain?
Antoine sur sa tête attira notre haine
En se déshonorant par l'amour d'une reine ;
Attale, ce grand roi, dans la pourpre blanchi,

Qui du peuple romain se nommait l'affranchi,
Quand de toute l'Asie il se fût vu l'arbitre,
Eût encor moins prisé son trône que ce titre.
Souviens-toi de ton nom, soutiens sa dignité,
Et prenant d'un Romain la générosité,
Sache qu'il n'en est point que le ciel n'ait fait naître
Pour commander aux rois, et pour vivre sans maître.

CINNA. — Le Ciel a trop fait voir en de tels attentats
Qu'il hait les assassins et punit les ingrats ;
Et quoi qu'on entreprenne, et quoi qu'on exécute,
Quand il élève un trône, il en venge la chute ;
Il se met du parti de ceux qu'il fait régner,
Le coup dont on les tue est longtemps à saigner ;
Et quand à les punir il a pu se résoudre,
De pareils châtiments n'appartiennent qu'au foudre.

ÉMILIE. — Dis que de leur parti toi-même tu te rends,
De te remettre au foudre à punir les tyrans.
Je ne t'en parle plus, va, sers la tyrannie,
Abandonne ton âme à son lâche génie,
Et pour rendre le calme à ton esprit flottant,
Oublie, et ta naissance, et le prix qui t'attend.
Sans emprunter ta main pour servir ma colère,
Je saurai bien venger mon pays et mon père.
J'aurais déjà l'honneur d'un si fameux trépas,
Si l'amour jusqu'ici n'eût arrêté mon bras.
C'est lui qui sous les lois me tenant asservie,
M'a fait en ta faveur prendre soin de ma vie ;
Seule contre un tyran, en le faisant périr,
Par les mains de sa garde il me fallait mourir ;
Je t'eusse par ma mort dérobé ta captive ;
Et comme pour toi seul l'amour veut que je vive,
J'ai voulu, mais en vain, me conserver pour toi,
Et te donner moyen d'être digne de moi.
Pardonnez-moi, grands Dieux, si je me suis trompée
Quand j'ai pensé chérir un neveu de Pompée,
Et si d'un faux semblant mon esprit abusé

A fait choix d'un esclave en son lieu supposé !
Je t'aime toutefois, quel que tu puisses être,
Et si pour me gagner il faut trahir ton maître,
Mille autres à l'envi recevraient cette loi,
S'ils pouvaient m'acquérir à même prix que toi.
Mais n'appréhende pas qu'un autre ainsi m'obtienne,
Vis pour ton cher tyran, tandis que je meurs tienne,
Mes jours avec les siens se vont précipiter ;
Puisque ta lâcheté n'ose me mériter.
Viens me voir, dans son sang et dans le mien baignée,
De ma seule vertu mourir accompagnée,
Et te dire en mourant, d'un esprit satisfait :
« N'accuse point mon sort, c'est toi seul qui l'as fait,
Je descends dans la tombe où tu m'as condamnée,
Où la gloire me suit qui t'était destinée ;
Je meurs en détruisant un pouvoir absolu ;
Mais je vivrais à toi si tu l'avais voulu. »

CINNA. — Eh bien ! vous le voulez, il faut vous satisfaire.
Il faut affranchir Rome, il faut venger un père,
Il faut sur un tyran porter de justes coups :
Mais apprenez qu'Auguste est moins tyran que vous !
S'il nous ôte à son gré nos biens, nos jours, nos femmes,
Il n'a point jusqu'ici tyrannisé nos âmes,
Mais l'empire inhumain qu'exercent vos beautés
Force jusqu'aux esprits et jusqu'aux volontés.
Vous me faites priser ce qui me déshonore,
Vous me faites haïr ce que mon âme adore,
Vous me faites répandre un sang pour qui je dois
Exposer tout le mien et mille et mille fois :
Vous le voulez, j'y cours, ma parole est donnée,
Mais ma main, aussitôt contre mon sein tournée,
Aux mânes d'un tel prince immolant votre amant,
A mon crime forcé joindra mon châtiment ;
Et par cette action dans l'autre confondue,
Recouvrera ma gloire aussitôt que perdue.
Adieu.

SCÈNE V. — ÉMILIE, FULVIE.

FULVIE. — Vous avez mis son âme au désespoir.
ÉMILIE. — Qu'il cesse de m'aimer, ou suive son devoir.
FULVIE. — Il va vous obéir aux dépens de sa vie...
Vous en pleurez !
ÉMILIE. — Hélas ! cours après lui, Fulvie,
Et, si ton amitié daigne me secourir,
Arrache-lui du cœur ce dessein de mourir,
Dis-lui....
FULVIE. — Qu'en sa faveur vous laissez vivre Auguste ?
ÉMILIE. — Ah ! c'est faire à ma haine une loi trop injuste.
FULVIE. — Et quoi donc ?
ÉMILIE. — Qu'il achève, et dégage sa foi,
Et qu'il choisisse après de la mort, ou de moi.

ACTE QUATRIÈME

SCÈNE I. — AUGUSTE, EUPHORBE, POLYCLÈTE, GARDES.

AUGUSTE. — Tout ce que tu me dis, Euphorbe, est incroyable.
EUPHORBE. — Seigneur, le récit même en paraît effroyable,
On ne conçoit qu'à peine une telle fureur,
Et la seule pensée en fait frémir d'horreur.
AUGUSTE. — Quoi, mes plus chers amis! quoi, Cinna! quoi, Maxime!
Les deux que j'honorais d'une si haute estime,
A qui j'ouvrais mon cœur, et dont j'avais fait choix
Pour les plus importants et plus nobles emplois!
Après qu'entre leurs mains j'ai remis mon empire,
Pour m'arracher le jour l'un et l'autre conspire!
Maxime a vu sa faute, il m'en fait avertir,
Et montre un cœur touché d'un juste repentir:
Mais Cinna!
EUPHORBE. — Cinna seul dans sa rage s'obstine,
Et contre vos bontés d'autant plus se mutine.

>
> Lui seul combat encor les vertueux efforts
> Que sur les conjurés fait ce juste remords,
> Et, malgré les frayeurs à leurs regrets mêlées,
> Il tâche à raffermir leurs âmes ébranlées.

AUGUSTE. — Lui seul les encourage, et lui seul les séduit !
> O le plus déloyal que la terre ait produit !
> O trahison conçue au sein d'une furie !
> O trop sensible coup d'une main si chérie !
> Cinna, tu me trahis ! Polyclète, écoutez.

(Il lui parle à l'oreille.)

POLYCLÈTE — Tous vos ordres, seigneur, seront exécutés.

AUGUSTE. — Qu'Éraste en même temps aille dire à Maxime
> Qu'il vienne recevoir le pardon de son crime.

EUPHORBE. — Il l'a jugé trop grand pour ne pas s'en punir !
> A peine du palais il a pu revenir,
> Que, les yeux égarés, et le regard farouche,
> Le cœur gros de soupirs, les sanglots à la bouche,
> Il déteste sa vie, et ce complot maudit ;
> M'en apprend l'ordre entier tel que je vous l'ai dit ;
> Et m'ayant commandé que je vous avertisse,
> Il ajoute : « Dis-lui que je me fais justice,
> Que je n'ignore point ce que j'ai mérité. »
> Puis soudain dans le Tibre il s'est précipité,
> Dont l'eau grosse et rapide, et la nuit assez noire,
> M'ont dérobé la fin de sa tragique histoire.

AUGUSTE. — Sous ce pressant remords il a trop succombé,
> Et s'est à mes bontés lui-même dérobé,
> Il n'est crime envers moi qu'un repentir n'efface :
> Mais puisqu'il a voulu renoncer à ma grâce,
> Allez pourvoir au reste, et faites qu'on ait soin
> De tenir en lieu sûr ce fidèle témoin.

SCÈNE II. — AUGUSTE.

Ciel, à qui voulez-vous désormais que je fie
Les secrets de mon âme et le soin de ma vie !
Reprenez le pouvoir que vous m'avez commis,
Si donnant des sujets il ôte les amis ;
Si tel est le destin des grandeurs souveraines
Que leurs plus grands bienfaits n'attirent que des haines ;
Et si votre rigueur les condamne à chérir
Ceux que vous animez à les faire périr.
Pour elles rien n'est sûr, qui peut tout doit tout craindre.
Rentre en toi-même, Octave, et cesse de te plaindre.
Quoi ! tu veux qu'on t'épargne, et n'as rien épargné !
Songe aux fleuves de sang où ton bras s'est baigné ;
De combien ont rougi les champs de Macédoine ;
Combien on a versé la défaite d'Antoine ;
Combien celle de Sexte ; et revois tout d'un temps
Pérouse au sien noyée, et tous ses habitants ;
Remets dans ton esprit, après tant de carnages,
De tes proscriptions les sanglantes images,
Où toi-même, des tiens devenu le bourreau,
Au sein de ton tuteur enfonças le couteau.
Et puis, ose accuser le destin d'injustice
Quand tu vois que les tiens s'arment pour ton supplice,
Et que par ton exemple à ta perte guidés,
Ils violent des droits que tu n'as pas gardés !
Leur trahison est juste, et le ciel l'autorise.
Quitte ta dignité comme tu l'as acquise,
Rends un sang infidèle à l'infidélité,
Et souffre des ingrats après l'avoir été.
Mais que mon jugement au besoin m'abandonne !
Quelle fureur, Cinna, m'accuse, et te pardonne !
Toi ! dont la trahison me force à retenir
Ce pouvoir souverain dont tu me veux punir ;
Me traite en criminel, et fait seule mon crime ;

Relève pour l'abattre un trône illégitime ;
Et d'un zèle effronté couvrant son attentat,
S'oppose, pour me perdre, au bonheur de l'État ?
Donc jusqu'à l'oublier je pourrais me contraindre !
Tu vivrais en repos après m'avoir fait craindre !
Non, non, je me trahis moi-même d'y penser.
Qui pardonne aisément invite à l'offenser.
Punissons l'assassin, proscrivons les complices....
Mais quoi ! toujours du sang, et toujours des supplices !
Ma cruauté se lasse, et ne peut s'arrêter,
Je veux me faire craindre, et ne fais qu'irriter.
Rome a pour ma ruine une hydre trop fertile ;
Une tête coupée en fait renaître mille ;
Et le sang répandu de mille conjurés
Rend mes jours plus maudits, et non plus assurés.
Octave, n'attends plus le coup d'un nouveau Brute,
Meurs, et dérobe-lui la gloire de ta chute !
Meurs, tu ferais pour vivre un lâche et vain effort,
Si tant de gens de cœur font des vœux pour ta mort,
Et si tout ce que Rome a d'illustre jeunesse
Pour te faire périr tour à tour s'intéresse !
Meurs, puisque c'est un mal que tu ne peux guérir,
Meurs enfin, puisqu'il faut ou tout perdre, ou mourir !
La vie est peu de chose, et le peu qui t'en reste
Ne vaut pas l'acheter par un prix si funeste.
Meurs !... mais quitte du moins la vie avec éclat,
Éteins-en le flambeau dans le sang de l'ingrat ;
A toi-même en mourant immole ce perfide,
Contentant ses désirs, punis son parricide ;
Fais un tourment pour lui de ton propre trépas,
En faisant qu'il le voie et n'en jouisse pas !
Mais jouissons plutôt nous-même de sa peine,
Et si Rome nous hait, triomphons de sa haine !
O Romains, ô vengeance, ô pouvoir absolu,
O rigoureux combat d'un cœur irrésolu
Qui fuit en même temps tout ce qu'il se propose,

D'un prince malheureux ordonnez quelque chose,
Qui des deux dois-je suivre, et duquel m'éloigner?
Ou laissez-moi périr, ou laissez-moi régner! (1)

SCÈNE III. — AUGUSTE, LIVIE.

AUGUSTE. — Madame, on me trahit, et la main qui me tue
Rend sous mes déplaisirs ma constance abattue
Cinna, Cinna le traître....

LIVIE. — Euphorbe m'a tout dit,
Seigneur, et j'ai pâli cent fois à ce récit.
Mais écouteriez-vous les conseils d'une femme?

AUGUSTE. — Hélas! de quel conseil est capable mon âme?

LIVIE. — Votre sévérité, sans produire aucun fruit,
Seigneur, jusqu'à présent, a fait beaucoup de bruit.
Par les peines d'un autre aucun ne s'intimide,
Salvidien à bas a soulevé Lépide,
Murène a succédé, Cépion l'a suivi;
Le jour à tous les deux dans les tourments ravi
N'a point mêlé de crainte à la fureur d'Égnace,
Dont Cinna maintenant ose prendre la place;
Et dans les plus bas rangs les noms les plus abjects
Ont voulu s'ennoblir par de si hauts projets.
Après avoir en vain puni leur insolence,
Essayez sur Cinna ce que peut la clémence,
Faites son châtiment de sa confusion,
Cherchez le plus utile en cette occasion.
Sa peine peut aigrir une ville animée,
Son pardon peut servir à votre renommée,
Et ceux que vos rigueurs ne font qu'effaroucher
Peut-être à vos bontés se laisseront toucher.

AUGUSTE. — Gagnons-les tout à fait en quittant cet empire
Qui nous rend odieux, contre qui l'on conspire!
J'ai trop par vos avis consulté là-dessus,
Ne m'en parlez jamais, je ne consulte plus.
Cesse de soupirer, Rome, pour ta franchise!

Si je t'ai mise aux fers, moi-même je les brise,
Et te rends ton État, après l'avoir conquis,
Plus paisible et plus grand que je ne te l'ai pris.
Si tu veux me haïr, hais-moi sans plus rien feindre,
Si tu me veux aimer, aime-moi sans me craindre,
De tout ce qu'eut Sylla de puissance et d'honneur,
Lassé comme il en fut, j'aspire à son bonheur.

LIVIE. — Assez et trop longtemps son exemple vous flatte,
Mais gardez que sur vous le contraire n'éclate.
Ce bonheur sans pareil qui conserva ses jours
Ne serait pas bonheur, s'il arrivait toujours.

AUGUSTE. — Eh bien! s'il est trop grand, si j'ai tort d'y prétendre,
J'abandonne mon sang à qui voudra l'épandre;
Après un long orage il faut trouver un port,
Et je n'en vois que deux, le repos, ou la mort.

LIVIE. — Quoi! vous voulez quitter le fruit de tant de peines!
AUGUSTE. — Quoi! vous voulez garder l'objet de tant de haines!
LIVIE. — Seigneur, vous emporter à cette extrémité,
C'est plutôt désespoir que générosité.

AUGUSTE. — Régner et caresser une main si traîtresse,
Au lieu de sa vertu, c'est montrer sa faiblesse.

LIVIE. — C'est régner sur vous-même, et par un noble choix
Pratiquer la vertu la plus digne des rois.

AUGUSTE. — Vous m'aviez bien promis des conseils d'une femme
Vous me tenez parole, et c'en sont là, Madame !
Après tant d'ennemis à mes pieds abattus,
Depuis vingt ans je règne, et j'en sais les vertus;
Je sais leurs divers ordres, et de quelle nature
Sont les devoirs d'un prince en cette conjoncture :
Tout son peuple est blessé par un tel attentat,
Et la seule pensée est un crime d'État,
Une offense qu'on fait à toute sa province,
Dont il faut qu'il la venge, ou cesse d'être prince.

LIVIE. — Donnez moins de croyance à votre passion.
AUGUSTE. — Ayez moins de faiblesse, ou moins d'ambition.
LIVIE — Ne traitez plus si mal un conseil salutaire.

AUGUSTE.	— Le Ciel m'inspirera ce qu'ici je dois faire ;
	Adieu, nous perdons temps.
LIVIE.	— Je ne vous quitte point,
	Seigneur, que mon amour n'ait obtenu ce point.
AUGUSTE.	— C'est l'amour des grandeurs qui vous rend importune.
LIVIE.	— J'aime votre personne, et non votre fortune.

(Elle est seule.)

Il m'échappe, suivons, et forçons-le de voir
Qu'il peut, en faisant grâce, affermir son pouvoir ;
Et qu'enfin la clémence est la plus belle marque
Qui fasse à l'univers connaître un vrai monarque.

SCÈNE IV. — ÉMILIE, FULVIE.

ÉMILIE.	— D'où me vient cette joie, et que mal à propos
	Mon esprit malgré moi goûte un entier repos !
	César mande Cinna sans me donner d'alarmes !
	Mon cœur est sans soupirs, mes yeux n'ont point de larmes,
	Comme si j'apprenais d'un secret mouvement
	Que tout doit succéder à mon contentement !
	Ai-je bien entendu? me l'as-tu dit, Fulvie?
FULVIE.	— J'avais gagné sur lui qu'il aimerait la vie,
	Et je vous l'amenais, plus traitable et plus doux,
	Faire un second effort contre votre courroux,
	Je m'en applaudissais, quand soudain Polyclète,
	Des volontés d'Auguste ordinaire interprète,
	Est venu l'aborder, et sans suite, et sans bruit,
	Et de sa part sur l'heure au palais l'a conduit.
	Auguste est fort troublé, l'on ignore la cause,
	Chacun diversement soupçonne quelque chose,
	Tous présument qu'il ait un grand sujet d'ennui,
	Et qu'il mande Cinna pour prendre avis de lui.
	Mais ce qui m'embarrasse, et que je viens d'apprendre,
	C'est que deux inconnus se sont saisis d'Évandre ;
	Qu'Euphorbe est arrêté sans qu'on sache pourquoi ;
	Que même de son maître on dit je ne sais quoi :

On lui veut imputer un désespoir funeste,
On parle d'eaux, de Tibre, et l'on se tait du reste.

ÉMILIE. — Que de sujets de craindre et de désespérer,
Sans que mon triste cœur en daigne murmurer !
A chaque occasion le ciel y fait descendre
Un sentiment contraire à celui qu'il doit prendre ;
Une vaine frayeur tantôt m'a pu troubler,
Et je suis insensible alors qu'il faut trembler !
Je vous entends, grands Dieux, vos bontés que j'adore
Ne peuvent consentir que je me déshonore,
Et ne me permettant soupirs, sanglots, ni pleurs,
Soutiennent ma vertu contre de tels malheurs.
Vous voulez que je meure avec ce grand courage
Qui m'a fait entreprendre un si fameux ouvrage,
Et je veux bien périr comme vous l'ordonnez,
Et dans la même assiette où vous me retenez.
O liberté de Rome, ô Mânes de mon père,
J'ai fait de mon côté tout ce que j'ai pu faire !
Contre votre tyran j'ai ligué ses amis,
Et plus osé pour vous qu'il ne m'était permis.
Si l'effet a manqué, ma gloire n'est pas moindre,
N'ayant pu vous venger, je vous irai rejoindre ;
Mais si fumante encor d'un généreux courroux,
Par un trépas si noble et si digne de vous,
Qu'il vous fera sur l'heure aisément reconnaître
Le sang des grands héros dont vous m'avez fait naître !

SCÈNE V. — MAXIME, ÉMILIE, FULVIE.

ÉMILIE. — Mais je vous vois, Maxime, et l'on vous faisait mort !
MAXIME. — Euphorbe trompe Auguste avec ce faux rapport,
Se voyant arrêté, la trame découverte,
Il a feint ce trépas pour empêcher ma perte.
ÉMILIE. — Que dit-on de Cinna ?
MAXIME. —   Que son plus grand regret

	C'est de voir que César sait tout votre secret.
	En vain il le dénie et le veut méconnaître,
	Évandre a tout conté pour excuser son maître,
	Et par l'ordre d'Auguste on vient vous arrêter.
ÉMILIE.	— Celui qui l'a reçu tarde à l'exécuter,
	Je suis prête à le suivre, et lasse de l'attendre.
MAXIME.	— Il vous attend chez moi.
ÉMILIE.	— Chez vous?
MAXIME.	— C'est vous surprendre,
	Mais apprenez le soin que le ciel a de vous,
	C'est un des conjurés qui va fuir avec nous.
	Prenons notre avantage avant qu'on nous poursuive,
	Nous avons pour partir un vaisseau sur la rive.
ÉMILIE.	— Me connais-tu, Maxime, et sais-tu qui je suis?
MAXIME.	— En faveur de Cinna je fais ce que je puis,
	Et tâche à garantir de ce malheur extrême
	La plus belle moitié qui reste de lui-même :
	Sauvons-nous, Émilie, et conservons le jour,
	Afin de le venger par un heureux retour.
ÉMILIE.	— Cinna dans son malheur est de ceux qu'il faut suivre,
	Qu'il ne faut pas venger de peur de leur survivre.
	Quiconque après sa perte aspire à se sauver
	Est indigne du jour qu'il tâche à conserver.
MAXIME.	— Quel désespoir aveugle à ces fureurs vous porte?
	O Dieux! que de faiblesse en une âme si forte!
	Ce cœur si généreux rend si peu de combat,
	Et du premier revers la fortune l'abat!
	Rappelez, rappelez cette vertu sublime,
	Ouvrez enfin les yeux, et connaissez Maxime,
	C'est un autre Cinna qu'en lui vous regardez,
	Le ciel vous rend en lui l'amant que vous perdez,
	Et puisque l'amitié n'en faisait plus qu'une âme,
	Aimez en cet ami l'objet de votre flamme.
	Avec la même ardeur il saura vous chérir (2),
	Que....
ÉMILIE.	— Tu m'oses aimer, et tu n'oses mourir!

Tu prétends un peu trop, mais, quoi que tu prétendes,
Rends-toi digne du moins de ce que tu demandes :
Cesse de fuir en lâche un glorieux trépas,
Ou de m'offrir un cœur que tu fais voir si bas.
Fais que je porte envie à ta vertu parfaite,
Ne te pouvant aimer, fais que je te regrette,
Montre d'un vrai Romain la dernière vigueur,
Et mérite mes pleurs au défaut de mon cœur.
Quoi! si ton amitié pour Cinna s'intéresse,
Crois-tu qu'elle consiste à flatter sa maîtresse?
Apprends, apprends de moi quel en est le devoir,
Et donne-m'en l'exemple, ou viens le recevoir.

MAXIME. — Votre juste douleur est trop impétueuse.

ÉMILIE. — La tienne en ta faveur est trop ingénieuse.
Tu me parles déjà d'un bienheureux retour,
Et dans tes déplaisirs tu conçois de l'amour!

MAXIME. — Cet amour en naissant est toutefois extrême,
C'est votre amant en vous, c'est mon ami que j'aime,
Et des mêmes ardeurs dont il fut embrasé....

ÉMILIE. — Maxime, en voilà trop pour un homme avisé.
Ma perte m'a surprise, et ne m'a point troublée,
Mon noble désespoir ne m'a point aveuglée,
Ma vertu tout entière agit sans s'émouvoir,
Et je vois malgré moi plus que je ne veux voir.

MAXIME. — Quoi! vous suis-je suspect de quelque perfidie?

ÉMILIE. — Oui, tu l'es, puisque enfin tu veux que je le die!
L'ordre de notre fuite est trop bien concerté
Pour ne te soupçonner d'aucune lâcheté ;
Les Dieux seraient pour nous prodigues en miracles,
S'ils en avaient sans toi levé tous les obstacles ;
Fuis sans moi, tes amours sont ici superflus.

MAXIME. — Ah! vous m'en dites trop.

ÉMILIE. —   J'en présume encor plus.
Ne crains pas toutefois que j'éclate en injures,
Mais n'espère non plus m'éblouir de parjures.
Si c'est te faire tort que de m'en défier,

CINNA

VIVEZ, BELLE ÉMILIE, ET SOUFFREZ QU'UN ESCLAVE.... (Page 193.)

Viens mourir avec moi pour te justifier.
MAXIME. — Vivez, belle Émilie, et souffrez qu'un esclave....
ÉMILIE. — Je ne t'écoute plus qu'en présence d'Octave.
Allons, Fulvie, allons.

SCÈNE VI. — MAXIME.

Désespéré, confus,
Et digne, s'il se peut, d'un plus cruel refus,
Que résous-tu, Maxime, et quel est le supplice
Que ta vertu prépare à ton vain artifice?
Aucune illusion ne te doit plus flatter,
Émilie en mourant va tout faire éclater ;
Sur un même échafaud la perte de sa vie
Étalera sa gloire et ton ignominie ;
Et sa mort va laisser à la postérité
L'infâme souvenir de ta déloyauté.
Un même jour t'a vu, par une fausse adresse,
Trahir ton souverain, ton ami, ta maîtresse,
Sans que de tant de droits en un jour violés,
Sans que de deux amants au tyran immolés,
Il te reste aucun fruit que la honte et la rage
Qu'un remords inutile allume en ton courage.
Euphorbe, c'est l'effet de tes lâches conseils !
Mais que peut-on attendre enfin de tes pareils?
Jamais un affranchi n'est qu'un esclave infâme,
Bien qu'il change d'état, il ne change point d'âme,
La tienne, encor servile, avec la liberté
N'a pu prendre un rayon de générosité !
Tu m'as fait relever une injuste puissance,
Tu m'as fait démentir l'honneur de ma naissance ;
Mon cœur te résistait; et tu l'as combattu
Jusqu'à ce que ta fourbe ait souillé sa vertu.
Il m'en coûte la vie, il m'en coûte la gloire,
Et j'ai tout mérité pour l'avoir voulu croire.
Mais les Dieux permettront à mes ressentiments

De te sacrifier aux yeux des deux amants ;
Et j'ose m'assurer qu'en dépit de mon crime
Mon sang leur servira d'assez pure victime,
Si dans le tien mon bras justement irrité
Peut laver le forfait de t'avoir écouté.

ACTE CINQUIÈME

SCÈNE I. — AUGUSTE, CINNA.

AUGUSTE. — Prends un siège, Cinna, prends, et sur toute chose
Observe exactement la loi que je t'impose :
Prête, sans me troubler, l'oreille à mes discours,
D'aucun mot, d'aucun cri n'en interromps le cours,
Tiens ta langue captive, et si ce grand silence
A ton émotion fait quelque violence,
Tu pourras me répondre, après, tout à loisir.
Sur ce point seulement contente mon désir.
CINNA. — Je vous obéirai, Seigneur.
AUGUSTE. — Qu'il te souvienne
De garder ta parole, et je tiendrai la mienne.
Tu vois le jour, Cinna, mais ceux dont tu le tiens
Furent les ennemis de mon père, et les miens :
Au milieu de leur camp tu reçus la naissance,
Et lorsqu'après leur mort tu vins en ma puissance,
Leur haine, enracinée au milieu de ton sein,
T'avait mis contre moi les armes à la main
Tu fus mon ennemi même avant que de naître,

Et tu le fus encor quand tu me pus connaître,
Et l'inclination jamais n'a démenti
Ce sang qui t'avait fait du contraire parti.
Autant que tu l'as pu les effets l'ont suivie,
Je ne m'en suis vengé qu'en te donnant la vie :
Je te fis prisonnier pour te combler de biens,
Ma cour fut ta prison, mes faveurs tes liens.
Je te restituai d'abord ton patrimoine,
Je t'enrichis après des dépouilles d'Antoine,
Et tu sais que depuis, à chaque occasion,
Je suis tombé pour toi dans la profusion.
Toutes les dignités que tu m'as demandées,
Je te les ai sur l'heure et sans peine accordées.
Je t'ai préféré même à ceux dont les parents
Ont jadis dans mon camp tenu les premiers rangs,
A ceux qui de leur sang m'ont acheté l'empire,
Et qui m'ont conservé le jour que je respire :
De la façon enfin qu'avec toi j'ai vécu,
Les vainqueurs sont jaloux du bonheur du vaincu !
Quand le Ciel me voulut, en rappelant Mécène,
Après tant de faveur montrer un peu de haine,
Je te donnai sa place en ce triste accident,
Et te fis après lui mon plus cher confident.
Aujourd'hui même encor, mon âme irrésolue
Me pressant de quitter ma puissance absolue,
De Maxime et de toi j'ai pris les seuls avis,
Et ce sont, malgré lui, les tiens que j'ai suivis.
Bien plus, ce même jour je te donne Émilie,
Le digne objet des vœux de toute l'Italie,
Et qu'ont mise si haut mon amour et mes soins,
Qu'en te couronnant roi je t'aurai donné moins.
Tu t'en souviens, Cinna, tant d'heur et tant de gloire
Ne peuvent pas sitôt sortir de ta mémoire,
Mais ce qu'on ne pourrait jamais s'imaginer,
Cinna, tu t'en souviens, et veux m'assassiner.

CINNA. — Moi, Seigneur! moi, que j'eusse une âme si traîtresse!

Qu'un si lâche dessein....

AUGUSTE. —   Tu tiens mal ta promesse,
Sieds-toi, je n'ai pas dit encor ce que je veux,
Tu te justifieras après, si tu le peux ;
Écoute cependant, et tiens mieux ta parole.
Tu veux m'assassiner, demain, au Capitole,
Pendant le sacrifice, et ta main pour signal
Me doit, au lieu d'encens, donner le coup fatal ;
La moitié de tes gens doit occuper la porte,
L'autre moitié te suivre et te prêter main-forte :
Ai-je de bons avis, ou de mauvais soupçons?
De tous ces meurtriers te dirai-je les noms :
Procule, Glabrion, Virginian, Rutile,
Marcel, Plaute, Lénas, Pompone, Albin, Icile,
Maxime, qu'après toi j'avais le plus aimé !
Le reste ne vaut pas l'honneur d'être nommé :
Un tas d'hommes perdus de dettes et de crimes,
Que pressent de mes lois les ordres légitimes,
Et qui désespérant de les plus éviter,
Si tout n'est renversé, ne sauraient subsister.
Tu te tais maintenant, et gardes le silence,
Plus par confusion que par obéissance.
Quel était ton dessein et que prétendais-tu
Après m'avoir au temple à tes pieds abattu ?
Affranchir ton pays d'un pouvoir monarchique?
Si j'ai bien entendu tantôt ta politique,
Son salut désormais dépend d'un souverain,
Qui pour tout conserver tienne tout en sa main :
Et si sa liberté te faisait entreprendre,
Tu ne m'eusses jamais empêché de la rendre ;
Tu l'aurais acceptée au nom de tout l'État,
Sans vouloir l'acquérir par un assassinat.
Quel était donc ton but? d'y régner en ma place?
D'un étrange malheur son destin le menace,
Si pour monter au trône et lui donner la loi
Tu ne trouves dans Rome autre obstacle que moi ;

Si jusques à ce point son sort est déplorable,
Que tu sois après moi le plus considérable ;
Et que ce grand fardeau de l'empire romain
Ne puisse après ma mort tomber mieux qu'en ta main !
Apprends à te connaître, et descends en toi-même :
On t'honore dans Rome, on te courtise, on t'aime,
Chacun tremble sous toi, chacun t'offre des vœux,
Ta fortune est bien haut, tu peux ce que tu veux !
Mais tu ferais pitié même à ceux qu'elle irrite,
Si je t'abandonnais à ton peu de mérite.
Ose me démentir, dis-moi ce que tu vaux,
Conte-moi tes vertus, tes glorieux travaux,
Les rares qualités par où tu m'as dû plaire,
Et tout ce qui t'élève au-dessus du vulgaire.
Ma faveur fait ta gloire, et ton pouvoir en vient,
Elle seule t'élève, et seule te soutient,
C'est elle qu'on adore, et non pas ta personne,
Tu n'as crédit ni rang qu'autant qu'elle t'en donne ;
Et pour te faire choir je n'aurais aujourd'hui
Qu'à retirer la main qui seule est ton appui.
J'aime mieux toutefois céder à ton envie :
Règne, si tu le peux, aux dépens de ma vie ;
Mais oses-tu penser que les Serviliens,
Les Cossés, les Métels, les Pauls, les Fabiens,
Et tant d'autres enfin de qui les grands courages
Des héros de leur sang sont les vives images,
Quittent le noble orgueil d'un sang si généreux
Jusqu'à pouvoir souffrir que tu règnes sur eux ?
Parle, parle, il est temps (1).

CINNA. — Je demeure stupide.
Non que votre colère ou la mort m'intimide !
Je vois qu'on m'a trahi, vous m'y voyez rêver,
Et j'en cherche l'auteur sans le pouvoir trouver.
Mais c'est trop y tenir toute l'âme occupée.
Seigneur, je suis Romain, et du sang de Pompée :
Le père et les deux fils, lâchement égorgés,

CINNA

JE SAIS CE QUE J'AI FAIT, ET CE QU'IL VOUS FAUT FAIRE. (Page 199.)

                        Par la mort de César étaient trop peu vengés ;
                        C'est là d'un beau dessein l'illustre et seule cause :
                        Et puisqu'à vos rigueurs la trahison m'expose,
                        N'attendez pas de moi d'infâmes repentirs,
                        D'inutiles regrets, ni de honteux soupirs.
                        Le sort vous est propice autant qu'il m'est contraire.
                        Je sais ce que j'ai fait, et ce qu'il vous faut faire ;
                        Vous devez un exemple à la postérité,
                        Et mon trépas importe à votre sûreté.
AUGUSTE.   — Tu me braves, Cinna, tu fais le magnanime,
                        Et, loin de t'excuser, tu couronnes ton crime ;
                        Voyons si ta constance ira jusques au bout ;
                        Tu sais ce qui t'est dû, tu vois que je sais tout,
                        Fais ton arrêt toi-même, et choisis tes supplices.

SCÈNE II. — LIVIE, AUGUSTE, CINNA, ÉMILIE, FULVIE.

LIVIE.   — Vous ne connaissez pas encor tous les complices,
                        Votre Émilie en est, Seigneur, et la voici.
CINNA.   — C'est elle-même, ô Dieux !
AUGUSTE.   —   Et toi, ma fille, aussi !
ÉMILIE.   — Oui, tout ce qu'il a fait, il l'a fait pour me plaire,
                        Et j'en étais, Seigneur, la cause, et le salaire.
AUGUSTE.   — Quoi ! l'amour qu'en ton cœur j'ai fait naître aujourd'hui
                        T'emporte-t-il déjà jusqu'à mourir pour lui ?
                        Ton âme à ces transports un peu trop s'abandonne,
                        Et c'est trop tôt aimer l'amant que je te donne.
ÉMILIE.   — Cet amour qui m'expose à vos ressentiments
                        N'est point le prompt effet de vos commandements ;
                        Ces flammes dans nos cœurs sans votre ordre étaient nées,
                        Et ce sont des secrets de plus de quatre années.
                        Mais quoique je l'aimasse, et qu'il brûlât pour moi,
                        Une haine plus forte à tous deux fit la loi :
                        Je ne voulus jamais lui donner d'espérance,
                        Qu'il ne m'eût de mon père assuré la vengeance ;
                        Je la lui fis jurer, il chercha des amis ;

Le ciel rompt le succès que je m'étais promis,
Et je vous viens, Seigneur, offrir une victime,
Non pour sauver sa vie en me chargeant du crime;
Son trépas est trop juste après son attentat,
Et toute excuse est vaine en un crime d'État.
Mourir en sa présence, et rejoindre mon père,
C'est tout ce qui m'amène, et tout ce que j'espère.

AUGUSTE. — Jusques à quand, ô Ciel, et par quelle raison
Prendrez-vous contre moi des traits dans ma maison?
Pour ses débordements j'en ai chassé Julie,
Mon amour en sa place a fait choix d'Émilie,
Et je la vois comme elle indigne de ce rang.
L'une m'ôtait l'honneur, l'autre a soif de mon sang;
Et prenant toutes deux leur passion pour guide,
L'une fut impudique, et l'autre est parricide.
O ma fille! est-ce là le prix de mes bienfaits?

ÉMILIE. — Ceux de mon père en vous firent mêmes effets.

AUGUSTE. — Songe avec quel amour j'élevai ta jeunesse!

ÉMILIE. — Il éleva la vôtre avec même tendresse,
Il fut votre tuteur, et vous son assassin,
Et vous m'avez au crime enseigné le chemin.
Le mien d'avec le vôtre en ce seul point diffère,
Que votre ambition s'est immolé mon père,
Et qu'un juste courroux dont je me sens brûler
A son sang innocent voulait vous immoler.

LIVIE. — C'en est trop, Émilie, arrête, et considère
Qu'il t'a trop bien payé les bienfaits de ton père :
Sa mort, dont la mémoire allume ta fureur,
Fut un crime d'Octave, et non de l'empereur.
Tous ces crimes d'État qu'on fait pour la couronne,
Le ciel nous en absout alors qu'il nous la donne (2),
Et dans le sacré rang où sa faveur l'a mis,
Le passé devient juste et l'avenir permis.
Qui peut y parvenir ne peut être coupable,
Quoi qu'il ait fait, ou fasse, il est inviolable;
Nous lui devons nos biens, nos jours sont en sa main,

Et jamais on n'a droit sur ceux du souverain.

ÉMILIE. — Aussi, dans le discours que vous venez d'entendre,
Je parlais pour l'aigrir, et non pour me défendre.
Punissez donc, Seigneur, ces criminels appas
Qui de vos favoris font d'illustres ingrats ;
Tranchez mes tristes jours pour assurer les vôtres ;
Si j'ai séduit Cinna, j'en séduirai bien d'autres,
Et je suis plus à craindre, et vous plus en danger,
Si j'ai l'amour ensemble, et le sang à venger.

CINNA. — Que vous m'ayez séduit, et que je souffre encore
D'être déshonoré par celle que j'adore !
Seigneur, la vérité doit ici s'exprimer :
J'avais fait ce dessein avant que de l'aimer ;
A mes plus saints désirs la trouvant inflexible,
Je crus qu'à d'autres soins elle serait sensible,
Je parlai de son père et de votre rigueur ;
Et l'offre de mon bras suivit celle du cœur.
Que la vengeance est douce à l'esprit d'une femme !
Je l'attaquai par là, par là je pris son âme,
Dans mon peu de mérite elle me négligeait,
Et ne put négliger le bras qui la vengeait :
Elle n'a conspiré que par mon artifice,
J'en suis le seul auteur, elle n'est que complice.

ÉMILIE. — Cinna, qu'oses-tu dire ? est-ce là me chérir,
Que de m'ôter l'honneur quand il me faut mourir ?

CINNA. — Mourez, mais en mourant ne souillez point ma gloire.

ÉMILIE. — La mienne se flétrit, si César te veut croire.

CINNA. — Et la mienne se perd, si vous tirez à vous
Toute celle qui suit de si généreux coups.

ÉMILIE. — Eh bien ! prends-en ta part, et me laisse la mienne ;
Ce serait l'affaiblir que d'affaiblir la tienne :
La gloire et le plaisir, la honte et les tourments,
Tout doit être commun entre de vrais amants.
Nos deux âmes, Seigneur, sont deux âmes romaines.
Unissant nos désirs, nous unîmes nos haines.
De nos parents perdus le vif ressentiment

Nous apprit nos devoirs en un même moment;
En ce noble dessein nos cœurs se rencontrèrent;
Nos esprits généreux ensemble le formèrent;
Ensemble nous cherchons l'honneur d'un beau trépas,
Vous vouliez nous unir, ne nous séparez pas.

AUGUSTE. — Oui, je vous unirai, couple ingrat et perfide,
Et plus mon ennemi qu'Antoine, ni Lépide,
Oui, je vous unirai, puisque vous le voulez;
Il faut bien satisfaire aux feux dont vous brûlez,
Et que tout l'univers, sachant ce qui m'anime,
S'étonne du supplice aussi bien que du crime.

SCÈNE III. — AUGUSTE, LIVIE, CINNA, MAXIME, ÉMILIE, FULVIE.

AUGUSTE. — Mais enfin le Ciel m'aime, et ses bienfaits nouveaux
Ont enlevé Maxime à la fureur des eaux.
Approche, seul ami que j'éprouve fidèle.

MAXIME. — Honorez moins, Seigneur, une âme criminelle,

AUGUSTE. — Ne parlons plus de crime après ton repentir,
Après que du péril tu m'as su garantir;
C'est à toi que je dois, et le jour, et l'empire.

MAXIME. — De tous vos ennemis connaissez mieux le pire.
Si vous régnez encor, Seigneur, si vous vivez,
C'est ma jalouse rage à qui vous le devez;
Un vertueux remords n'a point touché mon âme,
Pour perdre mon rival, j'ai découvert sa trame;
Euphorbe vous a feint que je m'étais noyé,
De crainte qu'après moi vous n'eussiez envoyé.
Je voulais avoir lieu d'abuser Émilie,
Effrayer son esprit, la tirer d'Italie,
Et pensais la résoudre à cet enlèvement
Sous l'espoir du retour pour venger son amant.
Mais, au lieu de goûter ces grossières amorces,
Sa vertu combattue a redoublé ses forces,
Elle a lu dans mon cœur... Vous savez le surplus,

Et je vous en ferais des récits superflus.
Vous voyez le succès de mon lâche artifice!
Si pourtant quelque grâce est due à mon indice,
Faites périr Euphorbe au milieu des tourments,
Et souffrez que je meure aux yeux de ces amants :
J'ai trahi mon ami, ma maîtresse, mon maître,
Ma gloire, mon pays, par l'avis de ce traître,
Et croirai toutefois mon bonheur infini,
Si je puis m'en punir après l'avoir puni (5).

AUGUSTE. — En est-ce assez, ô Ciel! et le sort, pour me nuire,
A-t-il quelqu'un des miens qu'il veuille encor séduire?
Qu'il joigne à ses efforts le secours des enfers,
Je suis maître de moi comme de l'univers,
Je le suis, je veux l'être. O siècles, ô mémoire,
Conservez à jamais ma dernière victoire!
Je triomphe aujourd'hui du plus juste courroux
De qui le souvenir puisse aller jusqu'à vous!
Soyons amis, Cinna, c'est moi qui t'en convie,
Comme à mon ennemi je t'ai donné la vie,
Et malgré la fureur de ton lâche dessein,
Je te la donne encor comme à mon assassin.
Commençons un combat qui montre par l'issue
Qui l'aura mieux de nous ou donnée ou reçue.
Tu trahis mes bienfaits, je les veux redoubler,
Je t'en avais comblé, je t'en veux accabler :
Avec cette beauté que je t'avais donnée
Reçois le consulat pour la prochaine année.
Aime Cinna, ma fille, en cet illustre rang,
Préfères-en la pourpre à celle de mon sang,
Apprends sur mon exemple à vaincre ta colère,
Te rendant un époux, je te rends plus qu'un père.

ÉMILIE. — Et je me rends, Seigneur, à ces hautes bontés,
Je recouvre la vue auprès de leurs clartés,
Je connais mon forfait qui me semblait justice,
Et, ce que n'avait pu la terreur du supplice,
Je sens naître en mon âme un repentir puissant,

Et mon cœur en secret me dit qu'il y consent.
Le Ciel a résolu votre grandeur suprême ;
Et pour preuve, Seigneur, je n'en veux que moi-même.
J'ose avec vanité me donner cet éclat,
Puisqu'il change mon cœur, qu'il veut changer l'État,
Ma haine va mourir que j'ai crue immortelle,
Elle est morte, et ce cœur devient sujet fidèle ;
Et prenant désormais cette haine en horreur,
L'ardeur de vous servir succède à sa fureur.

CINNA. — Seigneur, que vous dirai-je après que nos offenses
Au lieu de châtiments trouvent des récompenses ?
O vertu sans exemple ! ô clémence, qui rend
Votre pouvoir plus juste, et mon crime plus grand !

AUGUSTE. — Cesse d'en retarder un oubli magnanime ;
Et tous deux avec moi faites grâce à Maxime,
Il nous a trahis tous, mais ce qu'il a commis
Vous conserve innocents, et me rend mes amis.

(A Maxime.)

Reprends auprès de moi ta place accoutumée,
Rentre dans ton crédit, et dans ta renommée ;
Qu'Euphorbe de tous trois ait sa grâce à son tour ;
Et que demain l'hymen couronne leur amour.
Si tu l'aimes encor, ce sera ton supplice.

MAXIME. — Je n'en murmure point, il a trop de justice ;
Et je suis plus confus, Seigneur, de vos bontés
Que je ne suis jaloux du bien que vous m'ôtez !

CINNA. — Souffrez que ma vertu dans mon cœur rappelée
Vous consacre une foi lâchement violée,
Mais si ferme à présent, si loin de chanceler,
Que la chute du ciel ne pourrait l'ébranler.
Puisse le grand moteur des belles destinées,
Pour prolonger vos jours, retrancher nos années,
Et moi, par un bonheur dont chacun soit jaloux,
Perdre pour vous cent fois ce que je tiens de vous !

LIVIE. — Ce n'est pas tout, Seigneur, une céleste flamme
D'un rayon prophétique illumine mon âme ;

Oyez ce que les Dieux vous font savoir par moi
De votre heureux destin c'est l'immuable loi.
Après cette action vous n'avez rien à craindre,
On portera le joug désormais sans se plaindre,
Et les plus indomptés renversant leurs projets,
Mettront toute leur gloire à mourir vos sujets.
Aucun lâche dessein, aucune ingrate envie
N'attaquera le cours d'une si belle vie,
Jamais plus d'assassins, ni de conspirateurs :
Vous avez trouvé l'art d'être maître des cœurs!
Rome, avec une joie, et sensible, et profonde,
Se démet en vos mains de l'empire du monde;
Vos royales vertus lui vont trop enseigner
Que son bonheur consiste à vous faire régner;
D'une si longue erreur pleinement affranchie,
Elle n'a plus de vœux que pour la monarchie,
Vous prépare déjà des temples, des autels,
Et le Ciel une place entre les Immortels;
Et la postérité, dans toutes les provinces,
Donnera votre exemple aux plus généreux princes.

AUGUSTE. — J'en accepte l'augure et j'ose l'espérer :
Ainsi toujours les Dieux vous daignent inspirer!
Qu'on redouble demain les heureux sacrifices
Que nous leur offrirons sous de meilleurs auspices,
Et que vos conjurés entendent publier
Qu'Auguste a tout appris, et veut tout oublier!

NOTES POUR CINNA

1. Très supérieures, — on le sait bien, — et même assez supérieures aux tragi-comédies des Tristan, des Mairet, et des Scudéri, pour que l'idée seule de les en rapprocher semble irrévérencieuse et bizarre, il est cependant vrai que des tragédies comme le *Cid* et *Horace* ne laissent pas d'avoir plus d'un rapport avec *Sophonisbe* ou *Mariamne*; et, notamment, ce sont comme elles des tragédies proprement *romanesques*. Nous conviendrons, si l'on le veut, d'appeler de ce nom des tragédies : 1°, dont l'aventure n'a pas eu lieu deux fois; 2°, dont le développement ne dépend pas tant de l'ordre universel et de la logique que de la fortune ou du hasard (à moins que ce ne soit du caprice ou de la fantaisie du poète); et 3°, dont le dénouement ressemble moins à une solution qu'à un « expédient ». Il n'est pas arrivé deux fois que, pour décider en champ clos du destin de deux peuples, trois frères fussent choisis des deux parts; qu'ils eussent, de surcroît, l'un pour femme, et l'autre pour maîtresse une sœur des trois autres; ni qu'enfin, pour punir cette sœur d'être plus « femme » que « patriote », son frère l'ait assassinée. Mais ce qui est arrivé plus d'une fois, c'est que l'on conspirât contre un chef d'État, et c'est ce que nous apprendrait au besoin la foule des tragédies qui, — depuis le *Jules César* de Shakespeare, en passant par le *Cinna* de Corneille et la *Venise sauvée* d'Otway pour aboutir à l'*Hernani* d'Hugo ou au *Severo Torelli* de M. François Coppée, — ont roulé sur une conspiration. *Cinna* est l'un des chefs-d'œuvre de ce genre de tragédie, et là d'abord en est, dans le théâtre de Corneille, le caractère de nouveauté. *Médée*, l'*Illusion comique*, le *Cid*, *Horace* ne différaient qu'en degré, pour ainsi parler, des tragi-comédies de Corneille; *Cinna* en diffère véritablement en nature; et, pour cette raison, nous ne préférons pas *Cinna* au *Cid*, mais nous estimons qu'on y trouve une autre image et de tout autres traits du génie de Corneille

On lui reproche quelquefois d'avoir mêlé à sa conspiration une intrigue d'amour, et en effet, nous nous faisons aujourd'hui de la politique une idée qui en exclut jusqu'à l'apparence de la galanterie. Mais pour être banale, c'est une idée qui n'est pas moins fausse. Car, dans l'antiquité même, grecque et latine, combien citerait-on de conspirations où ne se trouve impliquée quelque femme? On en trouverait peut-être encore moins dans nos histoires modernes; et, à ce propos, si nous nous souvenons que Corneille est un contemporain de Richelieu, nous nous souviendrons aussi qu'il n'a guère vu, pour sa part, en son temps, de conspiration dont quelque duchesse de Chevreuse ne tînt en main les fils, ne les renouât quand ils se brisaient, et, comme son Émilie, ne fît du don de sa personne la récompense de l'assassinat. « Lorsque *Cinna* parut, — fait quelque part observer Voltaire, — on était dans un temps où les esprits animés par les factions qui avaient agité le règne étaient les plus propres à recevoir les sentiments qui régnent dans cette pièce. Les premiers spectateurs de *Cinna* furent ceux qui combattirent à la Marfée, et qui firent la guerre de la Fronde. » Ajoutons-y Cinq-Mars, — puisque nous l'avons déjà nommé, — dont il n'y a presque pas un trait qui ne se retrouve dans le personnage de Cinna lui-même, comme si « M. Le Grand », en vérité, s'était modelé sur le héros de Corneille, et peut-être est-ce un bel exemple de l'influence que le théâtre peut quelquefois exercer. Il est permis d'y en voir un aussi de cette préoccupation de l'*actualité* qui guidait habituellement Corneille dans le choix de ses sujets.

Là, en effet, dans cette constante préoccupation de « plaire » ou de « réussir » est la raison de la variété qu'on admire dans son théâtre, et là, plus particulièrement, la raison de la place que tiennent dans son *Cinna* les dissertations politiques. Aucun homme assurément ne semblait moins préparé que ce bourgeois débonnaire à trancher de l'homme d'État; et, au fait, personne en France, depuis douze ans, ne s'en était moins soucié que l'auteur de la *Veuve* et de la *Galerie du palais*. Mais quand il vit qu'autour de lui la politique devenait décidément la préoccupation de tous les gens de cour, et celle même des dames, il s'avisa d'en parler aussi, lui, pour suivre la mode, et son coup d'essai fut un coup de maître. Quatre ou cinq scènes de *Cinna*, — dont il y en a bien deux qui ne sont pas nécessaires à l'action du drame, — ne laissent pas de compter parmi les plus belles du théâtre français, et, pour mieux dire, quelque inutiles qu'elles soient, ce sont pourtant elles qui soutiennent encore aujourd'hui la tragédie. *Cinna* n'est pas une pièce bien faite, et, par exemple, on ne saurait imaginer de plus pauvre artifice que celui de l'amour de Maxime pour Émilie, sans lequel on remarquera que, la conspiration ne parvenant pas à la connaissance d'Auguste, le drame croulerait aussitôt tout entier. Mais de grandes questions, dont l'intérêt ne périra qu'avec la société même des hommes, y sont agitées par l'un des poètes les plus éloquents qu'il y ait jamais eu, et la délibération du second acte, ou le monologue d'Auguste, ou son discours à Cinna dureront autant que la langue française.

Faut-il y voir une preuve de ce que l'on appelle « le pouvoir du style » ? Oui, si l'on le veut; mais bien plutôt une preuve du pouvoir des idées générales. Précisément parce qu'*Horace* et le *Cid* sont encore des tragédies romanesques, dont les personnages expriment des idées « singulières » comme leur situation, ils ne peuvent souvent les exprimer que d'une manière singulière comme elles, — ou guindée, selon le mot de Corneille lui-même, — et pour ce motif, la forme en est inséparable des circonstances qui la déterminent. Les emportements d'Horace n'ont de rapport qu'à la singularité de sa situation, comme aussi bien les subtilités de Chimène. C'est pourquoi nous sommes à peine juges de la vraisemblance de leurs sentiments, et n'ayant jamais tué le père de notre fiancée, ni jamais n'ayant dû couper la gorge à nos trois beaux-frères, le poète peut maintenir, contre tous nos reproches d'invraisemblance, l'autorité de sa conception. Mais il en est autrement dans *Cinna*. Nous rentrons ici dans la nature, et, quoique n'ayant jamais conspiré, nous n'avons pas grand'peine à nous représenter l'état d'âme d'un conspirateur, si nous concevons aisément le cas de conscience qui se pose à lui. Que ferions-nous si nous avions tué le père de notre fiancée? Nous n'en savons absolument rien. Nous ne pouvons pas le savoir. Nous ne pouvons pas dire quelle impression nous ferait une contrée que nous n'avons jamais vue! Mais si nous aimions une femme et qu'elle mît ses faveurs ou sa main au prix de la mort d'un homme qui l'aurait cruellement outragée, ou du meurtre du tyran de son pays, nous pouvons conjecturer de la conduite que nous tiendrions. Et en admettant que nous ne le puissions pas *hic et nunc*, ainsi que l'on dit, les raisons capables de nous incliner dans un sens ou dans l'autre sont de celles qui tiennent de toutes les manières à tout ce que nous avons d'idées sur la morale ou sur la politique. Est-il permis de tuer un « tyran » ? et d'abord qu'est-ce qu'un « tyran » ? Les « crimes d'État » sont-ils des « crimes » ? qui puissent être jugés en soi? sans égard à leurs conséquences? et par exemple le Consulat n'emporte-t-il pas absolution du 18 Brumaire? De simples particuliers, Georges Cadoudal ou Cinna, peuvent-ils s'arroger le droit de juger, de condamner, et d'exécuter Auguste ou Bonaparte? Qui les a établis comme arbitres du droit public? Mais qu'en penserons-nous s'ils ont un intérêt personnel de vengeance à la mort du consul ou de l'empereur? ou quel nom donnerons-nous à leur acte, quand le « tyran » public se trouve être, comme dans *Cinna*, leur « bienfaiteur » particulier? Si ce sont bien quelques-unes au moins des questions que soulève la tragédie de Corneille, on entend ce que nous voulions dire, en parlant tout à l'heure du « pouvoir des idées ». *Cinna* contient, de par sa donnée seule, cette part d'intérêt permanent et universel qu'au contraire *Horace* et le *Cid* ne contenaient que de surcroît, et, à ce titre, on veut dire, il faut dire que *Cinna* marque non seulement un progrès de Corneille, mais un progrès aussi de la tragédie vers la perfection de son genre.

Comment donc se fait-il que l'on n'égale communément *Cinna* ni au *Cid*, ni à *Polyeucte*, ni souvent à *Horace* même? C'est que les caractères n'y sont pas à la hauteur des situations; et que, de quatre ou cinq personnages principaux, il n'y en a pas un à qui l'on puisse vraiment s'intéresser. Car, de dire avec l'auteur que « l'amour est une passion chargée de trop de faiblesse » pour la dignité de l'action tragique, on serait dupe d'une argutie du « bonhomme »; et d'ailleurs nous avons montré que rien ne s'alliait mieux que l'amour et l'intrigue politique. Mais ce qui est vrai, c'est que ni Cinna, ni son Émilie n'ont la violence de passion qu'il faudrait pour expliquer l'énormité de leur attentat contre un homme auquel ils doivent d'être tout ce qu'ils sont; et Auguste lui-même, en pardonnant à ses assassins, n'y met pas la grandeur de générosité qu'il semble qu'on attendrait de lui. C'est ce que nous nous attacherons à faire particulièrement ressortir dans les notes qui suivent.

ACTE PREMIER

1. Il importe de noter, dès le début de la tragédie, que ce n'est pas du tout sur Auguste, mais sur Émilie et sur Cinna, que Corneille a voulu attirer la faveur du spectateur, et que, du sentiment de ses contemporains, il y avait réussi. « Qu'est-ce que la sainte antiquité, lui écrivait Balzac, a produit de vigoureux et de ferme dans le sexe

faible qui soit comparable à... cette Romaine de votre façon,... cette rivale de Caton et de Brutus dans la passion de la liberté,... cette possédée du démon de la république,... cette belle, cette raisonnable, cette sainte et cette adorable furie » ? Il n'admirait qu'à peine un peu moins le personnage de Cinna. « Il vous est obligé de son mérite, continuait-il, comme à Auguste de sa dignité. L'empereur le fit consul, et vous l'avez fait *honnête homme*. » Sommes-nous plus difficiles ou plus délicats aujourd'hui? Mais puisqu'il inventait le personnage d'Émilie, nous croyons, pour notre part, que Corneille eût pu se passer d'en faire la pupille d'Auguste, comme de Cinna le confident intime et l'obligé de l'empereur.

2. « Comme les vers d'*Horace* ont quelque chose de plus net, et de moins guindé pour les pensées que ceux du *Cid*, on peut dire que ceux de cette pièce ont quelque chose de plus achevé que ceux d'*Horace*. » Ainsi s'exprime Corneille lui-même dans son *Examen* de *Cinna*, et ce récit tout seul suffirait à lui donner raison. C'est dommage qu'il en gâte l'effet en s'étendant complaisamment sur « les ornemens de rhétorique » dont il a « tâché de l'enrichir, » et sur la « diversité des figures » qui en sauvent, suivant lui, la longueur.

3. C'est ici que, pour nous intéresser à Cinna et à Émilie, nous aurions désiré une peinture plus vive et plus passionnée de leur amour, et aussi, puisque nous sommes enfin dans la « tragédie politique », qu'ils eussent exprimé quelques doutes sur la moralité de leur entreprise. Aucun assassinat n'en autorise un autre.

ACTE DEUXIÈME

1. Son épargne s'enfler du *sac* de leurs provinces.

J'ai peur que ce mot de *sac* ne soit synonyme ici de *bourse* plutôt que de ravage, et j'y vois, comme dans un autre vers de la tragédie :

Il prend d'eux les *tributs* dont il nous enrichit,

un témoignage de l'amour de Corneille pour l'argent.

2. Est-ce une chose « admirable », comme le prétend Voltaire, que « d'avoir supposé cette délibération d'Auguste avec ceux qui viennent

de faire le serment de l'assassiner »? C'est en tout cas une invention assez ingénieuse; et, pour n'être pas liée nécessairement à l'action du drame, que même elle interrompt, cette belle scène, en étendant le théâtre jusqu'aux limites de l'univers alors connu, contribue plus qu'aucune autre à donner à la tragédie son air d'incomparable grandeur. Il n'y va plus d'une fortune privée, comme dans le *Cid* ou dans *Horace*, mais du sort du monde même; et quoi que d'ailleurs nous puissions penser de la politique de Corneille, — où beaucoup de naïveté se mêle à quelque déclamation, — nous sommes dès lors conquis. Ou, si l'on veut encore, nous sommes transportés dans une sphère d'idées très supérieure à celle où nos préoccupations se meuvent d'ordinaire, et c'est en cela principalement que consiste la noblesse du théâtre de Corneille. En dépit du mot de La Bruyère, les hommes n'y sont point du tout représentés « tels qu'ils devraient être », mais les idées qu'ils agitent les dépassent, pour ainsi dire; et parlant beaucoup mieux qu'ils n'agissent, nous admirons le désintéressement, la beauté, la vérité même de leurs discours en détestant la violence, ou l'immoralité de leurs actes.

5. Voilà une étrange espèce d'*honnête homme!* Qui lui a donné le droit de s'ériger en vengeur de la morale publique? et s'il veut assurer « la liberté de Rome » d'où tire-t-il celui de la mettre au hasard d'un assassinat, quand il n'avait qu'un mot à dire pour la « réaliser »? On se demande parfois, à voir les personnages favoris de Corneille étaler ainsi leur faux héroïsme, quelle idée leur auteur se faisait d'un coquin?

ACTE TROISIÈME

1. Cette révélation était sans doute inattendue! et on ne saurait être plus bas que ce Maxime! Mais c'est un caractère du génie de Corneille que de faire alternativement, et comme par une sorte de compensation, « plus grand » ou « plus bas » que nature.

Dans la juste mesure on ne le voit jamais,

ou si rarement qu'alors il ne semble plus être Corneille. Lui seul pouvait s'aviser de rendre Maxime amoureux d'Émilie, comme cela, brusquement, sans avoir prévenu personne, et pour l'unique plaisir de l'avilir, à moins que ce ne soit pour se tirer d'embarras et faire arriver le complot à la connaissance d'Auguste. N'en pouvait-il trouver d'autre moyen? tiré de moins loin, sinon plus honnête? et plus conforme à la vérité?

2.
> . . . . L'amour rend tout permis;
> Un véritable amant ne connaît point d'amis...
> . . . .
> On n'est point criminel quand on punit un crime....
> . . . .
> Gagnez une maîtresse, accusant un rival!

Je sais bien que ces maximes sont mises par Corneille dans la bouche d'Euphorbe, en qui l'on pourrait voir comme une première ébauche du Narcisse de *Britannicus* ou de l'Œnone de *Phèdre*. Mais je songe qu'Émilie disait de son côté :

> Pour qui venge son père il n'est point de forfaits.

Dans le métal de son style, Corneille a coulé quelques-unes des pensées les plus dangereuses qu'il y ait, et on ne sait jamais ce qu'il en pense lui-même, puisque ce n'est pas seulement à ses « traîtres » mais à ses héros même qu'il les prête :

> La perfidie est noble envers la tyrannie.

dit encore Émilie,

> Et quand il faut répandre un sang si malheureux
> *Les cœurs les plus ingrats sont les plus généreux!*

3. Cinna ne s'y prend-il pas un peu tard pour nous entretenir de ses remords? Cette scène et les deux qui la suivent ne sont guère que du remplissage, et ne servent qu'à mettre un intervalle raisonnable entre la délibération du second acte et les révélations du troisième.

ACTE QUATRIÈME

1. C'est à lui-même ici qu'il faut comparer Corneille, le « monologue » d'Auguste aux « stances » de Rodrigue, et l'auteur dramatique au poète.

En effet, dans *Cinna* comme dans *le Cid*, à ce moment précis et critique de l'action, c'est entre deux alternatives qu'Auguste et

Rodrigue doivent choisir, et dans *le Cid* comme dans *Cinna*, de la résolution qu'ils vont prendre suivra le développement ultérieur du drame. Mais voici d'abord une première différence : nous savons que Rodrigue provoquera certainement le Comte; et ainsi les « stances » où l'on peut bien dire qu'il s'attarde, n'émeuvent, et n'intéressent que faiblement notre curiosité. Au contraire, nous ne savons absolument pas ce qu'Auguste va décider, et pour ce motif, toutes les raisons qu'il se donne à lui-même d'agir dans un sens ou dans l'autre, nous les éprouvons avec lui. Les stances de Rodrigue ne sont que « poétiques », le monologue d'Auguste est « dramatique ». Autre différence : les stances de Rodrigue sont toutes contenues dans la première, dont on peut dire que les autres sont des « variations ». Étant donné ce thème :

> En cet affront, mon père est l'offensé
> Et l'offenseur le père de Chimène;

on le développe, mais on n'en sort pas. Au contraire, chaque vers du monologue d'Auguste nous montre, en même temps qu'à lui-même, un aspect nouveau de la question qu'il agite. Nous avançons vers une conclusion. C'est ce que nous exprimerons en disant que les stances de Rodrigue sont purement « lyriques », mais le monologue d'Auguste est proprement « oratoire ». Et enfin, il est « psychologique » si la raison du mouvement qui l'anime est dans une succession d' « états d'âme » qui se contrarient d'abord pour finir par se concilier, mais les stances de Rodrigue n'ont rien que de « sentimental » si l'objet en est moins de l'éclairer lui-même, sur la vérité de son « état d'âme » que de servir à son ennui de soulagement ou d'issue.

On comprend là-dessus ce que Corneille a voulu dire quand, dans son *Examen de Cinna*, en 1660, il écrivait cette phrase : « C'est la dernière pièce où je me sois pardonné de *longs monologues* ». Évidemment, il s'est rendu compte que, même dans *Cinna*, cette manière de s'expliquer soi-même, qui est l'objet du monologue, tenait encore plus de la déclamation lyrique, de l'ode ou de l'élégie que du drame, et ce n'est pas pour une autre raison qu'il y a renoncé. On voit en même temps, par et dans un exemple précis, quelle est la nature du progrès que nous avons dit qu'il avait fait réaliser à la tragédie en donnant son *Cinna* après son *Horace* et son *Cid*. Si la « psychologie » de Corneille est certes bien éloignée d'avoir la finesse ou la profondeur de celle de Racine, cependant son *Cinna* est une tragédie psychologique, entre laquelle et *Mithridate* et *Britannicus*, on trouverait à signaler presque plus de rapports qu'avec *Rodogune* ou *Héraclius*. Dans les hésitations d'Auguste nous surprenons la raison des perplexités de Cinna lui-même. Infiniment plus complexes que les caractères du jeune Horace ou de Rodrigue, nous concevons qu'en représentant la complexité avec une certaine gaucherie, Corneille n'en a pas moins voulu imiter la réalité de plus près. Et si nous réfléchissons à la phrase sur les « longs monologues », nous comprenons enfin pourquoi le drame romantique, après les avoir si vivement reprochés à la tragédie classique, n'a pas laissé, dans *Hernani* comme dans *Christine*, d'en abuser encore plus qu'elle. C'est qu'il était essentiellement « lyrique », et qu'à vrai dire, la liberté qu'il a revendiquée pour l'art n'était autre que celle de rétablir sur la scène française toutes les « licences » dont Corneille et Racine l'avaient péniblement purgée.

2. Maxime achève ici de se montrer ce qu'il est : un bas et ténébreux coquin, ou peut-être, et pour mieux dire, un vrai « traître de mélodrame ». Mais ce qui est plus étrange en lui que tout le reste de son personnage, et ce qui surtout témoigne étrangement contre Corneille, c'est l'invective à laquelle il s'abandonne contre Euphorbe :

> Euphorbe, c'est l'effet de tes lâches conseils,
> Mais que peut-on attendre aussi de tes pareils....

Et en vérité, il a l'air de croire, — on l'y verra revenir un peu plus loin — que s'il peut faire périr son malheureux affranchi dans d'épouvantables tourments, il sera justifié de l'avoir écouté. On remarquera d'ailleurs qu'il n'éprouve aucun remords de sa trahison ni de sa bassesse, mais uniquement de n'avoir pas réussi. Je me sens ému de pitié pour Euphorbe.

ACTE CINQUIÈME

1. Cette scène est encore fort belle! Mais on ne peut s'empêcher de trouver qu'il était au moins inutile de ravaler Cinna comme Auguste le fait ici. Eh! quoi, non seulement l'empereur l'avait comblé de bienfaits, mais de tant de bienfaits, Cinna n'en méritait pas un! Conseiller, confident et favori du prince, il ne l'était pour aucune vertu ni qualité dont il eût fait preuve! En vérité l'étrange « honnête

homme »! et comment Corneille, mais surtout comment ses contemporains ont-ils pu s'y méprendre?

2. Tous ces crimes d'État qu'on fait pour la couronne,
Le ciel nous en absout alors qu'il nous la donne!

Il semble bien, si l'on considère le rôle de Livie dans la tragédie, que ce soit Corneille lui-même qui parle par sa bouche, et en ce cas que dirons-nous de son « républicanisme » ou de sa « moralité »? Nous dirons de son « républicanisme » qu'il n'est qu'une plaisante invention de ses commentateurs, et de sa « moralité », qu'elle est celle d'un pauvre homme!

3. Faites périr Euphorbe au milieu des tourmens!

Décidément il y tient. Mais il a vraiment tort de l'appeler « ce traître » pour n'avoir fait preuve envers lui, Maxime, que d'un excès de complaisance.

4. C'est cette scène de la fin, avec la délibération du second acte, qui donne à *Cinna* son air de grandeur, et si c'était elle que Corneille eût conçue la première, nous n'en serions pas étonnés. Les dénouements de Corneille, en général, ne sortent pas du développement des caractères, ni même de la logique des situations, mais c'est plutôt le dénouement qui commande les situations, et par suite ce sont les situations qui déterminent pour lui le choix des caractères les plus propres à les faire valoir.

Ici, par exemple, il *fallait*, pour mettre dans son lustre, comme on disait alors, « la clémence d'Auguste », que l'empereur eût eu toute sorte de raisons de punir ou bien de pardonner, et de là la grande scène du cinquième acte, où Cinna le brave; de là le monologue d'Auguste; de là la grande scène du deuxième acte. Mais il *fallait* de plus que les assassins de l'empereur fussent précisément ceux qui l'auraient dû plutôt défendre eux-mêmes aux dépens de leur vie, et de là l'invention du personnage d'Émilie, avec les traits qui le caractérisent; de là l'invention de Maxime; de là les perplexités, les remords, les hésitations de Cinna. Et il *fallait* enfin que la toute-puissance d'Auguste fût donnée comme au-dessus de tout accroissement, et de là la longueur des dissertations politiques; les théories de Livie; l'appareil de souveraineté dont toute la pièce essaie de nous procurer la « sensation » ou « l'idée ».

On remarquera que si *Rodogune* est construite ou échafaudée de la même manière, ainsi en est-il également de *Ruy-Blas* et d'*Hernani*. Et nous avons dit jusqu'ici que ces rapprochements ne prouvaient pas que Corneille eût rien d'un « romantique ». Mais ne pourrions-nous pas changer maintenant de manière de dire la même chose? C'est le théâtre d'Hugo qui est plus « classique » qu'Hugo ne le croyait lui-même, et contemporain, sans le savoir, de celui de Corneille, ou encore de Scarron et de Scudéri.

POLYEUCTE

MARTYR

TRAGÉDIE CHRÉTIENNE

1642

PERSONNAGES

FÉLIX, sénateur romain, gouverneur d'Arménie.
POLYEUCTE, seigneur d'Arménie, gendre de Félix.
SÉVÈRE, chevalier romain, favori de l'empereur.
NÉARQUE, seigneur arménien, ami de Polyeucte.
PAULINE, fille de Félix, et femme de Polyeucte
STRATONICE, confidente de Pauline.
ALBIN, confident de Félix.
FABIAN, confident de Sévère.
CLÉON, domestique de Félix.
Trois gardes.

La scène est à Mélitène, capitale d'Arménie,
dans le Palais de Félix.

ACTE PREMIER[1]

SCÈNE I. — POLYEUCTE, NÉARQUE.

NÉARQUE. — Quoi! vous vous arrêtez aux songes d'une femme;
De si faibles sujets troublent cette grande âme;
Et ce cœur tant de fois dans la guerre éprouvé
S'alarme d'un péril qu'une femme a rêvé!
POLYEUCTE. — Je sais ce qu'est un songe, et le peu de croyance
Qu'un homme doit donner à son extravagance,
Qui d'un amas confus des vapeurs de la nuit
Forme de vains objets que le réveil détruit.
Mais vous ne savez pas ce que c'est qu'une femme;
Vous ignorez quels droits elle a sur toute l'âme
Quand, après un long temps qu'elle a su nous charmer,
Les flambeaux de l'hymen viennent de s'allumer.
Pauline sans raison dans la douleur plongée,
Craint et croit déjà voir ma mort qu'elle a songée,
Elle oppose ses pleurs au dessein que je fais,
Et tâche à m'empêcher de sortir du palais.
Je méprise sa crainte, et je cède à ses larmes,
Elle me fait pitié sans me donner d'alarmes,
Et mon cœur attendri sans être intimidé

N'ose déplaire aux yeux dont il est possédé.
L'occasion, Néarque, est-elle si pressante
Qu'il faille être insensible aux soupirs d'une am
Par un peu de remise épargnons son ennui,
Pour faire en plein repos ce qu'il trouble aujour

NÉARQUE. — Avez-vous cependant une pleine assurance
D'avoir assez de vie, ou de persévérance?
Et Dieu, qui tient votre âme et vos jours dans sa
Promet-il à vos vœux de le pouvoir demain?
Il est toujours tout juste et tout bon ; mais sa grâ
Ne descend pas toujours avec même efficace :
Après certains moments que perdent nos longueu
Elle quitte ces traits qui pénètrent les cœurs ;
Le nôtre s'endurcit, la repousse, l'égare ;
Le bras qui la versait en devient plus avare ;
Et cette sainte ardeur qui doit porter au bien
Tombe plus rarement, ou n'opère plus rien.
Celle qui vous pressait de courir au baptême,
Languissante déjà, cesse d'être la même,
Et, pour quelques soupirs qu'on vous a fait ouïr,
Sa flamme se dissipe, et va s'évanouir (1).

POLYEUCTE. — Vous me connaissez mal : la même ardeur me brûl
Et le désir s'accroît quand l'effet se recule.
Ces pleurs, que je regarde avec un œil d'époux,
Me laissent dans le cœur aussi chrétien que vous.
Mais, pour en recevoir le sacré caractère
Qui lave nos forfaits dans une eau salutaire,
Et qui, purgeant notre âme et dessillant nos yeux,
Nous rend le premier droit que nous avions aux c
Bien que je le préfère aux grandeurs d'un empire,
Comme le bien suprême et le seul où j'aspire,
Je crois, pour satisfaire un juste et saint amour,
Pouvoir un peu remettre, et différer d'un jour.

NÉARQUE. — Ainsi du genre humain l'ennemi vous abuse !
Ce qu'il ne peut de force, il l'entreprend de ruse.
Jaloux des bons desseins qu'il tâche d'ébranler,

POLYEUCTE. 22

Quand il ne les peut rompre, il pousse à reculer.
D'obstacle sur obstacle il va troubler le vôtre,
Aujourd'hui par des pleurs, chaque jour par quelq
Et ce songe rempli de noires visions   [autr
N'est que le coup d'essai de ses illusions.
Il met tout en usage, et prière, et menace,
Il attaque toujours, et jamais ne se lasse,
Il croit pouvoir enfin ce qu'encor il n'a pu,
Et que ce qu'on diffère est à demi rompu.
Rompez ses premiers coups, laissez pleurer Pauline,
Dieu ne veut point d'un cœur où le monde domine,
Qui regarde en arrière, et douteux en son choix,
Lorsque sa voix l'appelle, écoute une autre voix.

POLYEUCTE. - Pour se donner à lui faut-il n'aimer personne?
NÉARQUE. — Nous pouvons tout aimer, il le souffre, il l'ordonne ;
Mais, à vous dire tout, ce Seigneur des Seigneurs
Veut le premier amour, et les premiers honneurs.
Comme rien n'est égal à sa grandeur suprême,
Il ne faut rien aimer qu'après lui, qu'en lui-même,
Négliger pour lui plaire, et femme, et biens, et ran
Exposer pour sa gloire, et verser tout son sang.
Mais que vous êtes loin de cette amour parfaite
Qui vous est nécessaire, et que je vous souhaite!
Je ne puis vous parler que les larmes aux yeux :
Polyeucte, aujourd'hui qu'on nous hait en tous lieu
Qu'on croit servir l'État quand on nous persécute,
Qu'aux plus âpres tourments un chrétien est en b
Comment en pourrez-vous surmonter les douleurs
Si vous ne pouvez pas résister à des pleurs?

POLYEUCTE. - Vous ne m'étonnez point; la pitié qui me blesse [b
Sied bien aux plus grands cœurs, et n'a point d
Sur mes pareils, Néarque, un bel œil est bien for
Tel craint de le fâcher qui ne craint pas la mort,
Et s'il faut affronter les plus cruels supplices,
Y trouver des appas, en faire mes délices,
Votre Dieu, que je n'ose encor nommer le mien,

M'en donnera la force en me faisant chrétien.
NÉARQUE. — Hâtez-vous donc de l'être.
POLYEUCTE. -   Oui, j'y cours, cher Néarque,
Je brûle d'en porter la glorieuse marque,
Mais Pauline s'afflige, et ne peut consentir,
Tant ce songe la trouble, à me laisser sortir.
NÉARQUE. — Votre retour pour elle en aura plus de charmes,
Dans une heure au plus tard vous essuierez ses larmes,
Et l'heur de vous revoir lui semblera plus doux,
Plus elle aura pleuré pour un si cher époux.
Allons, on nous attend.
POLYEUCTE. -   Apaisez donc sa crainte,
Et calmez la douleur dont son âme est atteinte.
Elle revient.
NÉARQUE. —   Fuyez.
POLYEUCTE. -   Je ne puis.
NÉARQUE. —   Il le faut,
Fuyez un ennemi qui sait votre défaut,
Qui le trouve aisément, qui blesse par la vue,
Et dont le coup mortel vous plaît quand il vous tue.

SCÈNE II. — POLYEUCTE, NÉARQUE, PAULINE, STRATONICE.

POLYEUCTE. - Fuyons, puisqu'il le faut. Adieu, Pauline, adieu,
Dans une heure au plus tard je reviens en ce lieu.
PAULINE. — Quel sujet si pressant à sortir vous convie?
Y va-t-il de l'honneur? y va-t-il de la vie?
POLYEUCTE. - Il y va de bien plus.
PAULINE. —   Quel est donc ce secret?
POLYEUCTE. - Vous le saurez un jour, je vous quitte à regret,
Mais enfin il le faut.
PAULINE. —   Vous m'aimez?
POLYEUCTE. -   Je vous aime,
Le ciel m'en est témoin, cent fois plus que moi-même,
Mais....
PAULINE. —   Mais mon déplaisir ne vous peut émouvoir!

Vous avez des secrets que je ne puis savoir!
Quelle preuve d'amour! Au nom de l'hyménée,
Donnez à mes soupirs cette seule journée.
POLYEUCTE. - Un songe vous fait peur?
PAULINE. — Ses présages sont vains,
Je le sais, mais enfin je vous aime, et je crains.
POLYEUCTE. - Ne craignez rien de mal pour une heure d'absence.
Adieu : vos pleurs sur moi prennent trop de puissance,
Je sens déjà mon cœur prêt à se révolter,
Et ce n'est qu'en fuyant que j'y puis résister.

SCÈNE III. — PAULINE, STRATONICE.

PAULINE. — Va, néglige mes pleurs, cours, et te précipite
Au-devant de la mort que les Dieux m'ont prédite;
Suis cet agent fatal de tes mauvais destins,
Qui peut-être te livre aux mains des assassins.
Tu vois, ma Stratonice, en quel siècle nous sommes!
Voilà notre pouvoir sur les esprits des hommes,
Voilà ce qui nous reste, et l'ordinaire effet [fait!
De l'amour qu'on nous offre, et des vœux qu'on nous
Tant qu'ils ne sont qu'amants nous sommes souveraines,
Et jusqu'à la conquête ils nous traitent de reines,
Mais après l'hyménée ils sont rois à leur tour!
STRATONICE - Polyeucte pour vous ne manque point d'amour.
S'il ne vous traite ici d'entière confidence,
S'il part malgré vos pleurs, c'est un trait de prudence;
Sans vous en affliger, présumez avec moi
Qu'il est plus à propos qu'il vous cèle pourquoi;
Assurez-vous sur lui qu'il en a juste cause.
Il est bon qu'un mari nous cache quelque chose,
Qu'il soit quelquefois libre, et ne s'abaisse pas
A nous rendre toujours compte de tous ses pas.
On n'a tous deux qu'un cœur qui sent mêmes traverses,
Mais ce cœur a pourtant ses fonctions diverses,
Et la loi de l'hymen qui vous tient assemblés

N'ordonne pas qu'il tremble alors que vous tremblez.
Ce qui fait vos frayeurs ne peut le mettre en peine :
Il est Arménien, et vous êtes Romaine,
Et vous pouvez savoir que nos deux nations
N'ont pas sur ce sujet mêmes impressions.
Un songe en notre esprit passe pour ridicule,
Il ne nous laisse espoir, ni crainte, ni scrupule,
Mais il passe dans Rome avec autorité
Pour fidèle miroir de la fatalité.

PAULINE. — Quelque peu de crédit que chez vous il obtienne,
Je crois que ta frayeur égalerait la mienne,
Si de telles horreurs t'avaient frappé l'esprit,
Si je t'en avais fait seulement le récit.

STRATONICE - A raconter ses maux souvent on les soulage.

PAULINE. — Écoute,... mais il faut te dire davantage,
Et que pour mieux comprendre un si triste discours,
Tu saches ma faiblesse et mes autres amours.
Une femme d'honneur peut avouer sans honte
Ces surprises des sens que la raison surmonte,
Ce n'est qu'en ces assauts qu'éclate la vertu,
Et l'on doute d'un cœur qui n'a point combattu.
Dans Rome, où je naquis, ce malheureux visage
D'un chevalier romain captiva le courage,
Il s'appelait Sévère... excuse les soupirs
Qu'arrache encor un nom trop cher à mes désirs.

STRATONICE - Est-ce lui qui naguère aux dépens de sa vie
Sauva des ennemis votre empereur Décie,
Qui leur tira mourant la victoire des mains,
Et fit tourner le sort des Perses aux Romains?
Lui, qu'entre tant de morts immolés à son maître,
On ne put rencontrer, ou du moins reconnaître ;
A qui Décie enfin, pour des exploits si beaux,
Fit si pompeusement dresser de vains tombeaux?

PAULINE. — Hélas! c'était lui-même, et jamais notre Rome
N'a produit plus grand cœur, ni vu plus honnête homme.
Puisque tu le connais, je ne t'en dirai rien.

Je l'aimai, Stratonice, il le méritait bien.
Mais que sert le mérite où manque la fortune?
L'un était grand en lui, l'autre faible et commune,
Trop invincible obstacle, et dont trop rarement
Triomphe auprès d'un père un vertueux amant!

STRATONICE. La digne occasion d'une rare constance!

PAULINE. — Dis plutôt d'une indigne et folle résistance :
Quelque fruit qu'une fille en puisse recueillir,
Ce n'est une vertu que pour qui veut faillir.
Parmi ce grand amour que j'avais pour Sévère,
J'attendais un époux de la main de mon père,
Toujours prête à le prendre ; et jamais ma raison
N'avoua de mes yeux l'aimable trahison.
Il possédait mon cœur, mes désirs, ma pensée,
Je ne lui cachais point combien j'étais blessée,
Nous soupirions ensemble, et pleurions nos malheurs ;
Mais au lieu d'espérance il n'avait que des pleurs,
Et malgré des soupirs si doux, si favorables,
Mon père et mon devoir étaient inexorables.
Enfin je quittai Rome et ce parfait amant,
Pour suivre ici mon père en son gouvernement,
Et lui, désespéré, s'en alla dans l'armée
Chercher d'un beau trépas l'illustre renommée.
Le reste, tu le sais : mon abord en ces lieux
Me fit voir Polyeucte, et je plus à ses yeux ;
Et comme il est ici le chef de la noblesse,
Mon père fut ravi qu'il me prît pour maîtresse ;
Et par son alliance il se crut assuré
D'être plus redoutable et plus considéré.
Il approuva sa flamme, et conclut l'hyménée,
Et moi, comme à son lit je me vis destinée,
Je donnai par devoir à son affection
Tout ce que l'autre avait par inclination.
Si tu peux en douter, juge-le par la crainte
Dont en ce triste jour tu me vois l'âme atteinte.

STRATONICE. Elle fait assez voir à quel point vous l'aimez :

                 Mais quel songe, après tout, tient vos sens alarmés?

PAULINE — Je l'ai vu cette nuit, ce malheureux Sévère,
La vengeance à la main, l'œil ardent de colère.
Il n'était point couvert de ces tristes lambeaux
Qu'une ombre désolée emporte des tombeaux;
Il n'était point percé de ces coups pleins de gloire
Qui retranchant sa vie assurent sa mémoire;
Il semblait triomphant, et tel que sur son char
Victorieux dans Rome entre notre César.
Après un peu d'effroi que m'a donné sa vue :
« Porte à qui tu voudras la faveur qui m'est due,
Ingrate, m'a-t-il dit, et, ce jour expiré,
Pleure à loisir l'époux que tu m'as préféré. »
A ces mots j'ai frémi, mon âme s'est troublée,
Ensuite, des chrétiens une impie assemblée,
Pour avancer l'effet de ce discours fatal,
A jeté Polyeucte aux pieds de son rival.
Soudain à son secours j'ai réclamé mon père.
Hélas! c'est de tout point ce qui me désespère,
J'ai vu mon père même, un poignard à la main,
Entrer le bras levé pour lui percer le sein,
Là, ma douleur trop forte a brouillé ces images;
Le sang de Polyeucte a satisfait leurs rages.
Je ne sais, ni comment, ni quand ils l'ont tué,
Mais je sais qu'à sa mort tous ont contribué.
Voilà quel est mon songe (2).

STRATONICE. — Il est vrai qu'il est triste,
Mais il faut que votre âme à ces frayeurs résiste :
La vision, de soi, peut faire quelque horreur,
Mais non pas vous donner une juste terreur.
Pouvez-vous craindre un mort, pouvez-vous craindre un [père
Qui chérit votre époux, que votre époux révère,
Et dont le juste choix vous a donnée à lui
Pour s'en faire en ces lieux un ferme et sûr appui?

PAULINE. — Il m'en a dit autant, et rit de mes alarmes,
Mais je crains des chrétiens les complots et les charmes,

POLYEUCTE

J'AI VU MON PÈRE MÊME, UN POIGNARD A LA MAIN. (Page 226.)

	Et que sur mon époux, leur troupeau ramassé
	Ne venge tant de sang que mon père a versé.
STRATONICE.	Leur secte est insensée, impie et sacrilège,
	Et dans son sacrifice use de sortilège ;
	Mais sa fureur ne va qu'à briser nos autels,
	Elle n'en veut qu'aux Dieux, et non pas aux mortels.
	Quelque sévérité que sur eux on déploie,
	Ils souffrent sans murmure, et meurent avec joie ;
	Et depuis qu'on les traite en criminels d'État,
	On ne peut les charger d'aucun assassinat.
PAULINE.	— Tais-toi, mon père vient.

SCÈNE IV. — FÉLIX, ALBIN, PAULINE, STRATONICE.

FÉLIX.	— Ma fille, que ton songe
	En d'étranges frayeurs ainsi que toi me plonge ;
	Que j'en crains les effets, qui semblent s'approcher !
PAULINE.	— Quelle subite alarme ainsi vous peut toucher ?
FÉLIX.	— Sévère n'est point mort.
PAULINE.	— Quel mal nous fait sa vie ? (5)
FÉLIX.	— Il est le favori de l'empereur Décie.
PAULINE.	— Après l'avoir sauvé des mains des ennemis,
	L'espoir d'un si haut rang lui devenait permis :
	Le destin, aux grands cœurs si souvent mal propice,
	Se résout quelquefois à leur faire justice.
FÉLIX.	— Il vient ici lui-même.
PAULINE.	— Il vient !
FÉLIX.	— Tu le vas voir.
PAULINE.	— C'en est trop. Mais comment le pouvez-vous savoir ?
FÉLIX.	— Albin l'a rencontré dans la proche campagne,
	Un gros de courtisans en foule l'accompagne,
	Et montre assez quel est son rang et son crédit.
	Mais, Albin, redis-lui ce que ses gens t'ont dit.
ALBIN.	— Vous savez quelle fut cette grande journée
	Que sa perte pour nous rendit si fortunée,
	Où l'empereur captif, par sa main dégagé,

Rassura son parti déjà découragé,
Tandis que sa vertu succomba sous le nombre;
Vous savez les honneurs qu'on fit faire à son ombre,
Après qu'entre les morts on ne put le trouver;
Le roi de Perse aussi l'avait fait enlever.
Témoin de ses hauts faits et de son grand courage,
Ce monarque en voulait connaître le visage.
On le mit dans sa tente, où tout percé de coups,
Tout mort qu'il paraissait, il fit mille jaloux.
Là, bientôt il montra quelque signe de vie,
Ce prince généreux en eut l'âme ravie,
Et sa joie, en dépit de son dernier malheur,
Du bras qui le causait honora la valeur;
Il en fit prendre soin, la cure en fut secrète;
Et comme au bout d'un mois sa santé fut parfaite,
Il offrit dignités, alliance, trésors,
Et pour gagner Sévère il fit cent vains efforts.
Après avoir comblé ses refus de louanges,
Il envoie à Décie en proposer l'échange,
Et soudain l'empereur, transporté de plaisir,
Offre au Perse son frère, et cent chefs à choisir.
Ainsi revint au camp le valeureux Sévère
De sa haute vertu recevoir le salaire.
La faveur de Décie en fut le digne prix.
De nouveau l'on combat, et nous sommes surpris,
Ce malheur toutefois sert à croître sa gloire,
Lui seul rétablit l'ordre, et gagne la victoire,
Mais si belle, et si pleine, et par tant de beaux faits,
Qu'on nous offre tribut, et nous faisons la paix.
L'empereur, qui lui montre une amour infinie,
Après ce grand succès l'envoie en Arménie,
Il vient en apporter la nouvelle en ces lieux,
Et par un sacrifice en rendre hommage aux Dieux (4).

FÉLIX. — O ciel! en quel état ma fortune est réduite!
ALBIN. — Voilà ce que j'ai su d'un homme de sa suite,
Et j'ai couru, Seigneur, pour vous y disposer.

FÉLIX.	— Ah! sans doute, ma fille, il vient pour t'épouser!
	L'ordre d'un sacrifice est pour lui peu de chose,
	C'est un prétexte faux dont l'amour est la cause.
PAULINE.	— Cela pourrait bien être, il m'aimait chèrement.
FÉLIX.	— Que ne permettra-t-il à son ressentiment,
	Et jusques à quel point ne porte sa vengeance
	Une juste colère avec tant de puissance!
	Il nous perdra, ma fille!
PAULINE.	Il est trop généreux.
FÉLIX.	— Tu veux flatter en vain un père malheureux,
	Il nous perdra, ma fille. Ah! regret qui me tue
	De n'avoir pas aimé la vertu toute nue!
	Ah! Pauline, en effet, tu m'as trop obéi,
	Ton courage était bon, ton devoir l'a trahi.
	Que ta rebellion m'eût été favorable!
	Qu'elle m'eût garanti d'un état déplorable!
	Si quelque espoir me reste, il n'est plus aujourd'hui
	Qu'en l'absolu pouvoir qu'il te donnait sur lui :
	Ménage en ma faveur l'amour qui le possède,
	Et d'où provient mon mal fais sortir le remède.
PAULINE.	— Moi! moi, que je revoie un si puissant vainqueur,
	Et m'expose à des yeux qui me percent le cœur!
	Mon père, je suis femme, et je sais ma faiblesse,
	Je sens déjà mon cœur qui pour lui s'intéresse,
	Et poussera sans doute, en dépit de ma foi,
	Quelque soupir indigne, et de vous, et de moi;
	Je ne le verrai point.
FÉLIX.	Rassure un peu ton âme.
PAULINE.	— Il est toujours aimable, et je suis toujours femme.
	Dans le pouvoir sur moi que ses regards ont eu,
	Je n'ose m'assurer de toute ma vertu ;
	Je ne le verrai point.
FÉLIX.	Il faut le voir, ma fille,
	Ou tu trahis ton père et toute ta famille.
PAULINE.	— C'est à moi d'obéir, puisque vous commandez;
	Mais voyez les périls où vous me hasardez.

FÉLIX. — Ta vertu m'est connue.
PAULINE. — Elle vaincra sans doute !
Ce n'est pas le succès que mon âme redoute :
Je crains ce dur combat et ces troubles puissans
Que fait déjà chez moi la révolte des sens.
Mais, puisqu'il faut combattre un ennemi que j'aime,
Souffrez que je me puisse armer contre moi-même,
Et qu'un peu de loisir me prépare à le voir.
FÉLIX. — Jusqu'au-devant des murs je vais le recevoir :
Rappelle cependant tes forces étonnées
Et songe qu'en tes mains tu tiens nos destinées.
PAULINE. — Oui, je vais de nouveau dompter mes sentiments,
Pour servir de victime à vos commandements (5).

ACTE DEUXIÈME

SCÈNE I. — SÉVÈRE, FABIAN.

SÉVÈRE. — Cependant que Félix donne ordre au sacrifice,
Pourrai-je prendre un temps à mes vœux si propice,
Pourrai-je voir Pauline, et rendre à ses beaux yeux
L'hommage souverain que l'on va rendre aux Dieux?
Je ne l'ai point celé que c'est ce qui m'amène,
Le reste est un prétexte à soulager ma peine;
Je viens sacrifier; mais c'est à ses beautés
Que je viens immoler toutes mes volontés.

FABIAN. — Vous la verrez, Seigneur.

SÉVÈRE. — Ah, quel comble de joie,
Cette chère beauté consent que je la voie!
Mais ai-je sur son âme encor quelque pouvoir?
Quelque reste d'amour s'y fait-il encor voir?
Quel trouble, quel transport lui cause ma venue?
Puis-je tout espérer de cette heureuse vue?
Car je voudrais mourir plutôt que d'abuser
Des lettres de faveur que j'ai pour l'épouser :
Elles sont pour Félix, non pour triompher d'elle.
Jamais à ses désirs mon cœur ne fut rebelle,

Et si mon mauvais sort avait changé le sien,
Je me vaincrais moi-même, et ne prétendrais rien.

FABIAN. — Vous la verrez, c'est tout ce que je vous puis dire.

SÉVÈRE. — D'où vient que tu frémis et que ton cœur soupire?
Ne m'aime-t-elle plus? Éclaircis-moi ce point.

FABIAN. — M'en croirez-vous, Seigneur, ne la revoyez point,
Portez en lieu plus haut l'honneur de vos caresses,
Vous trouverez à Rome assez d'autres maîtresses;
Et dans ce haut degré de puissance et d'honneur,
Les plus grands y tiendront votre amour à bonheur.

SÉVÈRE. — Qu'à des pensers si bas mon âme se ravale,
Que je tienne Pauline à mon sort inégale!
Elle en a mieux usé, je la dois imiter,
Je n'aime mon bonheur que pour le mériter.
Voyons-la, Fabian, ton discours m'importune,
Allons mettre à ses pieds cette haute fortune.
Je l'ai dans les combats trouvée heureusement,
En cherchant une mort digne de son amant :
Ainsi ce rang est sien, cette faveur est sienne,
Et je n'ai rien enfin que d'elle je ne tienne.

FABIAN. — Non, mais encore un coup ne la revoyez point.

SÉVÈRE. — Ah! c'en est trop, enfin éclaircis-moi ce point :
As-tu vu des froideurs quand tu l'en as priée.

FABIAN. — Je tremble à vous le dire; elle est....

SÉVÈRE. —   Quoi?

FABIAN. —   Mariée.

SÉVÈRE. — Soutiens-moi, Fabian, ce coup de foudre est grand,
Et frappe d'autant plus que plus il me surprend.

FABIAN. — Seigneur, qu'est devenu ce généreux courage?

SÉVÈRE. — La constance est ici d'un difficile usage.
De pareils déplaisirs accablent un grand cœur,
La vertu la plus mâle en perd toute vigueur,
Et quand d'un feu si beau les âmes sont éprises,
La mort les trouble moins que de telles surprises.
Je ne suis plus à moi quand j'entends ce discours.
Pauline est mariée!

FABIAN. — Oui, depuis quinze jours,
Polyeucte, un seigneur des premiers d'Arménie,
Goûte de son hymen la douceur infinie.
SÉVÈRE. — Je ne la puis du moins blâmer d'un mauvais choix,
Polyeucte a du nom, et sort du sang des rois.
Faibles soulagements d'un malheur sans remède !
Pauline, je verrai qu'un autre vous possède !
O ciel, qui malgré moi me renvoyez au jour,
O sort, qui redonniez l'espoir à mon amour,
Reprenez la faveur que vous m'avez prêtée,
Et rendez-moi la mort que vous m'avez ôtée !
Voyons-la toutefois, et dans ce triste lieu
Achevons de mourir en lui disant adieu ;
Que mon cœur chez les morts emportant son image,
De son dernier soupir puisse lui faire hommage !
FABIAN. — Seigneur, considérez....
SÉVÈRE. — Tout est considéré.
Quel désordre peut craindre un cœur désespéré ?
N'y consent-elle pas ?
FABIAN. — Oui, Seigneur, mais....
SÉVÈRE. — N'importe.
FABIAN. — Cette vive douleur en deviendra plus forte.
SÉVÈRE. — Et ce n'est pas un mal que je veuille guérir,
Je ne veux que la voir, soupirer, et mourir.
FABIAN. — Vous vous échapperez sans doute en sa présence,
Un amant qui perd tout n'a plus de complaisance,
Dans un tel entretien il suit sa passion,
Et ne pousse qu'injure et qu'imprécation.
SÉVÈRE. — Juge autrement de moi, mon respect dure encore,
Tout violent qu'il est mon désespoir l'adore.
Quels reproches aussi peuvent m'être permis ?
De quoi puis-je accuser qui ne m'a rien promis ?
Elle n'est point parjure, elle n'est point légère,
Son devoir m'a trahi, mon malheur, et son père,
Mais son devoir fut juste, et son père eut raison.
J'impute à mon malheur toute la trahison,

	Un peu moins de fortune, et plus tôt arrivée,
	Eût gagné l'un par l'autre, et me l'eût conservée !
	Trop heureux, mais trop tard, je n'ai pu l'acquérir :
	Laisse-la-moi donc voir, soupirer, et mourir.
FABIAN.	— Oui, je vais l'assurer qu'en ce malheur extrême
	Vous êtes assez fort pour vous vaincre vous-même ;
	Elle a craint comme moi ces premiers mouvements
	Qu'une perte imprévue arrache aux vrais amants,
	Et dont la violence excite assez de trouble,
	Sans que l'objet présent l'irrite et le redouble.
SÉVÈRE.	— Fabian, je la vois.
FABIAN.	— Seigneur, souvenez-vous....
SÉVÈRE.	— Hélas ! elle aime un autre, un autre est son époux (1).

SCÈNE II. — SÉVÈRE, PAULINE, STRATONICE, FABIAN.

PAULINE.	— Oui, je l'aime, Sévère, et n'en fais point d'excuse.
	Que tout autre que moi vous flatte et vous abuse,
	Pauline a l'âme noble, et parle à cœur ouvert.
	Le bruit de votre mort n'est point ce qui vous perd.
	Si le ciel en mon choix eût mis mon hyménée,
	A vos seules vertus je me serais donnée,
	Et toute la rigueur de votre premier sort
	Contre votre mérite eût fait un vain effort :
	Je découvrais en vous d'assez illustres marques
	Pour vous préférer même aux plus heureux monarques.
	Mais puisque mon devoir m'imposait d'autres lois,
	De quelque amant pour moi que mon père eût fait choix,
	Quand à ce grand pouvoir que la valeur vous donne
	Vous auriez ajouté l'éclat d'une couronne,
	Quand je vous aurais vu, quand je l'aurais haï,
	J'en aurais soupiré, mais j'aurais obéi ;
	Et sur mes passions ma raison souveraine
	Eût blâmé mes soupirs et dissipé ma haine.
SÉVÈRE.	— Que vous êtes heureuse, et qu'un peu de soupirs
	Fait un aisé remède à tous vos déplaisirs !

Ainsi de vos désirs toujours reine absolue,
Les plus grands changements vous trouvent résolue ;
De la plus forte ardeur vous portez vos esprits
Jusqu'à l'indifférence, et peut-être au mépris ;
Et votre fermeté fait succéder sans peine
La faveur au dédain et l'amour à la haine.
Qu'un peu de votre humeur ou de votre vertu
Soulagerait les maux de ce cœur abattu !
Un soupir, une larme à regret épandue
M'aurait déjà guéri de vous avoir perdue,
Ma raison pourrait tout sur l'amour affaibli,
Et de l'indifférence irait jusqu'à l'oubli ;
Et mon feu désormais se réglant sur le vôtre,
Je me tiendrais heureux entre les bras d'une autre.
O trop aimable objet, qui m'avez trop charmé,
Est-ce là comme on aime, et m'avez-vous aimé ?

PAULINE. — Je vous l'ai trop fait voir, Seigneur, et si mon âme
Pouvait bien étouffer les restes de sa flamme,
Dieux, que j'éviterais de rigoureux tourments !
Ma raison, il est vrai, dompte mes sentiments,
Mais quelque autorité que sur eux elle ait prise,
Elle n'y règne pas, elle les tyrannise ;
Et quoique le dehors soit sans émotion,
Le dedans n'est que trouble et que sédition.
Votre mérite est grand, si ma raison est forte.
Je le vois encor, tel qu'il alluma mes feux,
D'autant plus puissamment solliciter mes vœux,
Qu'il est environné de puissance et de gloire ;
Qu'en tous lieux après vous il traîne la victoire ;
Que j'en sais mieux le prix ; et qu'il n'a point déçu
Le généreux espoir que j'en avais conçu.
Mais ce même devoir qui le vainquit dans Rome,
Et qui me range ici dessous les lois d'un homme,
Repousse encor si bien l'effort de tant d'appas,
Qu'il déchire mon âme et ne l'ébranle pas.
C'est cette vertu même à nos désirs cruelle

Que vous louiez alors en blasphémant contre elle !
Plaignez-vous-en encor, mais louez sa rigueur
Qui triomphe à la fois de vous et de mon cœur,
Et voyez qu'un devoir moins ferme et moins sincère
N'aurait pas mérité l'amour du grand Sévère.

SÉVÈRE. — Ah ! Madame, excusez une aveugle douleur
Qui ne connaît plus rien que l'excès du malheur.
Je nommais inconstance et prenais pour un crime
De ce juste devoir l'effort le plus sublime.
De grâce, montrez moins à mes sens désolés
La grandeur de ma perte, et ce que vous valez,
Et cachant par pitié cette vertu si rare,
Qui redouble mes feux lorsqu'elle nous sépare,
Faites voir des défauts qui puissent à leur tour
Affaiblir ma douleur avecque mon amour.

PAULINE. — Hélas ! cette vertu, quoique enfin invincible,
Ne laisse que trop voir une âme trop sensible ;
Ces pleurs en sont témoins, et ces lâches soupirs
Qu'arrachent de nos feux les cruels souvenirs,
Trop rigoureux effets d'une aimable présence
Contre qui mon devoir a trop peu de défense !
Mais si vous estimez ce vertueux devoir,
Conservez-m'en la gloire, et cessez de me voir ;
Épargnez-moi des pleurs qui coulent à ma honte,
Épargnez-moi des feux qu'à regret je surmonte ;
Enfin épargnez-moi ces tristes entretiens,
Qui ne font qu'irriter vos tourments et les miens.

SÉVÈRE. — Que je me prive ainsi du seul bien qui me reste !
PAULINE. — Sauvez-vous d'une vue à tous les deux funeste.
SÉVÈRE. — Quel prix de mon amour ! quel fruit de mes travaux !
PAULINE. — C'est le remède seul qui peut guérir nos maux.
SÉVÈRE. — Je veux mourir des miens, aimez-en la mémoire.
PAULINE. — Je veux guérir des miens, ils souilleraient ma gloire.
SÉVÈRE. — Ah ! puisque votre gloire en prononce l'arrêt,
Il faut que ma douleur cède à son intérêt.
Est-il rien que sur moi cette gloire n'obtienne ?

POLYEUCTE

ADIEU, TROP VERTUEUX OBJET, ET TROP CHARMANT. (Page 237.)

Elle me rend les soins que je dois à la mienne.
Adieu : je vais chercher au milieu des combats
Cette immortalité que donne un beau trépas,
Et remplir dignement, par une mort pompeuse,
De mes premiers exploits l'attente avantageuse,
Si toutefois, après ce coup mortel du sort,
J'ai de la vie assez pour chercher une mort.

PAULINE. — Et moi dont votre vue augmente le supplice,
Je l'éviterai même en votre sacrifice ;
Et seule dans ma chambre enfermant mes regrets,
Je vais pour vous aux Dieux faire des vœux secrets.

SÉVÈRE. — Puisse le juste ciel, content de ma ruine,
Combler d'heurs et de jours Polyeucte, et Pauline!

PAULINE. — Puisse trouver Sévère, après tant de malheur,
Une félicité digne de sa valeur!

SÉVÈRE. — Il la trouvait en vous.

PAULINE. — Je dépendais d'un père.

SÉVÈRE. — O devoir qui me perd et qui me désespère!
Adieu, trop vertueux objet, et trop charmant.

PAULINE. — Adieu, trop malheureux et trop parfait amant (2).

SCÈNE III. — PAULINE, STRATONICE.

STRATONICE - Je vous ai plaints tous deux, j'en verse encor des larmes,
Mais du moins votre esprit est hors de ses alarmes,
Vous voyez clairement que votre songe est vain,
Sévère ne vient pas la vengeance à la main.

PAULINE. — Laisse-moi respirer du moins si tu m'as plainte :
Au fort de ma douleur tu rappelles ma crainte,
Souffre un peu de relâche à mes esprits troublés,
Et ne m'accable point par des maux redoublés.

STRATONICE - Quoi, vous craigniez encor?

PAULINE. — Je tremble, Stratonice,
Et bien que je m'effraie avec peu de justice,
Cette injuste frayeur sans cesse reproduit
L'image des malheurs que j'ai vus cette nuit.

STRATONICE - Sévère est généreux.
PAULINE. — Malgré sa retenue,
Polyeucte sanglant frappe toujours ma vue.
STRATONICE - Vous voyez ce rival faire des vœux pour lui.
PAULINE. — Je crois même au besoin qu'il serait son appui :
Mais, soit cette croyance ou fausse ou véritable,
Son séjour en ce lieu m'est toujours redoutable,
A quoi que sa vertu puisse le disposer,
Il est puissant, il m'aime, et vient pour m'épouser.

SCÈNE IV. — POLYEUCTE, NÉARQUE, PAULINE, STRATONICE

POLYEUCTE. - C'est trop verser de pleurs, il est temps qu'ils tarissent
Que votre douleur cesse, et vos craintes finissent,
Malgré les faux avis par vos Dieux envoyés,
Je suis vivant, Madame, et vous me revoyez.
PAULINE. — Le jour est encor long, et ce qui plus m'effraie
La moitié de l'avis se trouve déjà vraie,
J'ai cru Sévère mort, et je le vois ici.
POLYEUCTE. - Je le sais, mais enfin j'en prends peu de souci.
Je suis dans Mélitène, et, quel que soit Sévère,
Votre père y commande, et l'on m'y considère ;
Et je ne pense pas qu'on puisse avec raison
D'un cœur tel que le sien craindre une trahison.
On m'avait assuré qu'il vous faisait visite,
Et je venais lui rendre un honneur qu'il mérite.
PAULINE. — Il vient de me quitter assez triste et confus,
Mais j'ai gagné sur lui qu'il ne me verra plus.
POLYEUCTE. - Quoi ! vous me soupçonnez déjà de quelque ombrage?
PAULINE. — Je ferais à tous trois un trop sensible outrage.
J'assure mon repos, que troublent ses regards :
La vertu la plus ferme évite les hasards,
Qui s'expose au péril veut bien trouver sa perte ;
Et pour vous en parler avec une âme ouverte,
Depuis qu'un vrai mérite a pu nous enflammer,
Sa présence toujours a droit de nous charmer.

Outre qu'on doit rougir de s'en laisser surprendre,
On souffre à résister, on souffre à s'en défendre,
Et bien que la vertu triomphe de ses feux,
La victoire est pénible, et le combat honteux.

POLYEUCTE. - O vertu trop parfaite, et devoir trop sincère,
Que vous devez coûter de regrets à Sévère!
Qu'aux dépens d'un beau feu vous me rendez heureux.
Et que vous êtes doux à mon cœur amoureux!
Plus je vois mes défauts et plus je vous contemple,
Plus j'admire....

SCÈNE V. — POLYEUCTE, PAULINE, NÉARQUE, STRATONICE. CLÉON.

CLÉON. — Seigneur, Félix vous mande au temple,
La victime est choisie, et le peuple à genoux,
Et pour sacrifier on n'attend plus que vous.
POLYEUCTE. - Va, nous allons te suivre. Y venez-vous, Madame?
PAULINE. — Sévère craint ma vue, elle irrite sa flamme,
Je lui tiendrai parole, et ne veux plus le voir.
Adieu, vous l'y verrez, pensez à son pouvoir,
Et ressouvenez-vous que sa valeur est grande.
POLYEUCTE. - Allez, tout son crédit n'a rien que j'appréhende,
Et comme je connais sa générosité,
Nous ne nous combattrons que de civilité.

SCÈNE VI. — POLYEUCTE, NÉARQUE.

NÉARQUE. — Où pensez-vous aller?
POLYEUCTE.- Au temple, où l'on m'appelle.
NÉARQUE. — Quoi! vous mêler aux vœux d'une troupe infidèle!
Oubliez-vous déjà que vous êtes chrétien?
POLYEUCTE. - Vous par qui je le suis, vous en souvient-il bien?
NÉARQUE. — J'abhorre les faux Dieux.
POLYEUCTE. - Et moi je les déteste.
NÉARQUE. — Je tiens leur culte impie.

POLYEUCTE. — Et je le tiens funeste.
NÉARQUE. — Fuyez donc leurs autels.
POLYEUCTE. — Je les veux renverser,
Et mourir dans leur temple, ou les y terrasser.
Allons, mon cher Néarque, allons aux yeux des hommes
Braver l'idolâtrie, et montrer qui nous sommes,
C'est l'attente du ciel, il nous la faut remplir,
Je viens de le promettre, et je vais l'accomplir.
Je rends grâces au Dieu que tu m'as fait connaître
De cette occasion qu'il a sitôt fait naître,
Où déjà sa bonté, prête à me couronner,
Daigne éprouver la foi qu'il vient de me donner.
NÉARQUE. — Ce zèle est trop ardent, souffrez qu'il se modère (5).
POLYEUCTE. — On n'en peut avoir trop pour le Dieu qu'on révère.
NÉARQUE. — Vous trouverez la mort.
POLYEUCTE. — Je la cherche pour lui.
NÉARQUE. — Et si ce cœur s'ébranle?
POLYEUCTE. — Il sera mon appui.
NÉARQUE. — Il ne commande point que l'on s'y précipite.
POLYEUCTE. — Plus elle est volontaire, et plus elle mérite.
NÉARQUE. — Il suffit, sans chercher, d'attendre et de souffrir.
POLYEUCTE. — On souffre avec regret quand on n'ose s'offrir.
NÉARQUE. — Mais dans ce temple enfin la mort est assurée.
POLYEUCTE. — Mais dans le ciel déjà la palme est préparée.
NÉARQUE. — Par une sainte vie il faut la mériter.
POLYEUCTE. — Mes crimes en vivant me la pourraient ôter :
Pourquoi mettre au hasard ce que la mort assure?
Quand elle ouvre le ciel, peut-elle sembler dure?
Je suis chrétien, Néarque, et le suis tout à fait.
La foi que j'ai reçue aspire à son effet,
Qui fuit croit lâchement, et n'a qu'une foi morte.
NÉARQUE. — Ménagez votre vie, à Dieu même elle importe,
Vivez pour protéger les chrétiens en ces lieux.
POLYEUCTE. — L'exemple de ma mort les fortifiera mieux.
NÉARQUE. — Vous voulez donc mourir?
POLYEUCTE. — Vous aimez donc à vivre?

NÉARQUE. — Je ne puis déguiser que j'ai peine à vous suivre,
Sous l'horreur des tourments je crains de succomber.
POLYEUCTE. – Qui marche assurément n'a point peur de tomber,
Dieu fait part au besoin de sa force infinie,
Qui craint de le nier, dans son âme le nie,
Il croit le pouvoir faire et doute de sa foi.
NÉARQUE. — Qui n'appréhende rien présume trop de soi.
POLYEUCTE. – J'attends tout de sa grâce, et rien de ma faiblesse.
Mais loin de me presser il faut que je vous presse!
D'où vient cette froideur?
NÉARQUE. —   Dieu même a craint la mort!
POLYEUCTE. – Il s'est offert pourtant! Suivons ce saint effort,
Dressons-lui des autels sur des monceaux d'idoles :
Il faut (je me souviens encor de vos paroles)
Négliger, pour lui plaire, et femme, et biens, et rang,
Exposer pour sa gloire, et verser tout son sang.
Hélas! qu'avez-vous fait de cette amour parfaite
Que vous me souhaitiez, et que je vous souhaite?
S'il vous en reste encor, n'êtes-vous point jaloux
Qu'à grand'peine chrétien j'en montre plus que vous?
NÉARQUE. — Vous sortez du baptême, et ce qui vous anime
C'est sa grâce qu'en vous n'affaiblit aucun crime;
Comme encor tout entière, elle agit pleinement,
Et tout semble possible à son feu véhément.
Mais cette même grâce en moi diminuée,
Et par mille péchés sans cesse exténuée,
Agit aux grands effets avec tant de langueur,
Que tout semble impossible à son peu de vigueur.
Cette indigne mollesse et ces lâches défenses
Sont des punitions qu'attirent mes offenses.
Mais Dieu, dont on ne doit jamais se défier,
Me donne votre exemple à me fortifier.
Allons, cher Polyeucte, allons aux yeux des hommes
Braver l'idolâtrie, et montrer qui nous sommes;
Puissé-je vous donner l'exemple de souffrir,
Comme vous me donnez celui de vous offrir!

POLYEUCTE. — A cet heureux transport que le ciel vous envoie,
Je reconnais Néarque, et j'en pleure de joie.
Ne perdons plus de temps : le sacrifice est prêt,
Allons-y du vrai Dieu soutenir l'intérêt;
Allons fouler aux pieds ce foudre ridicule
Dont arme un bois pourri ce peuple trop crédule;
Allons en éclairer l'aveuglement fatal,
Allons briser ces dieux de pierre et de métal;
Abandonnons nos jours à cette ardeur céleste,
Faisons triompher Dieu... Qu'il dispose du reste.

NÉARQUE. — Allons faire éclater sa gloire aux yeux de tous,
Et répondre avec zèle à ce qu'il veut de nous (4).

ACTE TROISIÈME

SCÈNE I. — PAULINE.

PAULINE. — Que de soucis flottants, que de confus nuages
Présentent à mes yeux d'inconstantes images!
Douce tranquillité que je n'ose espérer,
Que ton divin rayon tarde à les éclairer!
Mille agitations, que mes troubles produisent,
Dans mon cœur ébranlé tour à tour se détruisent;
Aucun espoir n'y coule où j'ose persister,
Aucun effroi n'y règne où j'ose m'arrêter.
Mon esprit, embrassant tout ce qu'il s'imagine,
Voit tantôt mon bonheur et tantôt ma ruine,
Et suit leur vaine idée avec si peu d'effet,
Qu'il ne peut espérer ni craindre tout à fait.
Sévère incessamment brouille ma fantaisie.
J'espère en sa vertu, je crains sa jalousie,
Et je n'ose penser que d'un œil bien égal
Polyeucte en ces lieux puisse voir son rival.
Comme entre deux rivaux la haine est naturelle,
L'entrevue aisément se termine en querelle :
L'un voit aux mains d'autrui ce qu'il croit mériter,

L'autre un désespéré qui peut trop attenter ;
Quelque haute raison qui règle leur courage,
L'un conçoit de l'envie, et l'autre de l'ombrage ;
La honte d'un affront que chacun d'eux croit voir
Ou de nouveau reçue, ou prête à recevoir,
Consumant dès l'abord toute leur patience,
Forme de la colère et de la défiance ;
Et saisissant ensemble et l'époux et l'amant,
En dépit d'eux les livre à leur ressentiment.
Mais que je me figure une étrange chimère !
Et que je traite mal Polyeucte et Sévère,
Comme si la vertu de ces fameux rivaux
Ne pouvait s'affranchir de ces communs défauts !
Leurs âmes à tous deux d'elles-mêmes maîtresses
Sont d'un ordre trop haut pour de telles bassesses,
Ils se verront au temple en hommes généreux ;
Mais las ! ils se verront, et c'est beaucoup pour eux.
Que sert à mon époux d'être dans Mélitène,
Si contre lui Sévère arme l'aigle romaine ?
Si mon père y commande, et craint ce favori,
Et se repent déjà du choix de mon mari ?
Si peu que j'ai d'espoir ne luit qu'avec contrainte,
En naissant il avorte, et fait place à la crainte,
Ce qui doit l'affermir sert à le dissiper.
Dieux ! faites que ma peur puisse enfin se tromper !

SCÈNE II. — PAULINE, STRATONICE.

PAULINE. — Mais sachons-en l'issue. Eh bien, ma Stratonice,
Comment s'est terminé ce pompeux sacrifice ?
Ces rivaux généreux au temple se sont vus ?

STRATONICE — Ah, Pauline !

PAULINE. —   Mes vœux ont-ils été déçus ?
J'en vois sur ton visage une mauvaise marque,
Se sont-ils querellés ?

STRATONICE —   Polyeucte, Néarque,

Les chrétiens....
PAULINE. — Parle donc : les chrétiens....
STRATONICE- Je ne puis...
PAULINE. — Tu prépares mon âme à d'étranges ennuis.
STRATONICE- Vous n'en sauriez avoir une plus juste cause
PAULINE. — L'ont-ils assassiné?
STRATONICE- Ce serait peu de chose !
Tout votre songe est vrai, Polyeucte n'est plus....
PAULINE. — Il est mort!
STRATONICE- Non, il vit, mais, ô pleurs superflus !
Ce courage si grand, cette âme si divine,
N'est plus digne du jour, ni digne de Pauline.
Ce n'est plus cet époux si charmant à vos yeux,
C'est l'ennemi commun de l'État et des Dieux,
Un méchant, un infâme, un rebelle, un perfide,
Un traître, un scélérat, un lâche, un parricide,
Une peste exécrable à tous les gens de bien,
Un sacrilège impie, en un mot un chrétien.
PAULINE. — Ce mot aurait suffi sans ce torrent d'injures.
STRATONICE- Ces titres aux chrétiens sont-ce des impostures?
PAULINE. — Il est ce que tu dis, s'il embrasse leur foi,
Mais il est mon époux, et tu parles à moi.
STRATONICE- Ne considérez plus que le Dieu qu'il adore.
PAULINE. — Je l'aimai par devoir, ce devoir dure encore.
STRATONICE- Il vous donne à présent sujet de le haïr,
Qui trahit tous nos Dieux aurait pu vous trahir.
PAULINE. — Je l'aimerais encor, quand il m'aurait trahie;
Et si de tant d'amour tu peux être ébahie,
Apprends que mon devoir ne dépend point du sien :
Qu'il y manque, s'il veut, je dois faire le mien.
Quoi! s'il aimait ailleurs, serais-je dispensée
A suivre à son exemple une ardeur insensée?
Quelque chrétien qu'il soit, je n'en ai point d'horreur,
Je chéris sa personne et je hais son erreur.
Mais quel ressentiment en témoigne mon père?
STRATONICE- Une secrète rage, un excès de colère,

Malgré qui toutefois un reste d'amitié
Montre pour Polyeucte encor quelque pitié.
Il ne veut point sur lui faire agir sa justice,
Que du traître Néarque il n'ait vu le supplice.

PAULINE. — Quoi! Néarque en est donc?

STRATONICE — Néarque l'a séduit :
De leur vieille amitié c'est là l'indigne fruit.
Ce perfide tantôt, en dépit de lui-même,
L'arrachant de vos bras, le traînait au baptême.
Voilà ce grand secret, et si mystérieux,
Que n'en pouvait tirer votre amour curieux.

PAULINE. — Tu me blâmais alors d'être trop importune.

STRATONICE — Je ne prévoyais pas une telle infortune.

PAULINE. — Avant qu'abandonner mon âme à mes douleurs,
Il me faut essayer la force de mes pleurs :
En qualité de femme ou de fille, j'espère
Qu'ils vaincront un époux, ou fléchiront un père.
Que si sur l'un et l'autre ils manquent de pouvoir,
Je ne prendrai conseil que de mon désespoir.
Apprends-moi cependant ce qu'ils ont fait au temple.

STRATONICE — C'est une impiété qui n'eut jamais d'exemple.
Je ne puis y penser sans frémir à l'instant,
Et crains de faire un crime en vous la racontant.
Apprenez en deux mots leur brutale insolence :
Le prêtre avait à peine obtenu du silence,
Et devers l'orient assuré son aspect,
Qu'ils ont fait éclater leur manque de respect :
A chaque occasion de la cérémonie,
A l'envi l'un et l'autre étalait sa manie ;
Des mystères sacrés hautement se moquait,
Et traitait de mépris les Dieux qu'on invoquait.
Tout le peuple en murmure, et Félix s'en offense.
Mais tous deux, s'emportant à plus d'irrévérence :
« Quoi! lui dit Polyeucte en élevant sa voix,
Adorez-vous des Dieux, ou de pierre, ou de bois?

POLYEUCTE

D'UNE FUREUR PAREILLE, ILS COURENT A L'AUTEL. (Page 247.)

Qu'ils ont vomis tous deux contre Jupiter mêmes :
L'adultère et l'inceste en étaient les plus doux.
« Oyez, dit-il ensuite, oyez, peuple, oyez tous :
Le Dieu de Polyeucte et celui de Néarque
De la terre et du ciel est l'absolu monarque,
Seul être indépendant, seul maître du destin,
Seul principe éternel, et souveraine fin.
C'est ce Dieu des chrétiens qu'il faut qu'on remercie
Des victoires qu'il donne à l'empereur Décie ;
Lui seul tient en sa main le succès des combats,
Il le peut élever, il le peut mettre bas ;
Sa bonté, son pouvoir, sa justice est immense,
C'est lui seul qui punit, lui seul qui récompense :
Vous adorez en vain des monstres impuissants. »
Se jetant à ces mots sur le vin et l'encens,
Après en avoir mis les saints vases par terre,
Sans crainte de Félix, sans crainte du tonnerre,
D'une fureur pareille ils courent à l'autel.
Cieux ! a-t-on vu jamais, a-t-on rien vu de tel !
Du plus puissant des Dieux nous voyons la statue
Par une main impie à leurs pieds abattue,
Les mystères troublés, le temple profané,
La fuite et les clameurs d'un peuple mutiné
Qui craint d'être acclamé sous le courroux céleste,
Félix.... Mais le voici qui vous dira le reste.

PAULINE. — Que son visage est sombre et plein d'émotion !
Qu'il montre de tristesse et d'indignation !

SCÈNE III. — FÉLIX, PAULINE, STRATONICE.

FÉLIX. — Une telle insolence avoir osé paraître !
En public ! A ma vue ! Il en mourra, le traître (2).
PAULINE. — Souffrez que votre fille embrasse vos genoux.
FÉLIX. — Je parle de Néarque, et non de votre époux :
Quelque indigne qu'il soit de ce doux nom de gendre,
Mon âme lui conserve un sentiment plus tendre,

La grandeur de son crime et de mon déplaisir
N'a pas éteint l'amour qui me l'a fait choisir.

PAULINE. — Je n'attendais pas moins de la bonté d'un père.

FÉLIX. — Je pouvais l'immoler à ma juste colère,
Car vous n'ignorez pas à quel comble d'horreur
De son audace impie a monté la fureur ;
Vous l'avez pu savoir du moins de Stratonice.

PAULINE. — Je sais que de Néarque il doit voir le supplice.

FÉLIX. — Du conseil qu'il doit prendre il sera mieux instruit,
Quand il verra punir celui qui l'a séduit :
Au spectacle sanglant d'un ami qu'il faut suivre,
La crainte de mourir et le désir de vivre
Ressaisissent une âme avec tant de pouvoir,
Que qui voit le trépas cesse de le vouloir.
L'exemple touche plus que ne fait la menace,
Cette indiscrète ardeur tourne bientôt en glace,
Et nous verrons bientôt son cœur inquiété
Me demander pardon de tant d'impiété.

PAULINE. — Vous pouvez espérer qu'il change de courage?

FÉLIX. — Aux dépens de Néarque il doit se rendre sage.

PAULINE. — Il le doit, mais, hélas! où me renvoyez-vous,
Et quels tristes hasards ne court point mon époux,
Si de son inconstance il faut qu'enfin j'espère
Le bien que j'espérais de la bonté d'un père?

FÉLIX. — Je vous en fais trop voir, Pauline, à consentir
Qu'il évite la mort par un prompt repentir.
Je devais même peine à des crimes semblables,
Et mettant différence entre ces deux coupables,
J'ai trahi la justice à l'amour paternel,
Je me suis fait pour lui moi-même criminel,
Et j'attendais de vous, au milieu de vos craintes,
Plus de remercîments que je n'entends de plaintes.

PAULINE. — De quoi remercier qui ne me donne rien?
Je sais quelle est l'humeur et l'esprit d'un chrétien,
Dans l'obstination jusqu'au bout il demeure ;
Vouloir son repentir, c'est ordonner qu'il meure.

FÉLIX. — Sa grâce est en sa main, c'est à lui d'y rêver.
PAULINE. — Faites-la tout entière.
FÉLIX. — Il la peut achever.
PAULINE. — Ne l'abandonnez pas aux fureurs de sa secte.
FÉLIX. — Je l'abandonne aux lois qu'il faut que je respecte.
PAULINE. — Est-ce ainsi que d'un gendre un beau-père est l'appui?
FÉLIX. — Qu'il fasse autant pour soi comme je fais pour lui.
PAULINE. — Mais il est aveuglé.
FÉLIX. — Mais il se plaît à l'être.
Qui chérit son erreur ne la veut pas connaître.
PAULINE. — Mon père, au nom des Dieux....
FÉLIX. — Ne les réclamez pas,
Ces Dieux, dont l'intérêt demande son trépas.
PAULINE. — Ils écoutent nos vœux.
FÉLIX. — Eh bien! qu'il leur en fasse!
PAULINE. — Au nom de l'empereur dont vous tenez la place.
FÉLIX. — J'ai son pouvoir en main, mais s'il me l'a commis
C'est pour le déployer contre ses ennemis.
PAULINE. — Polyeucte l'est-il?
FÉLIX. — Tous chrétiens sont rebelles.
PAULINE. — N'écoutez point pour lui ces maximes cruelles,
En épousant Pauline il s'est fait votre sang.
FÉLIX. — Je regarde sa faute, et ne vois plus son rang :
Quand le crime d'État se mêle au sacrilège,
Le sang ni l'amitié n'ont plus de privilège.
PAULINE. — Quel excès de rigueur!
FÉLIX. — Moindre que son forfait
PAULINE. — O de mon songe affreux trop véritable effet!
Voyez-vous qu'avec lui vous perdez votre fille?
FÉLIX. — Les Dieux et l'empereur sont plus que ma famille.
PAULINE. — La perte de tous deux ne vous peut arrêter!
FÉLIX. — J'ai les Dieux et Décie ensemble à redouter.
Mais nous n'avons encore à craindre rien de triste.
Dans son aveuglement pensez-vous qu'il persiste?
S'il nous semblait tantôt courir à son malheur,
C'est d'un nouveau chrétien la première chaleur.

PAULINE. — Si vous l'aimez encor, quittez cette espérance
Que deux fois en un jour il change de croyance !
Outre que les chrétiens ont plus de dureté,
Vous attendez de lui trop de légèreté ;
Ce n'est point une erreur avec le lait sucée,
Que sans l'examiner son âme ait embrassée ;
Polyeucte est chrétien parce qu'il l'a voulu,
Et vous portait au temple un esprit résolu.
Vous devez présumer de lui comme du reste :
Le trépas n'est pour eux, ni honteux, ni funeste
Ils cherchent de la gloire à mépriser nos Dieux ;
Aveugles pour la terre, ils aspirent aux cieux ;
Et croyant que la mort leur en ouvre la porte,
Tourmentés, déchirés, assassinés, n'importe,
Les supplices leur sont ce qu'à nous les plaisirs,
Et les mènent au but où tendent leurs désirs,
La mort la plus infâme ils l'appellent martyre.

FÉLIX. — Eh bien donc ! Polyeucte aura ce qu'il désire :
N'en parlons plus.

PAULINE. — Mon père....

SCÈNE IV. — FÉLIX, ALBIN, PAULINE, STRATONICE.

FÉLIX. Albin, en est-ce fait ?
ALBIN. — Oui, Seigneur, et Néarque a payé son forfait.
FÉLIX. — Et notre Polyeucte a vu trancher sa vie ?
ALBIN. — Il l'a vu, mais, hélas ! avec un œil d'envie ;
Il brûle de le suivre au lieu de reculer,
Et son cœur s'affermit, au lieu de s'ébranler.
PAULINE. — Je vous le disais bien. Encore un coup, mon père,
Si jamais mon respect a pu vous satisfaire,
Si vous l'avez prisé, si vous l'avez chéri....
FÉLIX. — Vous aimez trop, Pauline, un indigne mari.
PAULINE. — Je l'ai de votre main, mon amour est sans crime,
Il est de votre choix la glorieuse estime,
Et j'ai, pour l'accepter, éteint le plus beau feu

Qui d'une âme bien née ait mérité l'aveu.
Au nom de cette aveugle et prompte obéissance
Que j'ai toujours rendue aux lois de la naissance,
Si vous avez pu tout sur moi, sur mon amour,
Que je puisse sur vous quelque chose à mon tour!
Par ce juste pouvoir à présent trop à craindre,
Par ces beaux sentiments qu'il m'a fallu contraindre,
Ne m'ôtez pas vos dons, ils sont chers à mes yeux,
Et m'ont assez coûté pour m'être précieux !

FÉLIX. — Vous m'importunez trop : bien que j'aie un cœur tendre,
Je n'aime la pitié qu'au prix que j'en veux prendre ;
Employez mieux l'effort de vos justes douleurs;
Malgré moi m'en toucher, c'est perdre, et temps, et pleurs;
J'en veux être le maître, et je veux bien qu'on sache
Que je la désavoue alors qu'on me l'arrache.
Préparez-vous à voir ce malheureux chrétien,
Et faites votre effort quand j'aurai fait le mien.
Allez, n'irritez plus un père qui vous aime,
Et tâchez d'obtenir votre époux de lui-même.
Tantôt jusqu'en ce lieu je le ferai venir,
Cependant quittez-nous, je veux l'entretenir.

PAULINE. — De grâce, permettez....

FÉLIX. — Laissez-nous seuls, vous dis-je,
Votre douleur m'offense autant qu'elle m'afflige ;
A gagner Polyeucte appliquez tous vos soins,
Vous avancerez plus en m'importunant moins.

SCÈNE V. — FÉLIX, ALBIN.

FÉLIX. — Albin, comme est-il mort?

ALBIN. — En brutal, en impie,
En bravant les tourments, en dédaignant la vie,
Sans regret, sans murmure, et sans étonnement,
Dans l'obstination et l'endurcissement,
Comme un chrétien enfin, le blasphème à la bouche.

FÉLIX. — Et l'autre?

ALBIN. — Je l'ai dit déjà, rien ne le touche.
Loin d'en être abattu, son cœur en est plus haut,
On l'a violenté pour quitter l'échafaud ;
Il est dans la prison où je l'ai vu conduire,
Mais vous êtes bien loin encor de le réduire.

FÉLIX. — Que je suis malheureux !

ALBIN. — Tout le monde vous plaint.

FÉLIX. — On ne sait pas les maux dont mon cœur est atteint :
De pensers sur pensers mon âme est agitée,
De soucis sur soucis elle est inquiétée ;
Je sens l'amour, la haine, et la crainte, et l'espoir,
La joie et la douleur tour à tour l'émouvoir ;
J'entre en des sentiments qui ne sont pas croyables ;
J'en ai de violents, j'en ai de pitoyables ;
J'en ai de généreux qui n'oseraient agir ;
J'en ai même de bas, et qui me font rougir !
J'aime ce malheureux que j'ai choisi pour gendre,
Je hais l'aveugle erreur qui le vient de surprendre,
Je déplore sa perte ; et, le voulant sauver,
J'ai la gloire des Dieux ensemble à conserver.
Je redoute leur foudre, et celui de Décie.
Il y va de ma charge, il y va de ma vie ;
Ainsi tantôt pour lui je m'expose au trépas,
Et tantôt je le perds pour ne me perdre pas.

ALBIN. — Décie excusera l'amitié d'un beau-père,
Et d'ailleurs Polyeucte est d'un sang qu'on révère.

FÉLIX. — A punir les chrétiens son ordre est rigoureux,
Et plus l'exemple est grand, plus il est dangereux.
On ne distingue point quand l'offense est publique,
Et lorsqu'on dissimule un crime domestique,
Par quelle autorité peut-on, par quelle loi,
Châtier en autrui ce qu'on souffre chez soi ?

ALBIN. — Si vous n'osez avoir d'égard à sa personne,
Écrivez à Décie afin qu'il en ordonne.

FÉLIX. — Sévère me perdrait, si j'en usais ainsi !
Sa haine et son pouvoir font mon plus grand souci.

Si j'avais différé de punir un tel crime,
Quoiqu'il soit généreux, quoiqu'il soit magnanime,
Il est homme, et sensible, et je l'ai dédaigné ;
Et de tant de mépris son esprit indigné
Que met au désespoir cet hymen de Pauline,
Du courroux de Décie obtiendrait ma ruine.
Pour venger un affront tout semble être permis,
Et les occasions tentent les plus remis.
Peut-être (et ce soupçon n'est pas sans apparence)
Il rallume en son cœur déjà quelque espérance,
Et croyant bientôt voir Polyeucte puni,
Il rappelle un amour à grand'peine banni.
Juge si sa colère, en ce cas implacable,
Me ferait innocent de sauver un coupable,
Et s'il m'épargnerait, voyant par mes bontés
Une seconde fois ses desseins avortés.
Te dirai-je un penser indigne, bas, et lâche?
Je l'étouffe, il renaît ; il me flatte, et me fâche ;
L'ambition toujours me le vient présenter,
Et tout ce que je puis, c'est de le détester.
Polyeucte est ici l'appui de ma famille,
Mais si par son trépas l'autre épousait ma fille,
J'acquerrais bien par là de plus puissants appuis
Qui me mettraient plus haut cent fois que je ne suis.
Mon cœur en prend par force une maligne joie ;
Mais que plutôt le Ciel à tes yeux me foudroie,
Qu'à des pensers si bas je puisse consentir,
Que jusque-là ma gloire ose se démentir!

ALBIN. — Votre cœur est trop bon, et votre âme trop haute.
Mais vous résolvez-vous à punir cette faute?

FÉLIX. — Je vais dans la prison faire tout mon effort
A vaincre cet esprit par l'effroi de la mort,
Et nous verrons après ce que pourra Pauline.

ALBIN. — Que ferez-vous enfin si toujours il s'obstine?

FÉLIX. — Ne me presse point tant : dans un tel déplaisir,
Je ne puis que résoudre, et ne sais que choisir.

ALBIN. — Je dois vous avertir, en serviteur fidèle,
Qu'en sa faveur déjà la ville se rebelle,
Et ne peut voir passer par la rigueur des lois
Sa dernière espérance et le sang de ses rois.
Je tiens sa prison même assez mal assurée,
J'ai laissé tout autour une troupe éplorée,
Je crains qu'on ne la force
FÉLIX. — Il faut donc l'en tirer,
Et l'amener ici pour nous en assurer.
ALBIN. — Tirez-l'en donc vous-même, et d'un espoir de grâce
Apaisez la fureur de cette populace.
FÉLIX. — Allons, et s'il persiste à demeurer chrétien,
Nous en disposerons sans qu'elle en sache rien (3).

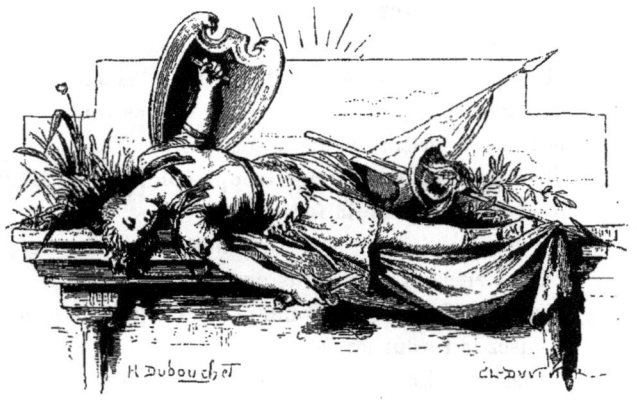

ACTE QUATRIÈME

SCÈNE I. — POLYEUCTE, CLÉON, TROIS AUTRES GARDES.

POLYEUCTE. - Gardes, que me veut-on?
CLÉON. — Pauline vous demande.
POLYEUCTE. - O présence, ô combat que surtout j'appréhende!
Félix, dans la prison j'ai triomphé de toi,
J'ai ri de ta menace, et t'ai vu sans effroi :
Tu prends pour t'en venger de plus puissantes armes,
Je craignais beaucoup moins tes bourreaux que ses
Seigneur, qui vois ici les périls que je cours,   [larmes.
En ce pressant besoin redouble ton secours!
Et toi, qui tout sortant encor de la victoire,
Regarde mes travaux du séjour de la gloire,
Cher Néarque, pour vaincre un si fort ennemi,
Prête du haut du ciel la main à ton ami!
Gardes, oseriez-vous me rendre un bon office?
Non pour me dérober aux rigueurs du supplice,
Ce n'est pas mon dessein qu'on me fasse évader,
Mais comme il suffira de trois à me garder,
L'autre m'obligerait d'aller quérir Sévère.
Je crois que sans péril on peut me satisfaire.

	Si j'avais pu lui dire un secret important,
	Il vivrait plus heureux, et je mourrais content.
CLÉON.	— Si vous me l'ordonnez, j'y cours en diligence.
POLYEUCTE. —	Sévère, à mon défaut, fera ta récompense ;
	Va, ne perds point de temps, et reviens promptement.
CLÉON.	— Je serai de retour, Seigneur, dans un moment.

SCÈNE II. — POLYEUCTE. (Les gardes se retirent aux coins du théâtre.)

POLYEUCTE. — Source délicieuse, en misères féconde,
Que voulez-vous de moi, flatteuses voluptés?
Honteux attachements de la chair et du monde,
Que ne me quittez-vous, quand je vous ai quittés?
Allez, honneurs, plaisirs, qui me livrez la guerre :
    Toute votre félicité,
    Sujette à l'instabilité,
    En moins de rien tombe par terre,
    Et comme elle a l'éclat du verre,
    Elle en a la fragilité.

Ainsi n'espérez pas qu'après vous je soupire.
Vous m'étalez en vain vos charmes impuissants,
Vous me montrez en vain par tout ce vaste empire
Les ennemis de Dieu pompeux et florissants :
Il étale à son tour des revers équitables
    Par qui les grands sont confondus,
    Et les glaives qu'il tient pendus
    Sur les plus fortunés coupables
    Sont d'autant plus inévitables,
    Que leurs coups sont moins attendus.

Tigre altéré de sang, Décie impitoyable,
Ce Dieu t'a trop longtemps abandonné les siens,
De ton heureux destin vois la suite effroyable,
Le Scythe va venger la Perse et les chrétiens!
Encore un peu plus outre, et ton heure est venue,
    Rien ne t'en saurait garantir,

Et la foudre qui va partir,
Toute prête à crever la nue,
Ne peut plus être retenue
Par l'attente du repentir.

Que cependant Félix m'immole à ta colère,
Qu'un rival plus puissant éblouisse ses yeux,
Qu'aux dépens de ma vie il s'en fasse beau-père,
Et qu'à titre d'esclave il commande en ces lieux;
Je consens, ou plutôt j'aspire à ma ruine!
Monde, pour moi tu n'as plus rien :
Je porte en un cœur tout chrétien
Une flamme toute divine,
Et je ne regarde Pauline
Que comme un obstacle à mon bien.

Saintes douceurs du ciel, adorables idées,
Vous remplissez un cœur qui vous peut recevoir;
De vos sacrés attraits les âmes possédées
Ne conçoivent plus rien qui les puisse émouvoir.
Vous promettez beaucoup, et donnez davantage,
Vos biens ne sont point inconstants,
Et l'heureux trépas que j'attends
Ne vous sert que d'un doux passage
Pour nous introduire au partage
Qui nous rend à jamais contents (1).

C'est vous, ô feu divin que rien ne peut éteindre,
Qui m'allez faire voir Pauline sans la craindre.
Je la vois, mais mon cœur, d'un saint zèle enflammé,
N'en goûte plus l'appas dont il était charmé,
Et mes yeux, éclairés des célestes lumières,
Ne trouvent plus aux siens leurs grâces coutumières.

SCÈNE III. — POLYEUCTE, PAULINE, GARDES.

POLYEUCTE.– Madame, quel dessein vous fait me demander :
Est-ce pour me combattre, ou pour me seconder?

17

Cet effort généreux de votre amour parfaite
Vient-il à mon secours, vient-il à ma défaite?
Apportez-vous ici la haine, ou l'amitié,
Comme mon ennemie, ou ma chère moitié?

PAULINE. — Vous n'avez point ici d'ennemi que vous-même,
Seul vous vous haïssez, lorsque chacun vous aime,
Seul vous exécutez tout ce que j'ai rêvé,
Ne veuillez pas vous perdre, et vous êtes sauvé :
A quelque extrémité que votre crime passe,
Vous êtes innocent si vous vous faites grâce.
Daignez considérer le sang dont vous sortez,
Vos grandes actions, vos rares qualités,
Chéri de tout le peuple, estimé chez le prince,
Gendre du gouverneur de toute la province,
Je ne vous compte à rien le nom de mon époux,
C'est un bonheur pour moi qui n'est pas grand pour
Mais après vos exploits, après votre naissance, [vous!
Après votre pouvoir, voyez notre espérance,
Et n'abandonnez pas à la main d'un bourreau
Ce qu'à nos justes vœux promet un sort si beau.

POLYEUCTE. - Je considère plus! Je sais mes avantages,
Et l'espoir que sur eux forment les grands courages :
Ils n'aspirent enfin qu'à des biens passagers,
Que troublent les soucis, que suivent les dangers;
La mort nous les ravit, la fortune s'en joue,
Aujourd'hui dans le trône, et demain dans la boue;
Et leur plus haut éclat fait tant de mécontents,
Que peu de vos Césars en ont joui longtemps.
J'ai de l'ambition, mais plus noble et plus belle :
Cette grandeur périt, j'en veux une immortelle,
Un bonheur assuré, sans mesure et sans fin,
Au-dessus de l'envie, au-dessus du destin.
Est-ce trop l'acheter que d'une triste vie
Qui tantôt, qui soudain me peut être ravie,
Qui ne me fait jouir que d'un instant qui fuit,
Et ne peut m'assurer de celui qui le suit?

PAULINE. — Voilà de vos chrétiens les ridicules songes,
Voilà jusqu'à quel point vous charment leurs mensonges,
Tout votre sang est peu pour un bonheur si doux!
Mais, pour en disposer, ce sang est-il à vous?
Vous n'avez pas la vie ainsi qu'un héritage,
Le jour qui vous la donne en même temps l'engage,
Vous la devez au prince, au public, à l'État.

POLYEUCTE. — Je la voudrais pour eux perdre dans un combat :
Je sais quel en est l'heur, et quelle en est la gloire,
Des aïeux de Décie on vante la mémoire,
Et ce nom, précieux encore à vos Romains,
Au bout de six cents ans lui met l'empire aux mains.
Je dois ma vie au prince, au peuple, à sa couronne,
Mais je la dois bien plus au Dieu qui me la donne ;
Si mourir pour son prince est un illustre sort,
Quand on meurt pour son Dieu, quelle sera la mort!

PAULINE. — Quel Dieu!

POLYEUCTE. — Tout beau, Pauline! il entend vos paroles,
Et ce n'est pas un Dieu comme vos dieux frivoles,
Insensibles et sourds, impuissants, mutilés,
De bois, de marbre, ou d'or, comme vous les voulez!
C'est le Dieu des chrétiens, c'est le mien, c'est le vôtre,
Et la terre et le ciel n'en connaissent point d'autre.

PAULINE. — Adorez-le dans l'âme et n'en témoignez rien.

POLYEUCTE. — Que je sois tout ensemble idolâtre et chrétien!

PAULINE. — Ne feignez qu'un moment, laissez partir Sévère,
Et donnez lieu d'agir aux bontés de mon père.

POLYEUCTE. — Les bontés de mon Dieu sont bien plus à chérir :
Il m'ôte des périls que j'aurais pu courir,
Et, sans me laisser lieu de tourner en arrière,
Sa faveur me couronne entrant dans la carrière ;
Du premier coup de vent il me conduit au port,
Et sortant du baptême il m'envoie à la mort.
Si vous pouviez comprendre, et le peu qu'est la vie,
Et de quelles douceurs cette mort est suivie!...
Mais que sert de parler de ces trésors cachés

A des esprits que Dieu n'a pas encor touchés?

PAULINE. — Cruel! (car il est temps que ma douleur éclate
Et qu'un juste reproche accable une âme ingrate)
Est-ce là ce beau feu? sont-ce là tes serments?
Témoignes-tu pour moi les moindres sentiments?
Je ne te parlais point de l'état déplorable
Où ta mort va laisser ta femme inconsolable,
Je croyais que l'amour t'en parlerait assez,
Et je ne voulais pas de sentiments forcés.
Mais cette amour si ferme et si bien méritée
Que tu m'avais promise, et que je t'ai portée,
Quand tu me veux quitter, quand tu me fais mourir,
Te peut-elle arracher une larme, un soupir?
Tu me quittes, ingrat, et le fais avec joie;
Tu ne la caches pas, tu veux que je la voie;
Et ton cœur, insensible à ces tristes appas,
Se figure un bonheur où je ne serai pas!
C'est donc là le dégoût qu'apporte l'hyménée?
Je te suis odieuse après m'être donnée!

POLYEUCTE. - Hélas!

PAULINE. — Que cet hélas a de peine à sortir!
Encor, s'il commençait un heureux repentir,
Que, tout forcé qu'il est, j'y trouverais de charmes!
Mais, courage, il s'émeut, je vois couler des larmes.

POLYEUCTE. - J'en verse, et plût à Dieu qu'à force d'en verser
Ce cœur trop endurci se pût enfin percer!
Le déplorable état où je vous abandonne
Est bien digne des pleurs que mon amour vous donne;
Et si l'on peut au ciel sentir quelques douleurs,
J'y pleurerai pour vous l'excès de vos malheurs!
Mais si, dans ce séjour de gloire et de lumière,
Ce Dieu tout juste et bon peut souffrir ma prière,
S'il y daigne écouter un conjugal amour,
Sur votre aveuglement il répandra le jour.
Seigneur, de vos bontés il faut que je l'obtienne,
Elle a trop de vertus pour n'être pas chrétienne,

                Avec trop de mérite il vous plut la former,
                Pour ne vous pas connaître et ne vous pas aimer,
                Pour vivre des enfers esclave infortunée,
                Et sous leur triste joug mourir comme elle est née!

PAULINE. — Que dis-tu, malheureux, qu'oses-tu souhaiter?
POLYEUCTE. - Ce que de tout mon sang je voudrais acheter.
PAULINE. — Que plutôt....
POLYEUCTE. -   C'est en vain qu'on se met en défense :
                Ce Dieu touche les cœurs lorsque moins on y pense,
                Ce bienheureux moment n'est pas encor venu,
                Il viendra, mais le temps ne m'en est pas connu.
PAULINE. — Quittez cette chimère, et m'aimez.
POLYEUCTE. -   Je vous aime,
                Beaucoup moins que mon Dieu, mais bien plus que moi-
PAULINE. — Au nom de cet amour ne m'abandonnez pas.   [même.
POLYEUCTE. - Au nom de cet amour, daignez suivre mes pas.
PAULINE. — C'est peu de me quitter, tu veux donc me séduire?
POLYEUCTE. - C'est peu d'aller au ciel, je vous y veux conduire.
PAULINE. — Imaginations!
POLYEUCTE. -   Célestes vérités!
PAULINE. — Étrange aveuglement!
POLYEUCTE. -   Éternelles clartés!
PAULINE. — Tu préfères la mort à l'amour de Pauline!
POLYEUCTE. - Vous préférez le monde à la bonté divine!
PAULINE. — Va, cruel, va mourir, tu ne m'aimas jamais.
POLYEUCTE. - Vivez heureuse au monde, et me laissez en paix (2).
PAULINE. — Oui, je t'y vais laisser, ne t'en mets plus en peine,
                Je vais....

SCÈNE IV. — POLYEUCTE, PAULINE, SÉVÈRE, FABIAN,
GARDES.

PAULINE. —   Mais quel dessein en ce lieu vous amène,
                Sévère? Aurait-on cru qu'un cœur si généreux
                Pût venir jusqu'ici braver un malheureux?
POLYEUCTE. - Vous traitez mal, Pauline, un si rare mérite :

A ma seule prière il rend cette visite.
Je vous ai fait, Seigneur, une incivilité,
Que vous pardonnerez à ma captivité.
Possesseur d'un trésor dont je n'étais pas digne,
Souffrez avant ma mort que je vous le résigne,
Et laisse la vertu la plus rare à nos yeux
Qu'une femme jamais pût recevoir des cieux,
Aux mains du plus vaillant et du plus honnête homme
Qu'ait adoré la terre et qu'ait vu naître Rome.
Vous êtes digne d'elle, elle est digne de vous,
Ne la refusez pas de la main d'un époux :
S'il vous a désunis, sa mort vous va rejoindre,
Qu'un feu jadis si beau n'en devienne pas moindre,
Rendez-lui votre cœur, et recevez sa foi,
Vivez heureux ensemble, et mourez comme moi :
C'est le bien qu'à tous deux Polyeucte désire!
Qu'on me mène à la mort, je n'ai plus rien à dire (3).
Allons, gardes, c'est fait.

SCÈNE V. — SÉVÈRE PAULINE, FABIAN.

SÉVÈRE. —   Dans mon étonnement,
Je suis confus pour lui de son aveuglement,
Sa résolution a si peu de pareilles,
Qu'à peine je me fie encore à mes oreilles.
Un cœur qui vous chérit (mais quel cœur assez bas
Aurait pu vous connaître, et ne vous chérir pas?),
Un homme aimé de vous, sitôt qu'il vous possède,
Sans regret il vous quitte! il fait plus, il vous cède!
Et comme si vos feux étaient un don fatal,
Il en fait un présent lui-même à son rival!
Certes, ou les chrétiens ont d'étranges manies,
Ou leurs félicités doivent être infinies,
Puisque pour y prétendre ils osent rejeter
Ce que de tout l'empire il faudrait acheter.
Pour moi, si mes destins un peu plus tôt propices

POLYEUCTE

NE LE REFUSEZ PAS DE LA MAIN D'UN ÉPOUX. (Page 262.)

Eussent de votre hymen honoré mes services,
Je n'aurais adoré que l'éclat de vos yeux,
J'en aurais fait mes rois, j'en aurais fait mes dieux,
On m'aurait mis en poudre, on m'aurait mis en cendre.
Avant que....

PAULINE. — Brisons là : je crains de trop entendre,
Et que cette chaleur, qui sent vos premiers feux,
Ne pousse quelque suite indigne de tous deux.
Sévère, connaissez Pauline tout entière :
Mon Polyeucte touche à son heure dernière,
Pour achever de vivre il n'a plus qu'un moment,
Vous en êtes la cause, encor qu'innocemment.
Je ne sais si votre âme, à vos désirs ouverte,
Aurait osé former quelque espoir sur sa perte,
Mais sachez qu'il n'est point de si cruel trépas
Où d'un front assuré je ne porte mes pas,
Qu'il n'est point aux enfers d'horreurs que je n'endure,
Plutôt que de souiller une gloire si pure,
Que d'épouser un homme, après son triste sort,
Qui de quelque façon soit cause de sa mort ;
Et si vous me croyiez d'une âme si peu saine,
L'amour que j'eus pour vous tournerait tout en haine.
Vous êtes généreux, soyez-le jusqu'au bout !
Mon père est en état de vous accorder tout ;
Il vous craint ; et j'avance encor cette parole,
Que s'il perd mon époux, c'est à vous qu'il l'immole.
Sauvez ce malheureux, employez-vous pour lui,
Faites-vous un effort pour lui servir d'appui....
Je sais que c'est beaucoup que ce que je demande,
Mais plus l'effort est grand, plus la gloire en est grande ;
Conserver un rival dont vous êtes jaloux,
C'est un trait de vertu qui n'appartient qu'à vous ;
Et si ce n'est assez de votre renommée,
C'est beaucoup qu'une femme autrefois tant aimée,
Et dont l'amour peut-être encor vous peut toucher,
Doive à votre grand cœur ce qu'elle a de plus cher.

Souvenez-vous enfin que vous êtes Sévère.
Adieu, résolvez seul ce que vous voulez faire :
Si vous n'êtes pas tel que je l'ose espérer,
Pour vous priser encor je le veux ignorer.

SCÈNE VI. — SÉVÈRE, FABIAN.

SÉVÈRE. — Qu'est-ce-ci, Fabian, quel nouveau coup de foudre
Tombe sur mon bonheur, et le réduit en poudre!
Plus je l'estime près, plus il est éloigné,
Je trouve tout perdu, quand je crois tout gagné ;
Et toujours la fortune, à me nuire obstinée,
Tranche mon espérance aussitôt qu'elle est née!
Avant qu'offrir des vœux je reçois des refus,
Toujours triste, toujours, et honteux, et confus
De voir que lâchement elle ait osé renaître ;
Qu'encor plus lâchement elle ait osé paraître ;
Et qu'une femme enfin dans la calamité
Me fasse des leçons de générosité.
Votre belle âme est haute autant que malheureuse,
Mais elle est inhumaine autant que généreuse,
Pauline! et vos douleurs avec trop de rigueur
D'un amant tout à vous tyrannisent le cœur.
C'est donc peu de vous perdre, il faut que je vous donne,
Que je serve un rival lorsqu'il vous abandonne ;
Et que, par un cruel et généreux effort,
Pour vous rendre en ses mains je l'arrache à la mort.

FABIAN. — Laissez à son destin cette ingrate famille :
Qu'il accorde, s'il veut, le père avec la fille,
Polyeucte et Félix, l'épouse avec l'époux,
D'un si cruel effort quel prix espérez-vous?

SÉVÈRE. — La gloire de montrer à cette âme si belle
Que Sévère l'égale, et qu'il est digne d'elle,
Qu'elle m'était bien due, et que l'ordre des Cieux
En me la refusant m'est trop injurieux.

FABIAN. — Sans accuser le sort ni le Ciel d'injustice,

Prenez garde au péril qui suit un tel service!
Vous hasardez beaucoup, Seigneur, pensez-y bien.
Quoi! vous entreprenez de sauver un chrétien!
Pouvez-vous ignorer pour cette secte impie
Quelle est et fut toujours la haine de Décie?
C'est un crime pour lui si grand, si capital,
Qu'à votre faveur même il peut être fatal.

SÉVÈRE. — Cet avis serait bon pour quelque âme commune.
S'il tient entre ses mains ma vie et ma fortune,
Je suis encor Sévère; et tout ce grand pouvoir
Ne peut rien sur ma gloire, et rien sur mon devoir.
Ici l'honneur m'oblige, et j'y veux satisfaire.
Qu'après, le sort se montre, ou propice, ou contraire,
Comme son naturel est toujours inconstant,
Périssant glorieux je périrai content.
Je te dirai bien plus, mais avec confidence :
La secte des chrétiens n'est pas ce que l'on pense.
On les hait, la raison, je ne la connais point,
Et je ne vois Décie injuste qu'en ce point.
Par curiosité j'ai voulu les connaître :
On les tient pour sorciers dont l'enfer est le maître,
Et sur cette croyance on punit du trépas
Des mystères secrets que nous n'entendons pas;
Mais Cérès Éleusine, et la bonne Déesse,
Ont leurs secrets comme eux à Rome et dans la Grèce;
Encore impunément nous souffrons en tous lieux,
Leur Dieu seul excepté, toute sorte de dieux;
Tous les monstres d'Égypte ont leurs temples dans [Rome;
Nos aïeux à leur gré faisaient un dieu d'un homme;
Et, leur sang parmi nous conservant leurs erreurs,
Nous remplissons le ciel de tous nos empereurs.
Mais, à parler sans fard de tant d'apothéoses,
L'effet est bien douteux de ces métamorphoses.
Les chrétiens n'ont qu'un Dieu, maître absolu de tout,
De qui le seul vouloir fait tout ce qu'il résout :
Mais, si j'ose entre nous dire ce qui me semble,

Les nôtres bien souvent s'accordent mal ensemble,
Et, me dût leur colère écraser à tes yeux,
Nous en avons beaucoup pour être de vrais dieux !
Enfin chez les chrétiens les mœurs sont innocentes,
Les vices détestés, les vertus florissantes ;
Ils font des vœux pour nous qui les persécutons ;
Et, depuis tant de temps que nous les tourmentons,
Les a-t-on vus mutins, les a-t-on vus rebelles ?
Nos princes ont-ils eu des soldats plus fidèles ?
Furieux dans la guerre, ils souffrent nos bourreaux,
Et, lions au combat, ils meurent en agneaux.
J'ai trop de pitié d'eux pour ne pas les défendre.
Allons trouver Félix, commençons par son gendre,
Et contentons ainsi, d'une seule action,
Et Pauline, et ma gloire, et ma compassion (4).

ACTE CINQUIÈME

SCÈNE I. — FÉLIX, ALBIN, CLÉON.

FÉLIX. — Albin, as-tu bien vu la fourbe de Sévère,
As-tu bien vu sa haine, et vois-tu ma misère?

ALBIN. — Je n'ai vu rien en lui qu'un rival généreux,
Et ne vois rien en vous qu'un père rigoureux.

FÉLIX. — Que tu discernes mal le cœur d'avec la mine!
Dans l'âme il hait Félix et dédaigne Pauline;
Et, s'il l'aima jadis, il estime aujourd'hui
Les restes d'un rival trop indignes de lui.
Il parle en sa faveur, il me prie, il menace,
Et me perdra, dit-il, si je ne lui fais grâce.
Tranchant du généreux, il croit m'épouvanter!
L'artifice est trop lourd pour ne pas l'éventer :
Je sais des gens de cour quelle est la politique,
J'en connais mieux que lui la plus fine pratique.
C'est en vain qu'il tempête et feint d'être en fureur,
Je vois ce qu'il prétend auprès de l'empereur :
De ce qu'il me demande il m'en ferait un crime ;
Épargnant son rival, je serais sa victime;
Et s'il avait affaire à quelque maladroit,

>   Le piège est bien tendu, sans doute il le perdroit !
>   Mais un vieux courtisan est un peu moins crédule,
>   Il voit quand on le joue et quand on dissimule ;
>   Et moi j'en ai tant vu de toutes les façons,
>   Qu'à lui-même au besoin j'en ferais des leçons (1).
>
> ALBIN. — Dieux ! que vous vous gênez par cette défiance !
>
> FÉLIX. — Pour subsister en cour c'est la haute science :
>   Quand un homme une fois a droit de nous haïr,
>   Nous devons présumer qu'il cherche à nous trahir ;
>   Toute son amitié nous doit être suspecte.
>   Si Polyeucte enfin n'abandonne sa secte,
>   Quoi que son protecteur ait pour lui dans l'esprit,
>   Je suivrai hautement l'ordre qui m'est prescrit.
>
> ALBIN. — Grâce, grâce, Seigneur, que Pauline l'obtienne !
>
> FÉLIX. — Celle de l'empereur ne suivrait pas la mienne,
>   Et loin de le tirer de ce pas hasardeux,
>   Ma bonté ne ferait que nous perdre tous deux.
>
> ALBIN. — Mais Sévère promet….
>
> FÉLIX. —   Albin, je m'en défie,
>   Et connais mieux que lui la haine de Décie :
>   En faveur des chrétiens s'il choquait son courroux,
>   Lui-même assurément se perdrait avec nous.
>   Je veux tenter pourtant encore une autre voie.
>   Amenez Polyeucte, et si je le renvoie,
>   S'il demeure insensible à ce dernier effort,
>   Au sortir de ce lieu qu'on lui donne la mort.
>
> ALBIN. — Votre ordre est rigoureux.
>
> FÉLIX. —   Il faut que je le suive,
>   Si je veux empêcher qu'un désordre n'arrive.
>   Je vois le peuple ému pour prendre son parti,
>   Et toi-même tantôt tu m'en as averti.
>   Dans ce zèle pour lui qu'il fait déjà paraître,
>   Je ne sais si longtemps j'en pourrais être maître ;
>   Peut-être dès demain, dès la nuit, dès ce soir,
>   J'en verrais des effets que je ne veux pas voir ;
>   Et Sévère aussitôt, courant à sa vengeance,

	M'irait calomnier de quelque intelligence.
	Il faut rompre ce coup qui me serait fatal.
ALBIN.	— Que tant de prévoyance est un étrange mal! [brage :
	Tout vous nuit, tout vous perd, tout vous fait de l'om-
	Mais voyez que sa mort mettra ce peuple en rage,
	Que c'est mal le guérir que le désespérer....
FÉLIX.	— En vain après sa mort il voudra murmurer,
	Et s'il ose venir à quelque violence,
	C'est à faire à céder deux jours à l'insolence :
	J'aurai fait mon devoir, quoiqu'il puisse arriver.
	Mais Polyeucte vient, tâchons à le sauver.
	Soldats, retirez-vous, et gardez bien la porte.

SCÈNE II. — FÉLIX, POLYEUCTE, ALBIN.

FÉLIX.	— As-tu donc pour la vie une haine si forte,
	Malheureux Polyeucte, et la loi des chrétiens
	T'ordonne-t-elle ainsi d'abandonner les tiens?
POLYEUCTE.	— Je ne hais point la vie, et j'en aime l'usage,
	Mais sans attachement qui sente l'esclavage,
	Toujours prêt à la rendre au Dieu dont je la tiens;
	La raison me l'ordonne, et la loi des chrétiens;
	Et je vous montre à tous par là comme il faut vivre,
	Si vous avez le cœur assez bon pour me suivre.
FÉLIX.	— Te suivre dans l'abîme où tu te veux jeter?
POLYEUCTE.	— Mais plutôt dans la gloire où je m'en vais monter.
FÉLIX.	— Donne-moi pour le moins le temps de la connaître;
	Pour me faire chrétien, sers-moi de guide à l'être;
	Et ne dédaigne pas de m'instruire en ta foi,
	Ou toi même à ton Dieu tu répondras de moi.
POLYEUCTE.	— N'en riez point, Félix, il sera votre juge :
	Vous ne trouverez point devant lui de refuge,
	Les rois et les bergers y sont d'un même rang,
	De tous les siens sur vous il vengera le sang.
FÉLIX.	— Je n'en répandrai plus, et, quoi qu'il en arrive,
	Dans la foi des chrétiens je souffrirai qu'on vive,

J'en serai protecteur.

POLYEUCTE. — Non, non, persécutez,
Et soyez l'intrument de nos félicités.
Celle d'un vrai chrétien n'est que dans les souffrances,
Les plus cruels tourments lui sont des récompenses.
Dieu, qui rend le centuple aux bonnes actions,
Pour comble donne encor les persécutions.
Mais ces secrets pour vous sont fâcheux à comprendre,
Ce n'est qu'à ses élus que Dieu les fait entendre.

FÉLIX. — Je te parle sans fard, et veux être chrétien.

POLYEUCTE. — Qui peut donc retarder l'effet d'un si grand bien?

FÉLIX. — La présence importune....

POLYEUCTE. — Et de qui? de Sévère?

FÉLIX. — Pour lui seul contre toi j'ai feint tant de colère,
Dissimule un moment jusques à son départ.

POLYEUCTE. — Félix, c'est donc ainsi que vous parlez sans fard!
Portez à vos païens, portez à vos idoles
Le sucre empoisonné que sèment vos paroles :
Un chrétien ne craint rien, ne dissimule rien,
Aux yeux de tout le monde il est toujours chrétien.

FÉLIX. — Ce zèle de ta foi ne sert qu'à te séduire,
Si tu cours à la mort plutôt que de m'instruire.

POLYEUCTE. — Je vous en parlerais ici hors de saison :
Elle est un don du Ciel, et non de la raison;
Et c'est là que bientôt, voyant Dieu face à face,
Plus aisément pour vous j'obtiendrai cette grâce.

FÉLIX. — Ta perte cependant me va désespérer.

POLYEUCTE. — Vous avez en vos mains de quoi la réparer :
En vous ôtant un gendre, on vous en donne un autre
Dont la condition répond mieux à la vôtre,
Ma perte n'est pour vous qu'un change avantageux.

FÉLIX. — Cesse de me tenir ce discours outrageux.
Je t'ai considéré plus que tu ne mérites,
Mais malgré ma bonté, qui croît plus tu l'irrites,
Cette insolence enfin te rendrait odieux,
Et je me vengerais aussi bien que nos Dieux.

POLYEUCTE. - Quoi! vous changez bientôt d'humeur et de langage!
Le zèle de vos dieux rentre en votre courage,
Celui d'être chrétien s'échappe, et par hasard
Je vous viens d'obliger à me parler sans fard!
FÉLIX. — Va, ne présume pas que, quoique je te jure,
De tes nouveaux docteurs je suive l'imposture!
Je flattais ta manie, afin de t'arracher
Du honteux précipice où tu vas trébucher,
Je voulais gagner temps pour ménager ta vie
Après l'éloignement d'un flatteur de Décie.
Mais j'ai fait trop d'injure à nos dieux tout-puissants :
Choisis, de leur donner ton sang, ou de l'encens.
POLYEUCTE. - Mon choix n'est point douteux. Mais j'aperçois Pauline :
O ciel!

SCÈNE III. — FÉLIX, POLYEUCTE, PAULINE, ALBIN.

PAULINE. — Qui de vous deux aujourd'hui m'assassine,
Sont-ce tous deux ensemble, ou chacun à son tour?
Ne pourrai-je fléchir la nature ou l'amour,
Et n'obtiendrai-je rien d'un époux ni d'un père?
FÉLIX. — Parlez à votre époux.
POLYEUCTE. - Vivez avec Sévère.
PAULINE. — Tigre, assassine-moi du moins sans m'outrager.
POLYEUCTE. - Mon amour, par pitié, cherche à vous soulager.
Il voit quelle douleur dans l'âme vous possède,
Et sait qu'un autre amour en est le seul remède.
Puisqu'un si grand mérite a pu vous enflammer,
Sa présence toujours a droit de vous charmer.
Vous l'aimiez, il vous aime, et sa gloire augmentée....
PAULINE. — Que t'ai-je fait, cruel, pour être ainsi traitée,
Et pour me reprocher, au mépris de ma foi,
Un amour si puissant que j'ai vaincu pour toi?
Vois, pour te faire vaincre un si fort adversaire,
Quels efforts à moi-même il a fallu me faire;
Quels combats j'ai donnés pour te donner un cœur

Si justement acquis à son premier vainqueur ;
Et si l'ingratitude en ton cœur ne domine,
Fais quelque effort sur toi pour te rendre à Pauline.
Apprends d'elle à forcer ton propre sentiment ;
Prends sa vertu pour guide en ton aveuglement ;
Souffre que de toi-même elle obtienne ta vie,
Pour vivre sous tes lois à jamais asservie.
Si tu peux rejeter de si justes désirs,
Regarde au moins ses pleurs, écoute ses soupirs,
Ne désespère pas une âme qui t'adore.

POLYEUCTE. – Je vous l'ai déjà dit, et vous le dis encore :
Vivez avec Sévère, ou mourez avec moi.
Je ne méprise point vos pleurs ni votre foi,
Mais de quoi que pour vous notre amour m'entretienne,
Je ne vous connais plus, si vous n'êtes chrétienne.
C'en est assez ! Félix, reprenez ce courroux,
Et sur cet insolent vengez vos dieux, et vous.

PAULINE. — Ah ! mon père, son crime à peine est pardonnable,
Mais s'il est insensé, vous êtes raisonnable,
La nature est trop forte, et ses aimables traits
Imprimés dans le sang ne s'effacent jamais,
Un père est toujours père, et sur cette assurance
J'ose appuyer encore un reste d'espérance.
Jetez sur votre fille un regard paternel :
Ma mort suivra la mort de ce cher criminel,
Et les dieux trouveront sa peine illégitime,
Puisqu'elle confondra l'innocence et le crime,
Et qu'elle changera, par ce redoublement,
En injuste rigueur un juste châtiment.
Nos destins, par vos mains rendus inséparables,
Nous doivent rendre heureux ensemble, ou misérables,
Et vous seriez cruel jusques au dernier point,
Si vous désunissiez ce que vous avez joint.
Un cœur à l'autre uni jamais ne se retire,
Et pour l'en séparer il faut qu'on le déchire....
Mais vous êtes sensible à mes justes douleurs,

	Et d'un œil paternel vous regardez mes pleurs.
FÉLIX.	— Oui, ma fille, il est vrai qu'un père est toujours père,

Rien n'en peut effacer le sacré caractère,
Je porte un cœur sensible, et vous l'avez percé.
Je me joins avec vous contre cet insensé.
Malheureux Polyeucte, es-tu seul insensible,
Et veux-tu rendre seul ton crime irrémissible?
Peux-tu voir tant de pleurs d'un œil si détaché?
Peux-tu voir tant d'amour sans en être touché?
Ne reconnais-tu plus ni beau-père, ni femme,
Sans amitié pour l'un, et pour l'autre sans flamme?
Pour reprendre les noms et de gendre et d'époux,
Veux-tu nous voir tous deux embrasser les genoux?

POLYEUCTE. – Que tout cet artifice est de mauvaise grâce!
Après avoir deux fois essayé la menace;
Après m'avoir fait voir Néarque dans la mort;
Après avoir tenté l'amour et son effort;
Après m'avoir montré cette soif du baptême,
Pour opposer à Dieu l'intérêt de Dieu même;
Vous vous joignez ensemble! Ah! ruses de l'enfer,
Faut-il tant de fois vaincre avant que triompher!
Vos résolutions usent trop de remise.
Prenez la vôtre enfin, puisque la mienne est prise.
Je n'adore qu'un Dieu, maître de l'univers,
Sous qui tremblent le ciel, la terre, et les enfers;
Un Dieu qui, nous aimant d'une amour infinie,
Voulut mourir pour nous avec ignominie;
Et qui, par un effort de cet excès d'amour,
Veut pour nous en victime être offert chaque jour!
Mais j'ai tort d'en parler à qui ne peut m'entendre.
Voyez l'aveugle erreur que vous osez défendre :
Des crimes les plus noirs vous souillez tous vos dieux,
Vous n'en punissez point qui n'ait son maître aux cieux.
La prostitution, l'adultère, l'inceste,
Le vol, l'assassinat, et tout ce qu'on déteste,
C'est l'exemple qu'à suivre offrent vos immortels :

J'ai profané leur temple, et brisé leurs autels,
Je le ferais encor, si j'avais à le faire,
Même aux yeux de Félix, même aux yeux de Sévère,
Même aux yeux du sénat, aux yeux de l'empereur!

FÉLIX. — Enfin ma bonté cède à ma juste fureur :
Adore-les, ou meurs.

POLYEUCTE. — Je suis chrétien.

FÉLIX. — Impie!
Adore-les, te dis-je, ou renonce à la vie.

POLYEUCTE. — Je suis chrétien.

FÉLIX. — Tu l'es? O cœur trop obstiné!
Soldats, exécutez l'ordre que j'ai donné.

PAULINE. — Où le conduisez-vous?

FÉLIX. — A la mort.

POLYEUCTE. — A la gloire!
Chère Pauline, adieu, conservez ma mémoire.

PAULINE. — Je te suivrai partout, et mourrai si tu meurs.

POLYEUCTE. — Ne suivez point mes pas, ou quittez vos erreurs.

FÉLIX. — Qu'on l'ôte de mes yeux, et que l'on m'obéisse.
Puisqu'il aime à périr, je consens qu'il périsse.

SCÈNE IV. — FÉLIX, ALBIN.

FÉLIX. — Je me fais violence, Albin, mais je l'ai dû,
Ma bonté naturelle aisément m'eût perdu.
Que la rage du peuple à présent se déploie,
Que Sévère en fureur tonne, éclate, foudroie,
M'étant fait cet effort, j'ai fait ma sûreté.
Mais n'es-tu point surpris de cette dureté?
Vois-tu comme le sien des cœurs impénétrables,
Ou des impiétés à ce point exécrables?
Du moins j'ai satisfait mon esprit affligé :
Pour amollir son cœur je n'ai rien négligé,
J'ai feint même à tes yeux des lâchetés extrêmes;
Et certes, sans l'horreur de ses derniers blasphèmes,
Qui m'ont rempli soudain de colère et d'effroi,

POLYEUCTE

JE TE SUIVRAI PARTOUT, ET MOURRAI SI TU MEURS. (Page 274.)

POLYEUCTE.   275

ALBIN.   J'aurais eu de la peine à triompher de moi.
ALBIN.   — Vous maudirez peut-être un jour cette victoire,
                  Qui tient je ne sais quoi d'une action trop noire,
                  Indigne de Félix, indigne d'un Romain,
                  Répandant votre sang par votre propre main.
FÉLIX.   — Ainsi l'ont autrefois versé Brute et Manlie !
                  Mais leur gloire en a crû, loin d'en être affaiblie,
                  Et quand nos vieux héros avaient de mauvais sang,
                  Ils eussent, pour le perdre, ouvert leur propre flanc.
ALBIN.   — Votre ardeur vous séduit, mais, quoi qu'elle vous die,
                  Quand vous la sentirez une fois refroidie,
                  Quand vous verrez Pauline, et que son désespoir
                  Par ses pleurs et ses cris saura vous émouvoir....
FÉLIX.   — Tu me fais souvenir qu'elle a suivi ce traître,
                  Et que ce désespoir qu'elle fera paraître,
                  De mes commandements pourra troubler l'effet :
                  Va donc y donner ordre, et voir ce qu'elle fait,
                  Romps ce que ses douleurs y donneraient d'obstacle,
                  Tire-la, si tu peux, de ce triste spectacle,
                  Tâche à la consoler.... Va donc, qui te retient ?
ALBIN.   — Il n'en est pas besoin, Seigneur, elle revient.

SCÈNE V. — FÉLIX, PAULINE, ALBIN.

PAULINE.   — Père barbare, achève, achève ton ouvrage,
                  Cette seconde hostie est digne de ta rage :
                  Joins ta fille à ton gendre, ose, que tardes-tu ?
                  Tu vois le même crime ou la même vertu,
                  Ta barbarie en elle a les mêmes matières,
                  Mon époux en mourant m'a laissé ses lumières,
                  Son sang dont les bourreaux viennent de me couvrir
                  M'a dessillé les yeux, et me les vient d'ouvrir.
                  Je vois, je sais, je crois, je suis désabusée ;
                  De ce bienheureux sang tu me vois baptisée ;
                  Je suis chrétienne enfin ; n'est-ce point assez dit ?
                  Conserve en me perdant ton rang et ton crédit,

Redoute l'empereur, appréhende Sévère,
Si tu ne veux périr, ma perte est nécessaire :
Polyeucte m'appelle à cet heureux trépas,
Je vois Néarque et lui qui me tendent les bras.
Mène, mène-moi voir les dieux que je déteste,
Ils n'en ont brisé qu'un, je briserai le reste !
On m'y verra braver tout ce que vous craignez,
Ces foudres impuissants qu'en leurs mains vous peignez ;
Et saintement rebelle aux lois de la naissance,
Une fois envers toi manquer d'obéissance !
Ce n'est point ma douleur que par là je fais voir,
C'est la grâce qui parle, et non le désespoir :
Le faut-il dire encore, Félix? je suis chrétienne.
Affermis par ma mort ta fortune et la mienne :
Le coup à l'un et l'autre en sera précieux,
Puisqu'il t'assure en terre en m'élevant aux cieux.

SCÈNE VI. — FÉLIX, SÉVÈRE, PAULINE, ALBIN, FABIAN.

SÉVÈRE. — Père dénaturé, malheureux politique,
Esclave ambitieux d'une peur chimérique,
Polyeucte est donc mort, et par vos cruautés
Vous pensez conserver vos tristes dignités !
La faveur que pour lui je vous avais offerte,
Au lieu de le sauver, précipite sa perte ;
J'ai prié, menacé, mais sans vous émouvoir,
Et vous m'avez cru fourbe, ou de peu de pouvoir.
Eh bien, à vos dépens, vous verrez que Sévère
Ne se vante jamais que de ce qu'il peut faire ;
Et par votre ruine il vous fera juger
Que qui peut bien vous perdre eût pu vous protéger.
Continuez aux dieux ce service fidèle,
Par de telles horreurs montrez-leur votre zèle ;
Adieu, mais quand l'orage éclatera sur vous,
Ne doutez point du bras dont partiront les coups.

FÉLIX. — Arrêtez-vous, Seigneur, et d'une âme apaisée

Souffrez que je vous livre une vengeance aisée.
Ne me reprochez plus que par mes cruautés,
Je tâche à conserver mes tristes dignités :
Je dépose à vos pieds l'éclat de leur faux lustre.
Celle où j'ose aspirer est d'un rang plus illustre ;
Je m'y trouve forcé par un secret appas,
Je cède à des transports que je ne connais pas ;
Et par un mouvement que je ne puis entendre
De ma fureur je passe au zèle de mon gendre.
C'est lui, n'en doutez point, dont le sang innocent
Pour son persécuteur prie un Dieu tout-puissant.
Son amour épandu sur toute la famille
Tire après lui le père aussi bien que la fille ;
J'en ai fait un martyr, sa mort me fait chrétien,
J'ai fait tout son bonheur, il veut faire le mien.
C'est ainsi qu'un chrétien se venge et se courrouce.
Heureuse cruauté, dont la suite est si douce !
Donne la main, Pauline, apportez des liens,
Immolez à vos dieux ces deux nouveaux chrétiens,
Je le suis, elle l'est, suivez votre colère.

PAULINE. — Qu'heureusement enfin je retrouve mon père !
Cet heureux changement rend mon bonheur parfait.

FÉLIX. — Ma fille, il n'appartient qu'à la main qui le fait.

SÉVÈRE. — Qui ne serait touché d'un si tendre spectacle !
De pareils changements ne vont point sans miracle :
Sans doute vos chrétiens qu'on persécute en vain
Ont quelque chose en eux qui surpasse l'humain ;
Ils mènent une vie avec tant d'innocence,
Que le ciel leur en doit quelque reconnaissance.
Se relever plus forts, plus ils sont abattus,
N'est pas aussi l'effet des communes vertus.
Je les aimai toujours, quoi qu'on m'en ait pu dire,
Je n'en vois point mourir que mon cœur n'en soupire,
Et peut-être qu'un jour je les connaîtrai mieux.
J'approuve cependant que chacun ait ses dieux,
Qu'il les serve à sa mode, et sans peur de la peine.

Si vous êtes chrétien, ne craignez point ma haine :
Je les aime, Félix, et de leur protecteur.
Je n'en veux pas en vous faire un persécuteur ;
Gardez votre pouvoir, reprenez-en la marque ;
Servez bien votre Dieu, servez notre monarque ;
Je perdrai mon crédit envers sa majesté,
Ou vous verrez finir cette sévérité.
Par cette injuste haine il se fait trop d'outrage.

FÉLIX. — Daigne le ciel en vous achever son ouvrage,
Et pour vous rendre un jour ce que vous méritez,
Vous inspirer bientôt toutes ces vérités !
Nous autres, bénissons notre heureuse aventure,
Allons à nos martyrs donner la sépulture,
Baiser leurs corps sacrés, les mettre en digne lieu,
Et faire retentir partout le nom de Dieu.

NOTES POUR POLYEUCTE

1. Du naufrage entier de l'œuvre de Corneille, si nous ne pouvions sauver qu'une seule tragédie, nous aurions sans doute quelque remords à laisser périr le Cid, mais c'est Polyeucte que nous choisirions. Car, à la grande rigueur, le Cid de Guillen de Castro pourrait nous tenir lieu du nôtre, mais où, dans quelle littérature, trouverions-nous rien qui ressemble à Polyeucte? Et c'est assez dire qu'en y reconnaissant, selon le vœu du poète, une « tragédie chrétienne », nous sommes de ceux qui ne sauraient cependant la rattacher à la tradition des Mystères. Nous n'y discernons en effet : — aucune intention d'édifier le public, ou d'enseigner du haut de la scène les vérités de la religion, ce qui avait été l'objet propre et premier des Mystères; — aucune intention de réconcilier ensemble le théâtre et la chaire, ce qui a longtemps été la raison de la complaisance de l'Église pour les Mystères; — ni aucune intention enfin de renouer avec des habitudes alors interrompues depuis plus d'un siècle. Mais il a paru tout simplement à Corneille, dans sa perpétuelle recherche du « nouveau », que les Actes des Martyrs étant à leur manière une sorte d'histoire, il y pouvait librement puiser, ainsi qu'il avait fait dans Tite-Live ou dans Sénèque, et il y a puisé. Comme d'ailleurs on agitait autour de lui la question de la « Grâce » et que le jansénisme commençait à faire quelque bruit dans le monde, — la première dispersion de Port-Royal est de 1638, et l'Augustinus de Jansénius a paru pour la première fois en 1640, — il a voulu profiter lui-même, selon son ordinaire, en en faisant profiter son art, de l'intérêt de curiosité qu'excitaient ces matières. Et enfin, quelques-uns de ses contemporains, du Ryer, par exemple, ou Baro, qui avaient eu la même idée, n'en ayant rien tiré que de parfaitement médiocre, l'un son Saül et l'autre son Saint Eustache, il a cédé à la tentation assez naturelle de les surpasser en rivalisant avec eux.

Si l'on ne saurait rattacher *Polyeucte* à la tradititon des *Mystères*, on ne saurait non plus en abuser pour rattacher Corneille lui-même au jansénisme et à Port-Royal. On cite, et on commente les vers :

> Il est toujours tout juste et tout bon, mais sa grâce
> Ne descend pas toujours avec même efficace ;
> Après certains moments que perdent nos longueurs,
> Elle quitte ces traits qui pénètrent les cœurs,
> Le nôtre s'endurcit....

Et, à ce propos, nous n'examinerons point, si, pour les avoir écrits, Corneille, s'appliquant « de toute son ouverture à cette inspiration nouvelle de la Grâce, en a d'abord atteint et exprimé la profonde science ». Nous nous contenterons de faire observer que ces vers font partie de la première scène du premier acte, après quoi, s'il est question de christianisme dans la pièce, c'est d'une manière générale, qui ne nous semble rien avoir de particulièrement « janséniste ». Corneille n'avait point de liaisons dans le parti janséniste. S'il en avait eu, je ne crois pas qu'il eût choisi pour en faire étalage le moment précis où son cardinal commençait à traiter les jansénistes en criminels d'État. Il faut d'ailleurs nous en féliciter, ne voyant pas, en dépit de Sainte-Beuve, ce que *Polyeucte* eût gagné à être écrit sous l'inspiration prochaine des Arnauld ou des Saint-Cyran, et, au contraire, voyant très bien tout ce qu'il y eût perdu.

Mais laissons ces questions, — dont on est peut-être aujourd'hui trop curieux, — et tâchons plutôt de dire où est le mérite éminent de *Polyeucte*. Corneille se vantait lui-même « qu'il n'avait point fait de pièce où l'ordre du théâtre fût plus beau ni l'enchaînement des scènes mieux ménagé ». Et il est vrai que, dans les *Examens* qu'il nous a laissés de ses tragédies, il trouve toujours quelque raison de préférer celle dont il parle à toutes les autres : *le Cid* l'emporte « par le sujet », *Cinna* par « les vers », *Polyeucte* « par l'intrigue ». Mais il est également vrai que, si *Rodogune* ou *Héraclius* sont plus savamment intriguées que *Polyeucte*, Corneille n'a rien fait de plus « intéressant » que *Polyeucte*, dans le sens très expressif, et un peu familier que l'on donne de nos jours à ce mot. De même qu'Émilie dans *Cinna*, et que Sabine dans *Horace*, le personnage de Sévère n'est ici qu'un moyen dramatique. Son caractère, dans le dessin duquel on a voulu découvrir toute sorte d'intentions, est celui d'un héros de roman. Mais comme il n'y a guère de roman plus intéressant, en tout temps et partout, que celui des amours contrariées, la force de la situation l'emporte sur tout ce que l'on pourrait relever d'invraisemblances dans son rôle. A cet égard, et pour cette raison, *Polyeucte* est assurément la plus « humaine » des tragédies de Corneille. Plus « naturels » que ceux de Sabine ou d'Émilie, les sentiments de Sévère, de Pauline, de Polyeucte, sont d'ailleurs moins « extraordinaires » que ceux de Rodrigue ou de Chimène. Nous rentrons dans « l'ordre commun »; et l'héroïsme de Polyeucte lui-même n'a rien qui soit trop au-dessus de nous, — puisque enfin toutes les religions ont eu leurs martyrs, et qu'en particulier le christianisme a grandi dans le sang.

Une autre raison de l'intérêt qu'on prend à *Polyeucte*, c'est la vérité du caractère de Pauline. Chimène était encore une héroïne d'épopée, dont les vrais sentiments, s'ils finissaient par se faire jour, n'étaient pas moins, et jusqu'au dernier acte, gênés, contraints ou faussés par la singularité de sa situation. Je ne dis rien de Camille ou d'Émilie : mettons que ce soient « d'adorables furies ». Pauline est une femme, — « la plus honnête femme du monde », comme on conte que l'appelait la Dauphine, — et la seule femme peut-être que Corneille ait mise à la scène. Son caractère se compose, pour ainsi parler, sous nos yeux, et comme à mesure que de nouveaux événements l'obligent à modifier sa volonté pour s'y approprier. Il y a de la gradation dans son personnage. L'épouse résignée du premier acte, qui ne pouvait s'empêcher de songer tendrement à Sévère, ne savait pas ce qu'il y avait en elle d'amour, et d'amour purement humain, pour Polyeucte. Mais au quatrième acte encore nous ne soupçonnions pas, ni elle non plus, que cet amour fût assez fort et assez noble à la fois pour aller jusqu'à l'acceptation du martyre. Nous rentrons donc avec elle dans la vérité de la vie. C'est vraiment de la « sympathie » qu'elle inspire; et non plus, comme tant d'autres créations de Corneille, de l'admiration ou de l'étonnement. Elle a déjà quelques traits des femmes de Racine, et, sans en rien perdre de sa grandeur, l'idéal cornélien de l'héroïsme se détend, s'amollit, se dépouille en elle de ce qu'il avait jusqu'alors de déclamatoire et de « guindé ».

Après Sévère et après Pauline faut-il parler maintenant de Polyeucte? On sait que l'hôtel de Rambouillet l'accueillit assez froidement; et Godeau même déclara, — ce qui était vrai, — qu'en tout temps l'Église avait désapprouvé le caractère provocateur de l'acte pour lequel d'ailleurs elle n'a pas moins sanctifié le martyr. Nous ne discuterons pas ici ce point d'histoire. Mais ce qui est certain, c'est qu'on n'a jamais représenté par de plus nobles traits ce que l'enthousiasme religieux a de plus pur et de plus désintéressé. Car on aura beau dire et Polyeucte lui-même a beau croire qu'il échange les vanités du monde contre « une grandeur immortelle », il aime Pauline, on le sent dans la belle prière :

> Seigneur, de vos bontés il faut que je l'obtienne....

et quelque obstacle qu'elle soit « à son bien », ce n'est pas sans un douloureux déchirement qu'il la quitte. Comparez-le plutôt à Horace. C'est celui-ci, le fils de la louve, qui des deux est le « fanatique », et dont les sentiments, en même temps que du « commun », nous semblent sortir de l'humanité. Mais il y a de l'indulgence pour la faiblesse humaine, il y a de la tendresse, il y a des larmes dans le rôle de Polyeucte ; et c'est précisément ce qui en fait la beauté. Les autres héros, presque tous les autres héros de Corneille sont « plus grands », mais surtout « moins complexes » et plus raides que nature. Polyeucte, qui de tous fait le plus douloureux sacrifice, — et en un certain sens le plus rare, — est cependant le « plus vrai ».

Dirons-nous là-dessus qu'il sacrifie sa passion à son devoir ? Non sans doute, pas plus que nous ne le dirons de Pauline, et, en vérité, pas plus que nous ne l'avons dit de Chimène ou de Rodrigue. Le « devoir » de Polyeucte n'est pas d'enlever un mari à sa femme, ni même, on nous l'a dit, de « détruire les idoles » ; et si Pauline a aimé Sévère, ce n'est pas du tout à son « devoir » d'épouse qu'elle sacrifie son premier « amant », mais à un autre amour, plus noble, et dont la révélation lui est brusquement apparue. Pour que l'on pût dire de *Polyeucte* qu'il sacrifie sa passion à son devoir, il faudrait qu'au lieu d'avoir soif du martyre il en eût peur ; et, pour pouvoir dire de Pauline qu'elle triomphe de sa passion, il faudrait que la vue de Sévère eût rallumé d'abord en elle son ancien amour : *veteris vestigia flammæ*. Mais, bien loin de rien sacrifier l'un ou l'autre, ils courent l'un et l'autre, selon l'expression d'un vieux poète, « où leurs tourments les appellent » ; et ainsi, ni l'un ni l'autre, leur sacrifice, à vrai dire, n'en mérite le nom. Ou plutôt, si ! leur sacrifice mérite bien d'être appelé de son nom ; et nous ne raffinons ainsi sur les mots que pour en faire sortir la définition de la moralité du théâtre de Corneille, qu'on rabaisse quand on la réduit au triomphe du devoir sur la passion. Mais elle consiste essentiellement en ceci, que de tous les biens de ce monde, la vie, qui est le support et la condition des autres, étant celui que nous aimons le plus, auquel nous avons le plus d'attache, et dont nous éprouvons le plus de peine à nous séparer, *le Cid* comme *Horace*, et *Cinna* comme *Polyeucte*, nous enseignent que beaucoup de choses valent mieux que la vie; sont dignes de plus d'estime; et doivent par conséquent surmonter en nous l'horreur de la mort. Le principe de l'héroïsme cornélien, c'est de n'avoir pas peur de la mort, et comme au fond toutes nos lâchetés ne viennent que d'aimer trop la vie, voilà pourquoi le théâtre de Corneille, en général, malgré tout ce qu'on en peut dire, et tout ce qu'il en faut dire, est vraiment une école de générosité, d'héroïsme, et de haute moralité.

ACTE PREMIER.

1. Nous avons dit à propos de ces vers qu'ils ne sauraient nous suffire pour « rattacher Corneille à Port-Royal », comme le veut Sainte-Beuve, mais il est bien entendu que cette observation ne saurait dispenser le lecteur de recourir à la subtile analyse que Sainte-Beuve a donnée de *Polyeucte* (*Port-Royal*, édition de 1878, livre I, chapitre vi, p. 116, 147).

2. « Plusieurs personnes, rapporte Voltaire, ont entendu dire au marquis de Saint-Aulaire que l'hôtel de Rambouillet avait condamné le songe de Pauline. » Et il ajoute : « Ce qu'on pourrait reprocher à ce songe, c'est qu'il ne sert de rien dans la pièce, *il n'est qu'un morceau de déclamation* ».

Nous ne partageons pas l'opinion de Voltaire. Si le songe de Pauline dans *Polyeucte* n'a pas toute l'importance de celui d'Athalie dans la tragédie de Racine, il en a beaucoup plus que le songe de Camille dans *Horace*; et surtout il est tout autre chose qu'un morceau de déclamation. La très belle, mais très inutile délibération d'Auguste entre Maxime et Cinna, voilà un morceau de déclamation ! Mais le songe de Pauline : 1°, concourt heureusement, et d'une manière qui n'avait rien encore de si banal en 1642, à l'exposition de la pièce ; 2°, il prépare plus heureusement encore la prochaine arrivée de Sévère ; et 3°, du milieu des pressentiments douloureux de Pauline, en dégageant pour nous la vraie raison de ses craintes, qui est de sentir se rallumer en elle son ancien amour pour Sévère, il caractérise la nature du drame que nous allons voir se dérouler.

3. La brièveté même des termes dont se sert ici Félix pour annoncer l'arrivée de Sévère :

> Sévère n'est point mort....

et la soudaineté de la réponse de Pauline :

> Quel mal nous fait sa vie?

n'ont-elles pas quelque chose d'un peu brusque? On pourrait dire que Corneille, ayant besoin du personnage de Sévère, essaye de l'introduire dans son action sans qu'on y prenne garde; et, en effet, voyez combien d'invraisemblances romanesques se pressent dans le récit qui suit.

4. C'est en plein roman de la Calprenède ou de Scudéry que nous voguons, et *Cléopâtre* ou *Cyrus* abonderont bientôt en récits de ce genre. Il y en avait de semblables, pour servir de modèles à Corneille, dans l'*Astrée* même, et dans le *Polexandre* de Gomberville.

5. A peine est-il besoin de faire ressortir, dès le début du drame, la bassesse idéale du caractère de Félix.

ACTE DEUXIÈME.

1. Plusieurs critiques ont insisté sur « l'extrême beauté du rôle de Sévère », et quelques-uns même ont voulu voir en lui le personnage principal de la pièce, le grand rôle, et, comme dit l'un d'eux « le centre de l'idée de Corneille ». Mais ils n'ont pas fait attention qu'à ce compte, si le personnage principal d'une « tragédie chrétienne » était le seul païen qu'on y rencontre ou qui ne s'y convertisse point, Corneille serait déjà Voltaire, et *Polyeucte* serait *Mahomet*. J'aimerais autant que l'on dît que le personnage principal du *Cid* c'est l'Infante, ou encore Livie le « grand rôle » de *Cinna*. Mais en réalité, comme nous ne saurions trop le répéter, Sévère est un héros de roman, — de ces héros dont la bravoure extraordinaire n'avait d'égale que la galanterie, — et sans reparler du « moyen » qu'il est dans l'intrigue, son utilité psychologique n'est que d'obliger Pauline, Polyeucte, — et Félix même, — à nous montrer le fond de leur cœur. C'est en « réagissant contre lui » qu'ils prennent conscience d'eux-mêmes, qu'ils voient clair dans leurs sentiments. Et s'il est d'ailleurs

vrai qu'à mesure qu'on avance vers le dénouement « sa figure reçoive une teinte continuelle et croissante de beauté », je n'y puis voir, en suivant l'image, que le reflet en lui de l'enthousiasme dont s'illuminent l'un après l'autre Polyeucte, Pauline, et Félix.

2. Notez et suivez dans cette belle scène la gradation des sentiments de Pauline, d'autant plus intéressante qu'en raison de ce que nous avons fait observer dans la note précédente Sévère, lui, n'y dit rien qui vaille.

3. Quel est exactement le sens de cette scène? Il semble qu'en la développant Corneille ait voulu faire droit aux objections de Godeau sur l'excès de zèle de Polyeucte, et je croirais volontiers qu'elle était beaucoup plus courte dans la première version de la tragédie. Le langage dilatoire et prudent de Néarque est celui de Godeau, ou de l'Église; et Néarque lui-même est, si je puis ainsi dire, « l'hésitation » de Polyeucte, comme nous avons vu qu'Elvire, dans *le Cid*, était la « faiblesse » de Chimène.

4. *Novus hic rerum nascitur ordo :*

nous entrons ici dans un nouvel ordre de choses, et Corneille lui-même n'a peut-être jamais trouvé de fin d'acte plus belle.

> Abandonnons nos jours à cette ardeur céleste!
> Faisons triompher Dieu, qu'il dispose du reste!

Les vers de Polyeucte nous ouvrent un monde inconnu, et, à l'angoisse purement dramatique de savoir comment se terminera son entreprise, se mêle je ne sais quelle ardeur de l'imiter lui-même.

ACTE TROISIÈME.

1. On ne voit pas très bien l'utilité de ce monologue, et il ne fait pas plus avancer l'action qu'il n'aide à mieux connaître le caractère de Pauline.

2. Cette fin de vers rappelle assez inopportunément les vers fameux de Théophile dans sa tragédie de *Pyrame et Thisbé* :

> Ah! voici le poignard qui du sang de son maître
> S'est souillé lâchement! *Il en rougit, le traître!*

Oserai-je dire qu'il n'est pas impossible que Corneille, le Corneille même de *Polyeucte*, les enviât encore à son prédécesseur? Comparez le *Cid* :

CHIMÈNE.

Quoi! du sang de mon père encor toute trempée?

RODRIGUE.

Plonge-la dans le mien,
Et fais-lui perdre ainsi la teinture du tien;

et *Cinna* :

Reçois le consulat pour la prochaine année,
Préfères-en la pourpre à celle de mon sang....

5. Il semble décidément que le caractère de Félix ait été conçu par Corneille sur le modèle de celui de Maxime dans *Cinna*. Le souvenir du *Cid*, on l'a vu, le hantait encore quand il écrivait son *Horace*, et, de même, quelques « ressentiments » de *Cinna* flottaient encore dans son esprit en composant son *Polyeucte*.

ACTE QUATRIÈME.

1. Nous ne dirons pas ici des « stances » de Polyeucte ce que nous avons dit des « stances » de Rodrigue dans le *Cid*, et s'il est vrai qu'elles soient, comme elles, un monologue lyrique, il faut observer d'autre part, que sous plus d'un rapport elles en diffèrent. Polyeucte ne délibère pas; il ne consulte pas; il délivre son âme d'un excès d'enthousiasme qui l'oppresse, et c'est là d'abord la fonction du lyrisme. On ne retrouve point dans la structure des strophes et dans le retour des mêmes rimes cet air d'apprêt et de « littérature » que nous avons noté dans les couplets du *Cid*. Et enfin ce n'est point presque au début de l'action qu'elles sont placées, mais c'en est au moment décisif, je veux dire au moment où nous avons besoin qu'une entière clarté se fasse sur les sentiments de Polyeucte.

Il est d'ailleurs assez intéressant de noter que les deux vers,

Et comme elle a l'éclat du verre,
Elle en a la fragilité,

sont de ce même Godeau à qui l'on conte que le « christianisme » de *Polyeucte* avait si fort déplu.

2. Voilà peut-être, de tout le théâtre de Corneille, la scène la plus « humaine » et en même temps l'une des plus belles que jamais poète ait trouvées. Dans l'ordre de l'amour, s'il y a des scènes plus « passionnées », il n'y en a pas où l'amour soit plus épuré de tout ce que le délire des sens y mêle presque nécessairement de grossièreté. Mais, dans l'ordre de la volonté, je ne sache rien qui soit au-dessus du mélange de tendresse et d'invincible résolution que Polyeucte oppose au désespoir de Pauline. « Nous ne nous montrons pas toujours assez fiers ou assez soigneux de nos richesses, » a dit Sainte-Beuve en parlant du caractère de Pauline, qu'il a raison d'égaler à l'Antigone de Sophocle, mais qu'il a tort de comparer à Mme Roland ; et c'est justement cette scène qui achève de donner au caractère de Pauline toute sa valeur et toute sa portée. Elle ne fait pas moins d'honneur à Polyeucte. Car, c'est elle qui le sauve du reproche de fanatisme ou d'illuminisme qu'on lui a fait plus d'une fois, et son héroïsme s'en accroît d'autant pour nous, si nous ne connaissons de sacrifice que des choses dont on sent le premier tout le prix.

3. On a beaucoup discuté sur cette « résignation » que Polyeucte fait de Pauline entre les mains de Sévère, et quelques-uns ont pensé qu'en « assassinant » une femme qu'il aime, du moins pouvait-il ne pas « l'outrager » : ce sont les termes dont elle se sert elle-même un peu plus loin. Mais s'ils semblent tout naturels dans la bouche de Pauline, ils sont étranges sous la plume des commentateurs. Si le biais n'est pas « ordinaire », il n'a rien qui ne soit en effet dans la vérité du cœur humain, et Polyeucte, — je ne dis pas Corneille, je dis bien Polyeucte, — ne pouvait, dans sa situation, imaginer de moyen plus délicat et plus noble de concilier son affection pour Pauline avec sa résolution de mourir pour son Dieu. Il ne savait pas que Sévère fût toujours vivant quand il a lui-même épousé Pauline ; Sévère reparaît ; il lui rend ce qu'il lui avait pris ; et, sur le point de mourir, il essaye d'assurer le bonheur de celle qu'il aime. Quelle plus grande preuve d'amour ! Mais quelle offrande plus agréable au Dieu pour lequel il va mourir ! Ni le chrétien ne pouvait rien faire qui consommât plus pleinement son sacrifice, ni l'homme rien qui dissipât plus naturellement la seule ombre dont sa joie de souffrir le martyre fût encore mêlée. Sommes-nous donc tellement égoïstes que de vouloir emporter avec nous le bonheur de ceux qui nous furent chers ? Et parce qu'une chose ne se fait pas, s'il vaudrait mieux qu'elle se fît,

en méconnaîtrons-nous la grandeur? Cette « cession » n'a rien de « lâche et de ridicule », comme le dit Voltaire, mais au contraire quelque chose de généreux, quoique de peu « commun », et de vraiment héroïque.

4. C'est évidemment cette profession de foi de Sévère qui lui a valu les sympathies du xviiie siècle, et c'est à elle que l'on songe, aujourd'hui même encore quand on veut voir en lui « l'honnête homme » de la pièce. Nous avons dit pourquoi cette opinion n'était pas la nôtre.

ACTE CINQUIÈME.

1. Puisque Félix, aussi lui, se convertira tout à l'heure, d'une manière assez inattendue, nous ne pouvons guère douter que Corneille ait cru lui faire exprimer là des pensées d'une politique très profonde; et, à cet égard, son *Cinna*, dont on a vu qu'il était la première de nos tragédies politiques, n'a exercé sur personne en France une plus fâcheuse influence que sur lui-même.

2. En terminant cette annotation, et avant de quitter *Polyeucte*, nous ne pouvons nous empêcher de faire quelques observations — sur la tragédie même; — sur la place qu'elle doit occuper dans l'œuvre de Corneille; — et enfin sur Corneille.

Premièrement donc il nous faut appeler l'attention du lecteur sur les vicissitudes singulières de *Polyeucte*, et le faire souvenir que, si le personnage de Pauline a décidé de la fortune de la pièce au xviie siècle, c'est à Sévère que sont allées toutes les sympathies des spectateurs du siècle suivant, et nous, c'est Polyeucte aujourd'hui qui nous intéresse. Il n'y a pas de plus éloquent témoignage de la diversité, de la richesse, et de la complexité de l'œuvre. Mais de quelque manière, et pour ainsi dire, par quelque personnage qu'on prenne la tragédie, c'est l'idée chrétienne qui reparaît à tous les tournants du sujet, et même c'est par elle seule que s'explique la variété successive des jugements qu'on a portés de *Polyeucte*. Le xviie siècle a aimé dans Pauline cette constante possession de soi-même, ce mélange en elle de passion et de raison, d'ardeur et de bon sens qu'il avait appris, sous la discipline du christianisme, renouvelé par la réforme, à considérer comme l'image ou l'idéal même de la vertu. Si le personnage de Sévère a conquis au xviiie siècle les sympathies des philosophes, — et jusqu'à l'apparition au moins du *Génie du Christianisme*, si l'opinion les a suivis, — c'est que l'attitude du xviiie siècle en général en face du christianisme a été justement l'attitude de Sévère : hostile, sans l'être, chez la plupart au moins des « honnêtes gens », polie, respectueuse, courtoise même au besoin, mais froide, et d'une froideur où il entrait autant d'étonnement ou de pitié que de politesse. Et enfin, si de nos jours c'est surtout Polyeucte à qui nous nous intéressons, on en voit assez la principale raison. Quelque opinion que nous ayons sur les religions en général, et sur le christianisme en particulier, nous avons appris à reconnaître en elles l'une des plus puissantes entre les forces obscures qui façonnent l'humanité d'âge en âge ; et, dans ce principe d'inquiétude et d'enthousiasme à la fois qui en fait l'âme, rares sont ceux qui ne voient point l'expression des plus nobles besoins de l'humanité ! Le mérite éminent de *Polyeucte* consiste donc pour nous en ceci, que nulle part, dans aucune autre de ses tragédies, — non pas même dans *le Cid*, — Corneille n'a remué, comme sans le savoir, de plus hautes idées, ou de plus profondes, si l'on aime mieux, ni qui tiennent par plus de fibres au cœur même de l'humanité.

Et c'est la raison de la place que *Polyeucte* occupera toujours dans l'œuvre du poète. Quoique le style, selon sa propre expression, n'en soit pas si « majestueux » que celui de *Cinna* et de *Pompée*, cependant *Polyeucte* est la plus « sublime » de ses tragédies. Aussi n'avons-nous jamais compris que l'on osât la comparer au *Saint Genest* de Rotrou, par exemple, et effectivement, toute comparaison de ce genre n'a jamais réussi qu'à rabaisser *Polyeucte*, sans élever le mélodrame de Rotrou au rang des grandes œuvres. Entre tout ce qui fait la grandeur de *Polyeucte* et la médiocrité de *Saint Genest*, il n'y a véritablement pas de commune mesure.

Mais ce que l'on peut se demander, c'est pourquoi Corneille n'a pas « recommencé » ; ou plutôt, — car il a bien essayé de recommencer, dans sa *Théodore*, en 1645, qui est l'une de ses plus mauvaises pièces, — pourquoi n'a-t-il réussi qu'une fois ? Nous n'en donnerons qu'une raison : c'est qu'il s'était surpassé lui-même dans *Polyeucte*, on ne saurait dire comment, ni sous quelle influence, par l'effet de quel hasard heureux ; et l'on se tromperait gravement si l'on voulait chercher dans *Polyeucte* l'expression de son vrai génie. Le vrai Corneille, c'est le Corneille d'*Horace* et de *Cinna*, c'est encore le Corneille d'*Héraclius* et de *Rodogune*, tranchons le mot : c'est le Corneille de toutes ses tragédies, sauf *Polyeucte* et *le Cid*. Si donc un jour, comme nous le craignons pour lui, son *Horace* et son *Cinna*, qui déjà n'attirent plus beaucoup de spectateurs, disparaissaient du répertoire, comme ont fait *Héraclius* et *Rodogune*, — et pour une œuvre dramatique, disparaître du répertoire c'est proprement mourir, — il arriverait que Corneille, n'étant plus représenté que par son *Cid* et son *Polyeucte*, le serait en réalité par ce qui lui ressemble le moins dans son œuvre! Cherchons après cela l'explication de l'œuvre d'un grand poète ou d'un grand artiste dans sa vie! et perdons-nous dans les détails de cette critique oiseuse! Mais c'est en soi-même qu'une grande œuvre a toujours contenu le *comment*, sinon le *pourquoi*, de sa grandeur ou de sa beauté ; et elle ne continue de vivre parmi les hommes que par celles de ses qualités dont la raison échappe à la critique historique, à la critique prétendue scientifique, et à la critique enfin biographique ou psychologique.

TABLE

Notice biographique et littéraire.	I
Le Cid.	4
Notes pour le Cid.	65
Horace.	77
Notes pour Horace.	157
Cinna.	147
Notes pour Cinna.	206
Polyeucte.	217
Notes pour Polyeucte.	279

29547 — Imprimerie Lahure, 9, rue de Fleurus, à Paris.

Collection Hetzel

ÉDUCATION
RÉCRÉATION

Enfance — Jeunesse — Famille

500 Ouvrages

JOURNAL DE toute la Famille

MAGASIN D'ÉDUCATION et de RÉCRÉATION

FONDÉ par **P.-J. STAHL** en 1864

COURONNÉ par l'Académie

et

Semaine des Enfants

réunis, dirigés par

Jules Verne — J. Hetzel — J. Macé

La Collection complète		ABONNEMENT	
60 beaux volumes in-8 illustrés		d'un An	
Brochés	420 fr.	Paris	14 fr.
Cartonnés dorés	600 fr.	Départements	16 fr.
Volume séparé, broché	7 fr.	Union	17 fr.
— cartonné doré	10 fr.	(Il paraît deux volumes par an.)	

Principales Œuvres parues

Les Voyages Extraordinaires, par Jules Verne
La Vie de Collège dans tous les Pays, par André Laurie
Les Voyages involontaires, par Lucien Biart
Les Romans d'Aventures, par André Laurie et Rider Haggard
Les Romans de l'Histoire naturelle, par le Dᵉ Candèze

Les Œuvres pour la Jeunesse de Stahl, J. Sandeau, E. Legouvé, V. de Laprade, Jean Macé, Hector Malot, Viollet-le-Duc, S. Blandy, J. Lermont, Th. Bentzon, E. Muller, Dickens, A. Dequet, A. Badin, E. Egger, Gennevraye, B. Vadier, Génin, P. Gouzy, A. Rambaud, H. de Noussanne, etc., etc.

Nombreuses gravures des meilleurs artistes

Catalogue **H G**

MAGASIN D'ÉDUCATION ET DE RÉCRÉATION

Les Tomes I à XXIV

renferment comme œuvres principales :

JULES VERNE : L'Ile mystérieuse, Les Aventures du Capitaine Hatteras, Les Enfants du Capitaine Grant, Vingt mille lieues sous les mers, Aventures de trois Russes et de trois Anglais, Le Pays des Fourrures, Michel Strogoff. — P.-J. STAHL : La Morale familière (cinquante contes et récits), Les Contes anglais, La Famille Chester, Histoire d'un Ane et de deux jeunes Filles, La Matinée de Lucile, Le Chemin glissant, Une Affaire difficile, L'Odyssée de Pataud et de son chien Fricot. — Jules SANDEAU : La Roche aux Mouettes. — STAHL et MULLER : Le nouveau Robinson suisse. — Hector MALOT : Romain Kalbris. — VIOLLET-LE-DUC : Histoire d'une Maison. — Jean MACÉ : Les Serviteurs de l'Estomac. Le Géant d'Alsace, L'Anniversaire de Waterloo, Le Gulf-Stream, La Grammaire de mademoiselle Lili, Un Robinson fait au collège. — E. LEGOUVÉ : Le Denier de la France, La Chasse, Le Travail et la Douleur, A Madame la Reine, Un Premier Symptôme, Sur la Politesse, Un Péché véniel, Diplomatie de deux Mamans, etc. — Victor DE LAPRADE : Petit Enfant, Petit Oiseau, L'Absent, Rendez-vous ! La France, La Sœur ainée, L'Enfant grondé, etc. — MULLER : La Jeunesse des Hommes célèbres. — Lucien BIART : Aventures d'un jeune Naturaliste, Entre Frères et Sœurs. — S. BLANDY : Le Petit Roi. — G. ASTON : L'Ami Kips. — Maurice BLOCK : Causeries d'Économie pratique. — BÉNÉDICT : Les Vilaines Bêtes. — Gustave DROZ : Vieux Souvenirs, Départ pour la Campagne, Bébé aime le rouge. — LABOULAYE : Le Pacha berger. — P. LACOME : La Musique au foyer. — E. VAN BRUYSSEL : Histoire d'un Aquarium, Les Clients d'un vieux Poirier. — DICKENS : Histoire de Bébelle, Une Lettre inédite, Sept art le fois sept. — H. FAUQUEZ : Pâquerette, Le Taciturne, etc. — A. GENIN : Le petit Tailleur. — P. NOTH : Curiosités de la vie des Animaux. — P. HAVARD : Notre vieille Maison. — P. CHAZEL : Le Chalet des Sapins. — F. DUPIN DE SAINT-ANDRÉ : Les deux Tortues. Ce qu'on faisait à un bébé quand il tombait, etc., etc.

Les petites Sœurs et les petites Mamans, Les Tragédies enfantines, Les Scènes familières, textes de P.-J. STAHL.

Les Tomes XXV à LX

renferment comme œuvres principales :

JULES VERNE : Aventures de Maître Antifer, P'tit Bonhomme, Le Château des Carpathes, Mistress Branican, César Cascabel, Famille sans Nom, Deux Ans de Vacances, Nord contre Sud, Un Billet de Loterie, L'Étoile du Sud, Kéraban-le-Têtu, L'École des Robinsons, La Jangada, La Maison à vapeur, Les Cinq cents millions de la Bégum, Hector Servadac. — J. VERNE et A. LAURIE: L'Épave du Cynthia. — P.-J. STAHL : Maroussia, Les Quatre Filles du docteur Marsch, Le Paradis de M. Toto, La Première Cause de l'avocat Juliette, Un Pot de crème pour deux, La Poupée de Mlle Lili. — STAHL et LERMONT : Jack et Jane, La petite Rose. — L. BIART : Monsieur Pinson, Deux enfants dans un parc. — E. LEGOUVÉ, *de l'Académie*: Leçons de lecture, Une élève de seize ans, etc. — V. DE LAPRADE, *de l'Académie* : Le Livre d'un Père. — A. DEQUET : Mon Oncle et ma Tante. — A. BADIN : Jean Casteyras. — E. EGGER, *de l'Institut* : Histoire du Livre. — J. MACÉ : La France avant les Francs, Les Soirées de Tante Rosy. — Ch. DICKENS : L'Embranchement de Mugby. — A. LAURIE : Le Rubis du grand Luma, Axel Ebersen (Le Gradué d'Upsala), Mémoires d'un Collégien russe, Le Bachelier de Séville, Une Année de collège à Paris, Scènes de la vie de collège en Angleterre, Mémoires d'un Collégien, L'Héritier de Robinson, De New-York à Brest en 7 heures, Le Secret du Mage. — P. CHAZEL : Riquette. — Dr CANDÈZE : La Gileppe, Aventures d'un Grillon, Périnette. — P. LEMONNIER : Bébés et Joujoux. — HENRY FAUQUEZ : Souvenirs d'une Pensionnaire. — J. LERMONT : Kitty et Bo, L'Ainée, Les jeunes Filles de Quinnebasset. — F. DUPIN DE SAINT-ANDRÉ : Histoire d'une bande de Canards, La Vieille Casquette, etc., etc. — Th. BENTZON : Geneviève Delmas, Contes de tous les Pays. — BÉNÉDICT : Le Noël des petits Ramoneurs, Les charmantes Bêtes, etc. — A. GENIN : Marco et Tonino, Deux Pigeons de Saint-Marc. — E. DIENY : La Patrie avant tout. — C. LEMAIRE : Le Livre de Trotty. — G. NICOLE : Le Chibouk du Pacha, etc. — GENNEVRAYE : Marchand d'Allumettes, Théâtre de Famille, La petite Louisette. — BERTIN : Voyage au Pays des Défauts, Les deux côtés du Mur, Les Douze. — P. PERRAULT : Pas-Pressé, Les Lunettes de Grand'Maman, Les Exploits de Mario. — B. VADIER : Histoire d'une poupée, Blanchette, Comédies et Proverbes. — I.-A. REY : Les Travailleurs microscopiques. — S. BLANDY : L'Oncle Philibert. — RIDER-HAGGARD : Découverte des Mines de Salomon. — GOUZY : Voyage au Pays des Étoiles, Promenade d'une Fillette autour d'un Laboratoire. — BRUNET : Les Jeunes Aventuriers de la Floride. — ANCEAUX : Blanchette et Capitaine. — ANDRÉ VALDÈS : Le Roi des Pampas. — Alf. RAMBAUD : L'Anneau de César. — DE NOUSSANNE : Jasmin Robba. — CHATEAU-VERDUN : Monsieur Roro. — M. BARBIER : Bempt. — MARSHALL : Jack (Histoire d'un éléphant). — Une grande Journée, Plaisirs d'hiver, Pierre et Paul, La Chasse, Les petits Bergers, Mademoiselle Lili à Paris, Les Frères de Mademoiselle Lili, La Mère Bontemps, Papa en Voyage, La Vocation de Jujules, par UN PAPA.

Illustrations par Atalaya, Bayard, Benett, Becker, Cham, Geoffroy, L. Frœlich, Froment, Lambert, Lalauze, Lix, Adrien Marie, Meissonier, De Neuville, Philippoteaux, Riou, G. Roux, Th. Schuler, etc., etc.

N. B. — La plus grande partie de ces œuvres ont été couronnées par l'Académie française

CHAQUE VOLUME SE VEND SÉPARÉMENT
Prix : broché, 7 fr. ; cartonné toile, tranches dorées, 10 fr., relié, tranches dorées, 12 fr.

LES NOUVEAUTÉS POUR 1894-1895 SONT INDIQUÉES PAR UNE †
Les ouvrages précédés d'une double palme ⚜ ont été couronnés par l'Académie

(1ᵉʳ Âge)
ALBUMS STAHL IN-8° ILLUSTRÉS

Les Albums Stahl

Il y a des lecteurs qui ne sont pas hommes encore et à qui il faut des lectures et des images pour leurs premières curiosités. Ce public innombrable et frêle n'a pas été oublié. Les *Albums Stahl* leur donnent de piquants ou de jolis dessins accompagnés d'un texte naïf. La naïveté est celle qu'un ingénieux esprit, comme Stahl, peut offrir. Elle a ses malices légères et sa gaieté tendre. Les dessins ont de la fantaisie dans la vérité. Bégayements heureux, rires argentins, ce sont là les effets que produisent ces albums caressants. Il y a beaucoup de gros livres et de travaux ambitieux qui n'ont pas la même utilité.
GUSTAVE FRÉDÉRIX. (*Indépendance Belge*.)

FROELICH

† La Vocation de Jujules.
La mère Bontemps.
Papa en voyage.
Une grande journée de Mˡˡᵉ Lili.
Mˡˡᵉ Lili aux Champs-Élysées.
Mˡˡᵉ Lili à Paris.
Jujules le Chasseur.
Les petits Bergers.
Pierre et Paul.

La Poupée de Mˡˡᵉ Lili.
La Journée de M. Jujules.
L'A perdu de Mˡˡᵉ Babet.
Alphabet de Mˡˡᵉ Lili.
Arithmétique de Mˡˡᵉ Lili.
Cerf-Agile.
La Fête de Mˡˡᵉ Lili.
La Grammaire de Mˡˡᵉ Lili. (J. MACÉ.)

Journée de Mˡˡᵉ Lili.
Les Caprices de Manette.
Les Jumeaux.
Un drôle de Chien.
La Fête de Papa.
Le premier Chien et le premier Pantalon.
Le petit Diable.
M. Jujules à l'école.

L. BECKER . . . . L'Alphabet des Oiseaux.
— . . . . L'Alphabet des Insectes.
DETAILLÉ . . . . Les bonnes Idées de Mademoiselle Rose.
FATH . . . . Le Docteur Bilboquet.
— . . . . Gribouille. — Jocrisse et sa Sœur.
— . . . . Les Méfaits de Polichinelle. — Pierrot à l'École.
FROMENT . . . . Petites Tragédies enfantines.
— . . . . Nouvelles petites Tragédies enfantines.
— . . . . Le petit Acrobate.
— . . . . Le petit Escamoteur.
— . . . . Scènes familières.
— . . . . Nouvelles scènes familières.
GEOFFROY . . . . Le Paradis de M. Toto.
— . . . . L'Âge de l'École. — Proverbes en action.
— . . . . † Fables de La Fontaine en action.
GRISET . . . . La Découverte de Londres.
JUNDT . . . . L'École buissonnière.
LALAUZE . . . . Le Rosier du petit Frère.
LAMBERT . . . . Chiens et Chats.
MARIE (A.) . . . . Le petit Tyran.
MATTHIS . . . . Les deux Sœurs.
MEAULLE . . . . Petits Robinsons de Fontainebleau.
PIRODON . . . . Histoire de Bob aîné.
SCHULER (TH.) . . . . Les Travaux d'Alsa.
VALTON . . . . Mon petit Frère.

ALBUMS STAHL ILLUSTRÉS gr. in-8°

FROELICH

Petites Sœurs et petites Mamans.
Voyage de Mˡˡᵉ Lili autour du monde.
Voyage de découvertes de Mˡˡᵉ Lili.
La Révolte punie.

CHAM . . . . Odyssée de Pataud.
FROMENT . . . . La Chasse au volant.
GRISET (E.) . . . . Aventures de trois vieux Marins. — Pierre le Cruel.
SCHULER (T.) . . . . Le premier Livre des petits Enfants.

1er Age
ALBUMS STAHL en COULEURS, IN-4°

L. FRŒLICH : *Chansons & Rondes de l'Enfance* :

Sur le Pont d'Avignon.	Giroflé-Girofla.	Le bon Roi Dagobert.
La Tour, prends garde.	Il était une Bergère.	Compère Guilleri.
La Marmotte en vie.	M. de La Palisse.	Malbrough s'en va-t-en guerre.
La Boulangère a des écus.	Au Clair de la Lune.	Nous n'irons plus au bois.
La Mère Michel.	Cadet-Roussel.	

L. FRŒLICH

M. César. — Le Cirque à la maison. — Pommier de Robert. — La Revanche de François. Les Frères de Mlle Lili.

BECKER...............	Une drôle d'École.
CASELLA.............	Les Chagrins de Dick.
FROMENT.............	Tambour et Trompette.
—	† Le Plat mystérieux.
GEOFFROY............	Monsieur de Crac. — Don Quichotte. — Gulliver.
—	L'Ane gris. — Le pauvre Ane.
JAZET................	L'Apprentissage du Soldat.
KURNER..............	Une Maison inhabitable.
DE LUCHT............	L'Homme à la Flûte. — Les 3 montures de John Cabriole.
—	La Leçon d'Équitation. — La Pêche au Tigre.
—	Les Animaux domestiques.
—	Robinson Crusoë.
MATTHIS.............	Métamorphoses du Papillon.
MÉRY.................	Autour d'un Cerisier.
TINANT...............	Du haut en bas. — Un Voyage dans la neige.
—	Une Chasse extraordinaire. — La Revanche de Cassandre.
—	Les Pêcheurs ennemis. — La Guerre sur les Toits.
—	Machin et Chose.
—	Le Berger ramoneur.
TROJELLI.............	Alphabet musical de Mlle Lili.

1er et 2me Ages
PETITE BIBLIOTHÈQUE BLANCHE

Volumes grand in-16 colombier, illustrés

ALDRICH (Traduction Bentzon)	Un écolier américain.
AUSTIN...............	Boulotte.
BEAULIEU (DE).......	† Mémoires d'un Passereau.
BENTZON.............	Yette.
BERTIN (M.).........	Les Douze. — Voyage au Pays des défauts.
—	Les deux côtés du Mur.
BIGNON..............	Un singulier petit Homme.
CHATEAU-VERDUN (M. DE).	† Monsieur Roro.
CHERVILLE (M. DE)...	Histoire d'un trop bon Chien.
DICKENS (CH.).......	L'Embranchement de Mugby.
DIENY (F.)..........	La Patrie avant tout.
DUMAS (A.)..........	La Bouillie de la comtesse Berthe.
DURAND (H.)........	Histoire d'une bonne aiguille.
FEUILLET (O.)......	La Vie de Polichinelle.
GÉNIN (M.).........	Un petit Héros.
—	Les Grottes de Plémont. — Pain d'épice.
GENNEVRAYE.........	Petit Théâtre de Famille.
LA BÉDOLLIÈRE (DE)	Histoire de la Mère Michel et de son chat.
LEMAIRE-CRETIN.....	Le Livre de Trotty.
LEMONNIER (C.).....	Bébés et Joujoux. — Hist. de huit Bêtes et d'une Poupée.
—	Les Joujoux parlants.
LERMONT (J.).......	Mes Frères et moi.
LOCKROY (S.).......	Les Fées de la Famille.
MAYNE-REID.........	Les Exploits des jeunes Boërs.
MULLER (E.)........	Récits enfantins.
MUSSET (P. DE).....	Monsieur le Vent et Madame la Pluie.
NODIER (CHARLES)...	Trésor des Fèves et Fleur des Pois.
OURLIAC (E.).......	Le Prince Coquelucho.
PERRAULT (F.)......	Les Lunettes de Grand'Maman.
—	Les Exploits de Mario.
SAND (GEORGE).....	Le Véritable Gribouille.
SPARK..............	Fabliaux et Paraboles.
STAHL (P.-J.)......	Les Aventures de Tom Pouce.
—	Le Sultan de Tanguik.
STAHL ET WILLIAM HUGHES.	Contes de la Tante Judith.
VERNE (JULES).....	Un Hivernage dans les glaces.

Bibliothèque d'Éducation et de Récréation

Quels souvenirs agréables et charmants ce titre général ne rappelle-t-il pas aux hommes jeunes d'aujourd'hui, à ceux qui entraient dans la vie au moment même où une révolution complète s'opérait, en leur faveur, dans la littérature ! Car il n'y a pas beaucoup plus de vingt ans que les jeunes gens lisent, c'est-à-dire qu'ils ont des livres conçus pour eux, écrits pour eux, et dont le succès est tel qu'on n'aurait pas osé l'attendre.

« C'est une innovation que l'introduction de la lecture dans les plaisirs de la jeunesse. Elle date presque d'hier : mettons vingt ans, c'est tout le bout du monde. Pendant ces vingt années, l'éditeur Hetzel a su publier 300 volumes de premier ordre.

« Le titre trouvé par l'éditeur constitue à lui seul un programme : ÉDUCATION et RÉCRÉATION. Et, en effet, tout est là. Ces beaux et bons livres instruisent et ils amusent. »

VOLUMES IN-8° CAVALIER, ILLUSTRÉS

ANCEAUX	Blanchette et Capitaine.
BENTZON (TH.)	Pierre Casse-Cou.
BERR DE TURIQUE	La Petite chanteuse.
BIART (L.)	Voyage de deux Enfants dans un parc.
—	Deux Amis.
—	Monsieur Pinson.
BRUNET	Les Jeunes Aventuriers de la Floride.
BUSNACH (W.)	Le Petit Gosse.
CAUVAIN	Le Grand Vaincu (Le Marquis de Montcalm).
CHAZEL (PROSPER)	Le Chalet des sapins.
DEQUET	Histoire de mon Oncle et de ma Tante.
DE SILVA	† Le Livre de Maurice.
DUMAS (ALEXANDRE)	Histoire d'un Casse-noisette.
ERCKMANN-CHATRIAN	Pour les Enfants. — Les Vieux de la Vieille.
FATH (G.)	Un drôle de Voyage.
GENNEVRAYE	Un Château où l'on s'amuse.
—	Théâtre de famille.
—	La Petite Louisette.
GOUZY	Promenade d'une Fillette autour d'un laboratoire.
LEMAIRE-CRETIN	Expériences de la petite Madeleine.
LERMONT	L'Aînée. — Histoire de deux Bébés (Kitty et Bo).
—	Un heureux Malheur.
—	Les Jeunes filles de Quinnebasset.
MACÉ (JEAN)	Contes du Petit Château.
—	Théâtre du Petit Château.

MAYNE-REID. — Œuvres choisies.

Le Désert d'eau. — Le Chef au Bracelet d'or. — La Sœur perdue. — William le Mousse.

Mayne-Reid est un Cooper plus accessible à tous, aux jeunes gens en particulier. Scrupuleusement moral, d'une imagination riche et curieuse, mettant en scène quelque simple récit, autour duquel il groupe des incidents romanesques, et cependant possibles, il promène son lecteur au milieu des forêts vierges, parmi les tribus sauvages, et exalte le courage individuel aux prises avec les difficultés et les nécessités de la vie.   Claretie.

MULLER	La Jeunesse des Hommes célèbres.
PERRAULT (P.)	Pas-Pressé.
RECLUS (E.)	Histoire d'une Montagne. — Histoire d'un Ruisseau.
SAINTINE	Picciola.
STAHL (P.-J.)	La famille Chester.
STAHL et LERMONT	La Petite Rose, ses six Tantes et ses sept Cousins.
STAHL et DE WAILLY	† Vacances de Riquet et Madeleine.
VADIER (B.)	Blanchette.
—	Rose et Rosette.
VALLERY-RADOT (R.)	Journal d'un Volontaire d'un an.
VAN BRUYSSEL	Scènes de la Vie des Champs et des Forêts aux États-Unis.
VIOLLET-LE-DUC	Histoire d'une Maison.
—	Histoire d'un Dessinateur.

VOLUMES IN-8° RAISIN, ILLUSTRÉS

BADIN (A.)	Jean Casteyras (Aventures de trois Enfants en Algérie).
BARBIER (M. J.)	Contes blancs (*avec musique*).
—	† Bempt. *Nouveaux Contes blancs (avec musique)*.
BENEDICT	La Madone de Guido Reni.
BENTZON (TH.)	Contes de tous les pays.
—	Geneviève Delmas.
BLANDY (S.)	Fils de veuve. — L'Oncle Philibert.
BOISSONNAS (B.)	Une Famille pendant la guerre.
BREHAT (A. DE)	Les Aventures d'un petit Parisien.
CANDÈZE (Dr)	Périnette (Histoire surprenante de cinq moineaux).
CORNEILLE	† Théâtre (*Édition F. Brunetière*).
DAUDET (ALPHONSE)	Histoire d'un Enfant.
—	Contes choisis.
DESNOYERS (L.)	Aventures de Jean-Paul Choppart.
DUBOIS (FÉLIX)	La Vie au Continent noir.
DUPIN DE SAINT-ANDRÉ	Ce qu'on dit à la maison.
FAUQUEZ (H.)	Les Adoptés du Boisvallon.
GENNEVRAYE	Marchand d'Allumettes.
HUGO (VICTOR)	Le Livre des Mères.
LAPRADE (V. DE) (de l'Acad. franç.)	Le Livre d'un Père.

La vie de Collège dans tous les Pays

ANDRÉ LAURIE

Mémoires d'un Collégien. (Un Lycée de département.)
Une Année de Collège à Paris.
Mémoires d'un Collégien russe.
La Vie de Collège en Angleterre.
Un Écolier hanovrien.
Tito le Florentin.
Autour d'un Lycée japonais.
Le Bachelier de Séville.
Axel Ebersen. (Le Gradué d'Upsala.)

M. Francisque Sarcey a consacré à chacun des livres qui composent cette série une étude spéciale.

« Notre ami Hetzel, écrivait-il au mois de décembre 1885, a commencé une collection bien curieuse et dont le titre générique suffit à indiquer l'intérêt. Chaque année, il paraît un volume qui nous transporte dans un pays différent. Il y a quatre ans, nous étions en France; l'année suivante, on nous a menés en Angleterre; l'an d'après, en Allemagne. L'ensemble des volumes dont cette série doit se composer formera une étude assez complète des divers systèmes d'éducation suivis par chaque nation.

« Tous ces volumes partent de la même main; ils sont de M. André Laurie, qui me paraît être un universitaire fort au courant des questions pédagogiques, et qui n'en est pas moins un conteur agréable et un écrivain élégant. C'est chaque année un régal attendu par moi de recevoir et de déguster son volume. »

Francisque Sarcey.

LES ROMANS D'AVENTURES

ANDRÉ LAURIE	Le Capitaine Trafalgar.
—	De New-York à Brest en sept heures.
—	Le Secret du Mage.
—	Le Rubis du Grand Lama.
J. VERNE ET A. LAURIE	L'Épave du Cynthia.
RIDER-HAGGARD	Découverte des Mines du roi Salomon.
STEVENSON ET A. LAURIE	L'Ile au Trésor.

A propos de l'*Épave du Cynthia*, M. Ulbach écrivait les lignes suivantes :
« La collaboration de MM. Jules Verne et André Laurie ne pouvait être que féconde. La science de l'un, l'observation de l'autre, les qualités littéraires des deux collaborateurs font de ce livre un des plus émouvants de la collection nouvelle. »

Volumes in-8° illustrés (SUITE)

« Il y a peu de livres plus nourris de faits, plus substantiels, et d'un intérêt mieux soutenu que l'*Épave du Cynthia*, » a écrit M. Dancourt dans la *Gazette de France*.

« Plus sombre, plus terrible est l'*Ile au Trésor*, roman popularisé en Angleterre par des milliers d'éditions, et dont la maison Hetzel s'est assuré le droit de traduction exclusif. On raconte que M. Gladstone, le grand homme d'État, rentrant chez lui, après une séance agitée, trouva, par hasard, sous sa main, l'*Ile au Trésor*, de Stevenson. Il en parcourut les premières pages, et il ne quitta plus le livre qu'il ne l'eût achevé. C'est que ces premières pages sont un chef-d'œuvre d'exposition mystérieuse, d'attractions captivantes… »

LEGOUVÉ (E.) (de l'Académie française).	Nos Filles et nos Fils.
—	La Lecture en famille.
—	Une Élève de seize ans.
—	Épis et Bleuets.
MACÉ (JEAN)	Histoire d'une Bouchée de Pain.
—	Histoire de deux Marchands de pommes.
—	Les Serviteurs de l'estomac.
MALOT (HECTOR)	Romain Kalbris.
NOUSSANNE (H. DE)	† Jasmin Robba.
RATISBONNE (LOUIS)	❂ La Comédie enfantine.
SANDEAU (J.) (de l'Académie française).	La Roche aux Mouettes. — ❂ Madeleine.
—	Mademoiselle de la Seiglière.
—	La petite fée du village.
SAUVAGE (E.)	La petite Bohémienne.
SÉGUR (COMTE DE)	Fables.
ULBACH (L.)	Le Parrain de Cendrillon.
VALDÈS (ANDRÉ)	Le Roi des Pampas.

ŒUVRES de P.-J. STAHL

❂ Contes et Récits de Morale familière. — Les Histoires de mon Parrain. — ❂ Histoire d'un Ane et de deux jeunes Filles. — ❂ Maroussia. — Les Contes de l'Oncle Jacques. — ❂ Les Patins d'argent. — Les Quatre Filles du docteur Marsch. — ❂ Les Quatre Peurs de notre Général.

Stahl a voulu enseigner familièrement la morale, la mettre en action pour tous les âges. De chacun des livres de Stahl se dégage une morale présentée avec toute la séduction et cette forme spirituelle qui donne à la fiction les apparences de la réalité. Peu d'hommes ont plus et mieux fait pour la jeunesse, qui lui doit sa libération littéraire.

Ch. Canivet. (*Le Soleil*.)

STAHL ET LERMONT	Jack et Jane.
TOLSTOI (COMTE L.)	Enfance et Adolescence.
VERNE (JULES) ET D'ENNERY	Les Voyages au Théâtre.
VIOLLET-LE-DUC	Histoire d'une Maison.
—	Histoire d'une Forteresse.
—	Histoire de l'Habitation humaine.
—	Histoire d'un Hôtel de Ville et d'une Cathédrale.
—	Histoire d'un Dessinateur.

Volumes grand in-8° jésus, illustrés

BIART (L.)	Aventures d'un jeune Naturaliste.
—	Don Quichotte (*adaptation pour la jeunesse*).
—	Les Voyages involontaires (*Monsieur Pinson, Le Secret de José, La Frontière indienne, Lucia Avila*).
BLANDY (S.)	Les Épreuves de Norbert (*Voyage en Chine*).
CLÉMENT (CH.)	Michel-Ange, Raphaël, Léonard de Vinci.
GRANDVILLE	Les Animaux peints par eux-mêmes.
GRIMARD (E.)	Le Jardin d'Acclimatation.
LA FONTAINE	Fables, illustrées par Eug. Lambert.
LAURIE (A.)	Les Exilés de la Terre.
MALOT (HECTOR)	❂ Sans Famille.
MAYNE-REID	Aventures de Terre et de Mer.
—	† Aventures de Chasses et de Voyages.
MOLIÈRE	Théâtre. Édition Sainte-Beuve et Tony Johannot.
RAMBAUD (A.)	❂ L'Anneau de César.
STAHL et MULLER	Nouveau Robinson suisse.
VERNE (J.) et LAVALLÉE	Géographie illustrée de la France.

Jules Verne

VOYAGES EXTRAORDINAIRES

- † Mirifiques Aventures de Maître Antifer.
- P'tit Bonhomme.
- Claudius Bombarnac.
- Le Château des Carpathes.
- Mistress Branican.
- César Cascabel
- Famille sans Nom.
- Sans dessus dessous.
- Deux ans de Vacances.
- Nord contre Sud.
- Un Billet de Loterie.
- Autour de la Lune.
- Aventures de trois Russes et de trois Anglais.
- Aventures du capitaine Hatteras.
- Un Capitaine de quinze ans.
- Le Chancellor.
- Cinq Semaines en ballon.
- Les Cinq cents millions de la Bégum.
- De la Terre à la Lune.
- Le Docteur Ox.
- Les Enfants du capitaine Grant.
- Hector Servadac.
- L'Ile mystérieuse.
- Les Indes-Noires.
- Mathias Sandorf.
- Le Chemin de France.
- Robur le Conquérant.
- La Jangada.
- Kéraban-le-Têtu.
- La Maison à vapeur.
- Michel Strogoff.
- Le Pays des Fourrures.
- Le Tour du monde en 80 jours.
- Les Tribulations d'un Chinois en Chine.
- Une Ville flottante.
- Vingt mille lieues sous les Mers.
- Voyage au centre de la Terre.
- Le Rayon-Vert.
- L'École des Robinsons.
- L'Étoile du sud.
- L'Archipel en feu.

L'œuvre de Jules Verne est aujourd'hui considérable. La collection des *Voyages extraordinaires*, que l'Académie française a couronnés, se compose déjà de trente volumes (contenant 41 ouvrages), et tous les ans Jules Verne donne au *Magasin d'Éducation et de Récréation* un roman inédit.

Ces livres de voyage, ces contes d'aventures ont une originalité propre, une clarté et une vivacité entraînantes. C'est très français.

Claretie.

Découverte de la Terre
3 Volumes in-8º

Les Premiers Explorateurs. — Les Grands Navigateurs du XVIIIe siècle.
Les Voyageurs du XIXe siècle.

Ces trois ouvrages se vendent aussi réunis en un seul volume.

BIBLIOTHÈQUE DES JEUNES FRANÇAIS
Volumes grand in-16 colombier

ERCKMANN-CHATRIAN. Avant 89 (*illustré*).
BLOCK (M.) *Entretiens familiers sur l'administration de notre pays.*
La France. — Le Département. — La Commune.
Paris, Organisation municipale. — Paris, Institutions administratives. — L'Impôt. — Le Budget.
L'Agriculture. — Le Commerce. — L'Industrie.
Petit Manuel d'Économie pratique.

- **PONTIS** . . . . Petite Grammaire de la prononciation.
- **J. MACÉ** . . . . La France avant les Francs (*illustré*).
- **MAXIME LECOMTE** . . . . . La Vocation d'Albert.
- **TRIGANT GENESTE** . . . . . Le Budget communal.

17744. — L.-Imp. r. — Motteroz.

J. HETZEL & Cie, 18, rue Jacob, PARIS

ÉDUCATION ET RÉCRÉATION

Livres et Albums illustrés
— NOUVEAUTÉS —

PETITE BIBLIOTHÈQUE BLANCHE
Volumes in-16 à 1 fr. 50; toile aquarelle, 2 fr.
DE BEAULIEU . . . . . Mémoires d'un Passereau.
DE CHATEAU-VERDUN. Monsieur Roro.
36 autres volumes par
O. Feuillet, A. Dumas, Stahl, Ch. Nodier, G. Sand,
Ourliac, Verne, Dickens, P. de Musset, L. Gozlan,
Bentzon, Lermont, Mayne-Reid, Aldrich, etc.

ALBUMS STAHL
Albums in-8° en couleurs, bradel, 1 fr.
E. FROMENT . . . . Le Plat mystérieux.
44 autres albums par
Frœlich, Geoffroy, A. Marie, Tinant, Mery, Jazet,
Becker, etc.

Albums in-8° en noir :
bradel, 2 fr. ; cartonnés toile à biseaux, 4 fr.
L. FRŒLICH . . . . . La Vocation de Jujules.
J. GEOFFROY . . . . Fables de La Fontaine en action.
50 autres albums par
Frœlich, Froment, Detaille, Faith, Becker, Lambert,
Lalauze, Schuler, Marie, Geoffroy, etc.

9 Albums grand in-8°, bradel, 3 fr. ; toile 5 fr.

LES CONTES DE PERRAULT,
illustrés par GUSTAVE DORÉ.
Cartonnage spécial, 25 fr. ; reliure d'amateur, 30 fr.

BIBLIOTHÈQUE IN-8° ILLUSTRÉE
Volumes in-8° caval. à 4 fr. 50; carton. toile, 6 fr.
STAHL ET WAILLY. Les Vacances de Riquet et Madeleine.
DE SILVA . . . . . Le Livre de Maurice.
65 autres volumes par
P.-J. Stahl, J. Verne, Néraud, J. Macé, A. Dumas,
de Bréhat, de Cherville, Vallery-Radot, Mayne-Reid,
Uusnach, Saintine, E. Reclus, Biart, Vadier, Bentzon,
Viollet-le-Duc, etc.

Volumes in-8° raisin, à 7 fr;
cartonnés toile, 10 fr. ; reliés, 11 fr.
BARBIER (Mme M.). Bempt (Nouveaux Contes blancs).
P. CORNEILLE . . . Chefs-d'œuvre, Édition F. Brunetière et Noir.
H. DE NOUSSANNE. Jasmin Robba.
68 autres volumes in-8° par
E. Legouvé, Stahl, J. Verne, Boissonnas, V. Hugo,
A. Daudet, J. Sandeau, de Laprade, E. Muller,
A. Laurie, J. Macé, H. Malot, Desnoyers, Ratisbonne,
Biart, Vadier, Viollet-le-Duc, etc.

Vol. gr. in-8° jésus à 9 fr. ; cart., 12 fr. ; rel., 14 fr.
J. VERNE . . . . . Mirifiques Aventures de Maître Antifer.
32 autres volumes par
Biart, Blandy, Grimard, Stahl et Muller, Verne, etc.

Vol. gr. in-8° jésus à 10 fr. ; cart., 13 fr. ; rel., 15 fr
MAYNE-REID . . . Aventures de Chasses et de Voyages.
15 autres volumes par
Biart, Ch. Clément, Erckmann-Chatrian, A. Laurie,
H. Malot, A. Rambaud, J. Verne, Molière, La Fontaine

MAGASIN ILLUSTRÉ
D'ÉDUCATION ET DE RÉCRÉATION
ET *SEMAINE DES ENFANTS*

31e Année   RÉUNIS   31e Année
Journal de toute la Famille
COURONNÉ PAR L'ACADÉMIE FRANÇAISE
FONDÉ PAR P.-J. STAHL, EN 1864
DIRIGÉ PAR
J. VERNE — J. HETZEL — J. MACÉ

ABONNEMENT, UN AN : Paris, 14 fr. — Départements, 16 fr. — Union, 17 fr.

LA COLLECTION COMPLÈTE : 60 volumes grand in-8°
Prix : brochés, 420 fr. ; cartonné, 600 fr. ; — reliés, 720 fr.
Chaque volume séparé, 7 fr. ; cartonné toile, 10 fr. ; — relié, 12 fr.

4440. — Paris. — Imp. Gauthier-Villars et fils, 55, quai des Grands-Augustins.

J. HETZEL & Cie, 18, rue Jacob, PARIS

ÉDUCATION ET RÉCRÉATION

Livres et Albums illustrés
— NOUVEAUTÉS —

PETITE BIBLIOTHÈQUE BLANCHE

Volumes in-16 à 1 fr. 50; toile aquarelle, 2 fr.
DE BEAULIEU . . . . Mémoires d'un Passereau.
DE CHATEAU-VERDUN. Monsieur Roro.

36 autres volumes par
O. Feuillet, A. Dumas, Stahl, Ch. Nodier, G. Sand, Ourliac, Verne, Dickens, P. de Musset, L. Gozlan, Bentzon, Lermont, Mayne-Reid, Aldrich, etc.

ALBUMS STAHL

Albums in-8° en couleurs, bradel, 1 fr.
E. FROMENT. . Le Plat mystérieux.

44 autres albums par
Frœlich, Geoffroy, A. Marie, Thlomt, Mery, Jazet, Becker, etc.

Albums in-8° en noir :
bradel, 2 fr.; cartonnés toile à biseaux, 4 fr.
L. FRŒLICH. . La Vocation de Jujules,
J. GEOFFROY. . Fables de La Fontaine en action.

50 autres albums par
Frœlich, Froment, Detaille, Fath, Becker, Lambert, Lalauze, Schuler, Marie, Geoffroy, etc.

9 Albums grand in-8°, bradel, 3 fr.; toile 5 fr.

LES CONTES DE PERRAULT.
illustrés par GUSTAVE DORÉ.
Cartonnage spécial, 25 fr.; reliure d'amateur, 30 fr.

BIBLIOTHÈQUE IN-8° ILLUSTRÉE

Volumes in-8° caval., à 4 fr. 50; carton. toile, 6 fr.
STAHL ET WAILLY. Les Vacances de Riquet et Madeleine.
DE SILVA . . . . . Le Livre de Maurice.

65 autres volumes par
P.-J. Stahl, J. Verne, Néraud, J. Macé, A. Dumas, de Bréhat, de Cherville, Vallery-Radot, Mayne-Reid, Busnach, Saintine, E. Reclus, Biart, Vadier, Bentzon, Viollet-le-Duc, etc.

Volumes in-8° raisin, à 7 fr;
cartonnés toile, 10 fr.; reliés, 11 fr.
BARRIER (Mme M.). Bempt (Nouveaux Contes blancs).
P. CORNEILLE . . . Chefs-d'œuvre, Édition F. Brunetière et Noir.
H. DE NOUSSANNE. Jasmin Robba.

68 autres volumes in-8° par
E. Legouvé, Stahl, J. Verne, Boissonnas, V. Hugo, A Daudet, J. Sandeau, de Laprade, E. Muller, A. Laurie, J. Macé, H. Malot, Desnoyers, Ratisbonne, Biart, Vadier, Viollet-le-Duc, etc.

Vol. gr. in-8° jésus à 9 fr.; cart., 12 fr.; rel., 14 fr.
J. VERNE . . . . Mirifiques Aventures de Maître Antifer.

32 autres volumes par
Biart, Blandy, Grimard, Stahl et Muller, Verne, etc.

Vol. gr. in-8° jésus à 10 fr.; cart., 13 fr.; rel., 15 fr
MAYNE-REID. . . . Aventures de Chasses et de Voyages.

15 autres volumes par
Biart, Ch. Clément, Erckmann-Chatrian, A. Laurie, H. Malot, A. Rambaud, J. Verne, Molière, La Fontaine

---

MAGASIN ILLUSTRÉ
D'ÉDUCATION ET DE RÉCRÉATION
ET SEMAINE DES ENFANTS

31e Année — RÉUNIS — 31e Année
Journal de toute la Famille

COURONNÉ PAR L'ACADÉMIE FRANÇAISE

FONDÉ PAR P.-J. STAHL, EN 1864

DIRIGÉ PAR

J. VERNE — J. HETZEL — J. MACÉ

ABONNEMENT, UN AN : Paris, 14 fr. — Départements, 16 fr. — Union, 17 fr.

LA COLLECTION COMPLÈTE : 60 volumes grand in-8°
Prix : brochés, 420 fr.; cartonné, 600 fr.; — reliés, 720 fr.
Chaque volume séparé, 7 fr.; cartonné toile, 10 fr.; — relié, 12 fr.

4440. — Paris — Imp. Gauthier-Villars et fils, 55, quai des Grands-Augustins.

www.ingramcontent.com/pod-product-compliance
Lightning Source LLC
Chambersburg PA
CBHW060614170426
43201CB00009B/1010